진정한 리더는 정도를 따르되
작은 신의에 얽매이지 않는다 [貞而不諒]

삶의 정도, 인성의 길

박종용 지음

제이더블북스
J.W.BOOKS

| 서문 |

　로마 격언에 천성은 아무리 쫓아내도 바로 되돌아온다는 말이 있다. 이렇듯 인간의 천성은 마치 물이 아래로 흐르려는 속성과도 같다. 人性之善也 猶水之就下也 옛사람들이 자식이 혼자 밥을 먹고 말을 할 때 가르쳤던 것도 어려서 이루면 천성과 같아지고, 익히면 자연과 같아진다고 믿었기 때문이다.

　어려서 배우지 않으면 커서 편벽되어 사사로운 뜻에 치우치거나 외부의 유혹에 빠져 순수하고 온전한 성정을 지니기 어렵다. 이는 마르틴 부버가 인간은 유동적이고 빚어서 만들 수 있는 어떤 성질의 것이라 했던 것과 맥을 같이한다.

　또《소학》에서는 습관은 지혜와 함께 자라며, 교화는 마음과 함께 이뤄진다 習與智長 化與心成고 하여 습관의 중요성을 전하고 있다. 옳고 그른 것과 그렇지 않은 것을 지혜롭게 구분한 후 옳고 바른 것을 반복해서 습관화하면, 자신의 본성과 같이 견고해져 훌륭한 인격의 바탕이 된다는 것이다.

　좋은 습관을 익히는 데도 때가 있다. 처음이 있어야 나중도 있듯이 매사에 처음이 중요하다. 인성이 결코 하루아침에 이뤄질 수 있는 것이 아니므로 교육시키려면 하루라도 빨리 시작해야 한다. 그래서 일생의 계획은 어릴 때 세우고, 일 년의 계획은 봄에 세우며, 하루의 계획은 새벽에 세우라는 것이다.

산다는 것은 서서히 새롭게 태어남을 의미한다. 자라나는 청소년들의 인식이 새롭게 거듭날 가능성만 있다면 그 가능성이 결코 그들 내부에서 속절없이 시들어버리지 않게 해야 한다. 루소의 말처럼 교육은 기계를 만드는 것이 아니라 사람을 만드는 데 있기 때문이다.

요즘 일부 청소년들의 거친 폭력성, 집단 따돌림, 교권의 침해 등이 사회적인 문제가 되고 있다. 인성교육 법안이 통과된 배경도 인성교육을 통해 청소년들을 올바른 길로 인도해야 한다는 시대적 요청에 따른 것이라 할 수 있다.

2015년 7월부터 시행된 인성교육진흥법은 예, 효, 정직, 책임, 존중, 배려, 소통, 협동 등 8가지 덕목으로 구성되어 있다. 요즘 학교를 비롯한 여러 기관이나 단체에서 윤리·도덕적 핵심가치와 행동강령을 갖추어 인성교육을 실시하면서 학생, 학부모, 지역사회 구성원 모두의 참여를 유도하고 있다.

인성교육은 인적자원을 개발하는 초석이라 할 수 있다. 일찍이 아인슈타인Albert Einstein은 위대한 과학자를 만드는 것은 지능이 아닌 인성Most people say that it is the intellect which makes a great scientist. They are wrong: it is Character이라고 하였다. 인성이 인간의 기초이듯 기초과학의 바탕을 이루는 것도 인성이라고 본 것이다.

지식은 능력과 자질의 바탕이 되고, 능력은 지식을 자질로 전환시키는 촉매가 되며, 자질은 지식과 능력을 표현하는 수단이 된다. 이렇듯 인성교육은 지식과 능력을 자질로 전환시켜 전인 양성을 위한 복합적이고 융합적인 단련 과정인 셈이다.

21세기는 융·복합적 사고를 지닌 인재가 이끌어가는 시대라 할 수 있다. 스티브 잡스가 애플은 기술과 인문학의 교차점에 서있으며 애플의 DNA는 기술만으로 충분하지 않다고 말한 바 있다. 기술과 인문학이 결합되었을 때 비로소 사람들의 마음을 감동시키는 결과물을 가져올 수 있다는 뜻이다.

사람은 누구나 자기 자신으로 돌아가기 위한 노정路程에 서있다.《데미안》가다 보면 그 길은 넓고 큰길일 수도 있고, 좁고 가느다란 오솔길일 수도 있다. 다만 새로운 방향으로 한 걸음 내딛게 되면, 다음 걸음도 그 뒤를 따를 것이기에 올바른 방향으로만 향한다면 그 걸음 자체가 인생의 모든 것을 의미한다고 할 수 있다.

인생은 자신을 찾는 것이 아니라 자신을 창조하는 것이다. 그 성패는 상황성과 시의성에 맞게 배워 점진적으로 실천하되 얼마나 오래 유지하느냐에 달려있다. 그 과정에 인간다움은 사람의 편안한 집人之安宅이 되고, 의로움은 사람의 바른 길人之正路이 된다. 사람은 누구나 자신만의 길을 가야 한다. 중요한 것은 단순히 길을 가는 것이 아니라 얼마나 바르게 가느냐이다. 그 길이 바로 삶의 정도正道이다.

오늘 씨앗을 뿌리는 것은 내일에 대한 믿음이 있기 때문이다. 동시에 뿌린 씨앗도 떨어진 곳에 따라 전혀 다른 결말을 맞게 된다. 어떤 씨앗은 길에 떨어져 새들의 먹이가 되기도 하고, 또 어떤 씨앗은 바위에 떨어져 말라죽거나 가시덤불에 떨어져 숨이 막혀 죽기도 한다. 하지만 좋은 땅에서 자라나 수많은 열매를 맺는 씨앗도 있다.《성경》

바탕이 좋은 마음에 씨앗을 뿌려야 좋은 결실을 맺을 수 있다. 스스로 좋은 마음이 되려는 것은 자신을 이루는 사랑이 되고成己仁也, 좋은 결실을 맺으려는 것은 타인도 이루어주는 지혜가 된다成物智也. 본 책에서는 제1부를 예, 효, 정직, 책임으로 구성하여 성기成己라 하였고, 제2부를 존중, 배려, 소통, 협동으로 구성하여 성물成物이라 하였다.

흔히 씨앗이 자라 처음 난 것을 싹苗이라 하고, 꽃이 피는 것을 수秀라 하며, 성숙된 것을 열매實라 한다. 싹은 났지만 꽃을 피우지 못하는 사람이 있고, 꽃은 피웠지만 열매를 맺지 못하는 사람도 있다. 이를 본문에서 〈싹이 나다〉, 〈꽃이 피다〉, 〈열매 맺다〉와 같이 인간이 성숙해지는 과정을 3단계로 구성하여 깊이를 더하는 방식으로 내용을 전개하였다.

 끝으로 책을 처음 구상할 때부터 탈고할 때까지 조언해준 아내 백지현과 원고를 교정해준 딸 박수진과 아들 박정웅, 그리고 성심으로 다양한 제안을 해준 서준택 군과 연세대 대학원에서 연구하느라 바쁜 와중에도 꼼꼼하게 원고를 검토해 준 한겸주 양에게도 감사드린다. 또한 저자가 수정요청을 할 때마다 이를 흔쾌히 받아들여 원고를 꼼꼼하게 검토하고 편집해 주신 이명숙, 양철민 님께도 깊은 감사의 말씀을 드린다.

서초동 관야觀野재에서 저자 박종용 쓰다

목차

제1부 　스스로를 안아주기 成己

제1장　예 禮 (Propriety)

1　재물만을 탐하면 사람들이 멀어진다　18
2　친척을 친히 하고 어진 이를 높인다　24
3　올곧고 바르게 행하기를 예로 하라　30
4　나아가고 물러남을 예로 한다　36
5　예는 겸손함을 귀중하게 여긴다　42
6　예는 남김없이 다하는 것이다　48

제2장　효 孝 (Filial Piety)

7　지도자를 받들어 섬기는 것도 효다　56
8　효는 섬기려는 마음에서 시작된다　62
9　효와 제는 인仁을 행하는 근본이다　68
10　부모의 사랑을 잊지 말라　74
11　효도하려는 마음이 법칙이 된다　80
12　집 밖의 어르신도 효의 도리로 섬긴다　86

제3장 정직正直(Honesty)

13 열 사람의 눈이 지켜보듯이 행동하라 94
14 인간다움의 도리는 삶의 길에 드러난다 100
15 곧은 이를 기용하고 굽은 이를 버린다 106
16 경계가 정확해야 분배가 고르게 된다 112
17 정직은 올바름이고 방정함은 의로움이다 118
18 뜻이 교만하고 방종해지지 않게 하라 124

제4장 책임責任(Responsibility)

19 한마디 말로 일을 그르칠 수도 있다 132
20 남이 한 번에 능하거든 나는 백 번을 한다 138
21 책임감은 막중하고 가야 할 길은 멀다 144
22 현자가 지위에 있으며 능자가 직책을 맡는다 150
23 지도자는 어려운 상황에서 무한책임을 진다 156
24 남과 나에게 똑같이 책임을 묻는다 162

제2부 타인들도 안아주기 成物

제5장 존중 尊重(Respect)

25 다른 사람이 가진 재능을 존중하라 172
26 내게 싫은 것을 타인에게 강요하지 말라 178
27 오래 사귀더라도 공경하는 자세를 지녀라 184
28 인품이 고상하고 어진 사람을 높여라 190
29 기쁜 마음으로 타인을 먼저 배려하라 196
30 지극한 덕으로 실행해야 공평해진다 202

제6장 배려 配慮(Consideration)

31 같은 사례를 유추해서 타인을 헤아린다 210
32 남을 이루어주는 것은 지혜로움이다 216
33 은혜를 베풀어 어려운 사람을 구제한다 222
34 타인의 마음을 나의 마음으로 헤아린다 228
35 바람처럼 움직이고 물처럼 받아들인다 234
36 사랑은 타인을 위해 베푸는 마음이다 240

제7장 소통 疏通 (Communication)

37 말은 항상 이치에 맞게 해야 한다 248
38 지나치게 드러내려 하지 말라 254
39 한쪽으로 치우쳐 편당 짓지 말라 260
40 처음 흘러나오는 샘물처럼 소통하라 266
41 하늘과 땅처럼 만물이 통하게 하라 272
42 소통은 사랑하는 마음의 작용이다 278

제8장 협동 協同 (Cooperation)

43 윗사람이 인자하면 아랫사람은 의로워진다 286
44 덕德을 베풀어서 화합을 돈독하게 한다 292
45 윗사람이 먼저 도리에 맞게 처신해야 한다 298
46 천시와 지리는 사람들의 화합만 못하다 304
47 오고 가는 사람들이 우물물을 나눠 마신다 310
48 온화한 바람과 상서로운 구름처럼 협동한다 316

> 군자는
> 내면의 본성을 믿고
> 의로움을 행하며
> 사람이 다니는
> 바른 길(人之正路)을 걷는
> 사람이다.

Educate the children and it won't be necessary to punish the men. – Pythagoras

———————————

Wrong person

will

always teach

you

the right lessons of

life.

———————————

으레 스스로 바르지 못한 사람들이 삶의 정도를 가르치려드는 경향이 있다.

제1부
스스로를 안아주기成己

옳은 길을 따라 걸으면서도 그 길을 계속 걷고자 하는 의지만 있다면, 결국엔 누구나 발전하게 될 것이다.   - 버락 오바마

If you're walking down the right path and you're willing to keep walking, eventually you'll make progress.   - Barack Obama

제1장

예禮(Propriety)

　예禮는 '신을 섬겨 복을 받다'는 의미를 지니면서 보여준다는 뜻의 시示와 풍년의 풍豊자로 이뤄져 있다. 示는 신이라는 뜻이며, 풍豊은 굽을 곡曲자와 제기를 뜻하는 두豆자로 나눠진다. 즉, 제기에 담긴 곡물이 제물로 바쳐진다는 뜻이다. 예는 신이 인간에게 계시를 내리고, 인간은 제사라는 행위를 통해 신에게 다가가는 엄숙함의 표징이다.
　예는 자기변화를 위한 도덕 실천의 출발점이다. 동양에서는 사람이 태어났을 때 성품은 착하고 본성은 서로 비슷하나 후천적으로 자라는 과정에서 교육과 환경에 따라 차이가 있게 된다고 믿는다. 인간의 도덕률인 예는 천성nature과 양육nurture이 상호작용하여 빚어낸 산물인 셈이다.

인간생활의 규범이 되는 예의 성격과 이를 따르는 데서 생기는 효과를 기록한 책이 《예기禮記》이다. 한편으로 예기禮器란 마치 그릇이 인간의 삶에 필요한 도구이듯, 사람들이 마음을 다스리고 타인과 조화를 이루며 살아가는데 꼭 필요한 도구라는 의미다. 예는 그릇과 같은 규범이므로 크게 갖추어야 성대한 덕이 된다.

  예를 현실에 적용할 때는 조화롭게 하고, 일이 크든 작든 모두 예라는 범주 안에서 행해져야 한다. 예는 하늘의 이치이므로 사람들이 따라야 할 모범이기 때문이다. 또한 사악해지려는 마음을 바로잡고 아름다운 자질을 더해주기 때문에 몸에 지니면 바르게 되고, 베풀면 행해진다. 예를 따르면 밖으로는 외부 사람들과 화합하게 되며, 안으로는 원망하는 사람이 없게 된다.

1
재물만을 탐하면 사람들이 멀어진다

財聚民散　財散民聚
재 취 민 산　재 산 민 취

> 재물만을 탐하면 사람이 흩어지고, 재물을 흩으면 사람이 모인다.
> ―《대학》

The accumulation of wealth is the way to scatter the people; and letting it be scattered among them is the way to collect the people.

덕성이 나무의 근본인 뿌리라면 재물은 나무의 가지인 말단이다. 덕성을 쌓기보다 재물을 앞세우면, 사람들에게 재물 뺏는 법을 가르치는 격이 된다. 이것이 먼저 덕성을 길러야 하는 이유이다.

덕이 있으면 사람들이 따르고, 사람들이 따르면 나라가 있게 된다. 또 나라가 있으면 재물은 자연히 따르게 되고, 재물이 있으면 이를 쓸 곳이 있게 된다. 재물을 적절한 곳에 쓰면 사람이 모인다.

싹이 나다

테레사 수녀는 상대방이 원하는 것은 따뜻한 마음이므로 발걸음이 닿는 곳마다 사랑을 전하는 사람이 되자고 하였다. 누군가에게 관심을 갖고 도움의 손길을 내밀고 싶다면, 그저 돈을 건네는 것만으로 그 마음을 다하지는 못한다. 상황에 따라서 돈은 쉽게 얻을 수도 있다. 하지만 어떠한 경우에도 진정성 있는 마음이 전제되지 않고서는 다른 사람의 마음을 얻기 힘들다.

사마천은 《사기》에서 부유해지는데 정해진 직업이 없고, 재물은 정해진 주인이 없으며 능력 있는 사람에게는 재물이 모이고, 능력 없는 사람에게는 기왓장 부서지듯 흩어진다富無經業 則貨無常主 能者輻湊 不肖者瓦解고 하였다. 부에 대한 지나친 사유를 경계하란 뜻이다.

사유를 뜻하는 영어 private은 '빼앗다'는 뜻의 라틴어 privare에서 나온 말이다. 결국 다른 사람의 몫까지 사유화하려는 탐욕은 개인에게는 영혼의 훔침으로 남지만, 사회적으로는 만인의 질서를 무너뜨려 혼돈을 초래한다.

피터조셉 P. Joseph은 《시대정신》에서 대부분의 사람들이 다른 사람들을 돕기보다 자신의 이익을 더 우선시하려는 이기심을 지적하였다. 의로움에 뜻을 두었으면 과도한 사욕을 끊어내야 궁극적인 삶의 행복을 느낄 수 있다. 하지만 사람들이 더 많은 것을 소유하기 위해 수단과 방법을 가리지 않기 때문에 욕망의 사슬은 견고해져 간다.

꽃이 피다

정현종 시인은 〈방문객〉이란 시에서 사람이 온다는 것은 실로 어마어마한 일이다. 한 사람의 인생이 오기 때문이라고 하였다. 천하에 얻기 어려운 것은 형제요, 쉽게 구할 수 있는 것은 재물이라고 한다. 또 이익을 보면 의로움을 생각하고, 얻을 것을 보면 의로움을 생각하라고도 한다.

《채근담》에서는 혼자만 차지해선 안 되며 나눠주어야 그로써 재앙을 멀리하고 자리를 보전할 수 있다不宜獨任 分些與人 可以遠害 全身고 하였다. 모두 정당한 이익일지라도 다른 사람과의 관계성을 고려하여 서로 함께 살 수 있는 올바른 기준을 생각하라는 뜻이다. 의로움은 나와 너, 그리고 우리가 공동체에서 서로 구분함과 동시에 하나가 되게 한다. 또한 의로움은 인간다움에 기초하여 조화롭게 공존하도록 조정자 역할을 하는 도덕적 행위준칙이다.

일상에서 흔히 볼 수 있는 도덕적 해이Moral Hazard 문제도 어느 정도는 법적·제도적 규제를 통해 대책을 마련할 수 있다. 하지만 공동체 구성원들의 마음속에 도덕적·양심적인 의로움이 바로 설 때 그 근본적인 해결책이 될 수 있다.

일례로, 의사에게 환자는 고객인 동시에 의료윤리에 따라 성실하게 치료받을 권리가 있다. 의사는 환자들을 온전하게 치료하는 것이 중요하다. 하지만 과잉치료하거나 환자가 원치 않은 시술을 하는 행위는 과잉진료 문제를 낳는다. 이는 환자를 치료하여 생명을 구한다는 의사윤리에 반하며 사익에 매몰된 도덕적 해이 문제로 귀결된다.

또한 사회에 만연된 보험사기는 과잉치료를 받고 과다한 보험료를 청구하여 선량한 보험 가입자들에게 피해를 전가시킨다. 실업급여를 타려고 취업·실업을 반복하는 사람들욜로YOLO족, 불량 음식 판매자들, 그리고 유통기한이 지난 음식을 스티커만 바꿔 되팔아 자신의 이익만 취하는 자들 모두 공동체 사회를 해치고 있다.

사회학자 제레미 리프킨은 《육식의 종말》에서 절제되지 않은 인간의 탐욕을 적나라하게 묘사했다. 20세기 초 미국에서는 열차 안에서 초원의 야생 소 떼를 엽총으로 사냥하는 것이 유행했었다. 아무런 목적 없이 순전히 사냥하는 즐거움을 위해 수백 마리의 소들을 사냥했으며 그렇게 죽은 소들은 그대로 방치되어 썩어갔다.

최인호는 《상도》에서 이러한 인간의 탐욕을 경계하고 있다.

> 적당히 채워라. 어떤 그릇에 물을 채우려 할 때, 지나치게 채우고자 하면 곧 넘치고 말 것이다. 모든 불행은 스스로 만족함을 모르는 데서 비롯된다.

무분별한 사냥으로 당시 초원에 살고 있던 야생 소는 거의 멸종하게 되었다. 사람이 사람됨을 버리고 자신의 쾌락을 추구하다가 생태계 균형을 무너뜨린 셈이다. 결국 한 종의 멸종은 인간의 생존과도 무관하지 않다고 할 수 있다.

지나친 욕심이 화근이다. 법정스님은 《버리고 떠나기》에서 너무 긁어모으거나 지나치게 소비하는 것은 다른 사람의 몫을 빼앗는 일로 이는 사회의 불균형을 초래하기 때문에 악이 된다고 하였다.

열매 맺다

화장품 회사 대표인 메리케이 애쉬는 거래할 때 돈만 바라보는 것은 절대 금물이라고 하였다. 모든 관심이 돈 버는 것에 집중되어 있다는 것을 눈치채는 순간, 상대는 거래의 진정성을 의심하게 된다. 일단 의심이 생기면 서로 간에 적대적인 분위기가 생기기 때문이다.

적대적인 분위기에서는 그 어떤 거래도 성사되기 어렵다. 상대가 고객이든 직원이든 마찬가지다. 지나치게 사사로운 이익을 추구하는 행위는 인간관계에 있어서 큰 걸림돌이 된다. 그 해법으로 《도덕경》에서는 백성들이 욕심낼만한 것을 보이지 않게 하여 서로의 마음을 어지럽히지 말라고 가르친다.

인간은 스스로 도덕성을 갖춰나갈 수 있는 존재이다. 다리를 다친 강아지에게 먹이를 가져다주는 고양이를 생각해 볼 수 있다. 또 물가에 있던 오리가 몰려드는 물고기 떼에게 차례대로 먹이를 나눠주는 장면은 매우 인상적이다. 인간이나 동물에게도 베풀면 모인다는 말은 진리임에 틀림없다.

연암 박지원의 《허생전》에는 부자인 변씨가 가난뱅이 허생에게 큰돈을 빌려주고, 빌려준 돈의 10배를 돌려받는 대목이 나온다. 허생이 "재물로 얼굴을 기름지게 하는 것은 당신들에게나 있는 일이오. 만 냥이라 한들 어찌 진실을 살찌우겠는가."라고 하며 돈을 받지 않겠다는 변씨에게 돈을 돌려준다. 허생이 변씨에게 전하려는 핵심은 부유함도 좋지만, 돈 욕심을 줄이고 예를 높이라는 것이었다.

삶의 목표를 재물을 소유하는데 두지 말고 풍성하게 존재하는데 두라는 말이 절실해지는 순간이다. 사람답게 산다는 말은 누구나 자신의 본분을 알고 그에 맞게 살아가야 하는 존재임을 암시하고 있다.

타고르R. Tagore는 〈기탄잘리Gitanjali〉에서 이를 잘 표현하였다.

나는 부와 권력을 가지면 이 세상 누구보다 뛰어날 수 있으리라 생각했다. 그래서 왕에게 속한 재물을 내 보물창고에 모았다. 잠이 밀려왔을 때, 나는 주인을 위해 마련한 침상에 누웠다. 눈을 떠보니 나는 보물창고 안에 갇혀있었다. When sleep overcame me, I lay upon the bed that was for my lord, and on waking up I found I was a prisoner in my own treasure-house.

중국속담에 사람의 욕심은 끝이 없는데 욕심을 채워줄 재물은 한계가 있다人之所欲無窮而物之可而足吾欲有盡고 하였다. 오로지 재물에만 마음을 두면 사람이 있어야 할 곳에 재물만 남게 된다.

사람들이 모이게 한 대표적인 사례는, 빌 게이츠와 워렌 버핏이 2010년 시작한 기부문화운동인 기부서약The Giving Pledge를 들 수 있다. 이들의 대의명분은 가장 큰 불평등을 조사하고 가장 큰 변화를 가져올 수 있는 곳에 기부한다는 것이다.

기부서약은 재산의 50%를 기부하겠다는 서약운동으로 전 세계 많은 부호들이 가입하여 한화 560조 원 이상의 기부금을 모았다. 이들 대부분은 말단으로 시작하여 대기업의 수장이 되기까지 치열한 노력 끝에 자수성가한 부자들이었다.

2
친척을 친히 하고 어진 이를 높인다

親親爲大　尊賢爲大
친 친 의 대　존 현 위 대

> 친척을 친히 하고, 어진 이를 높이는 것이 위대한 것이다.
>
> —《중용》

Benevolence is the characteristic element of humanity in loving relatives. Righteousness is the accordance of actions with what is right in honoring the worthy.

　　가정은 작은 사회이며, 사회는 영역과 범위가 확대된 큰 가정인 셈이다. 가정이나 사회나 인간관계를 이뤄나가는 방식은 동일하다. 가족을 사랑하고 공경하며 정성으로 대하는 사람이라면, 사회에서도 다른 사람들을 공경하며 사랑하고 신실하게 마주한다.
　　진정한 인품은 가까운 사람을 소중히 여기는 데서 시작된다. 멀리 있는 사람에게는 친절하기는 쉬우나, 가까운 이에게 예를 다하기는 어렵다. 덕 있는 사람을 존중하는 태도는 공동체를 건강하게 한다.

싹이 나다

　인간은 동물과 달리 스스로 주체가 되어 도덕성을 갖추고 있다. 어떤 것을 보고 도덕적인 개념을 생각해 내고, 그에 따른 연속적인 사고를 할 수 있다. 더 나아가 본능에 따른 경쟁이나 투쟁의 사회에서 그치지 않고 도덕성을 통해 이타심과 같은 고차원적인 감정으로 서로 의존하면서 같이 살아가는 사회를 만들 수 있다.
　인간이 주체가 되어 자신과 주변을 변화시킬 때 나와 너 그리고 우리 모두의 인간다움의 길이 열리게 된다. 사마천은 《사기》에서 임금이라도 법을 위반하면 일반 백성들과 똑같이 벌을 받아야 한다고 하였다. 임금이 자신의 직책을 다하지 못한다거나 나라를 안전하게 지키지 못하면 제후들이 연합해 군사를 일으켜 임금을 정벌하였다. 이럴 때 예는 예법이라고 할 수 있다.
　고대 중국의 예법은 서민뿐만 아니라 임금까지 단속할 수 있는 광범위한 구속력을 지니고 있었다. 아무리 천자라도 실수를 한다면 징계를 받아들여야 한다는 생각은 오늘날의 법치주의와 비슷하다.
　예의와 풍속은 누군가 창조하는 것이 아니라 천지자연에 존재한 것을 발견한 것일 뿐이다. 자기보다 지위가 높아서 윗사람을 존중하는 것처럼 일상생활에서 자연스럽게 형성하는 관습법인 셈이다.
　펄벅P.S.Buck의 《대지》에서 주인공 왕룽은 가까운 가족을 친하게 하는 전형적인 인물이다. 또한 그는 부지런하고 성실한 아내 오란을 존경의 대상으로 높인다. 이러한 자세는 그의 인품에서 나온 덕성이었다.

꽃이 피다

《명심보감》에 나오는 일화다. 서조라는 사람이 인관이라는 사람에게 곡식을 팔았는데, 솔개가 그 곡식을 채가서 서조네 집에 떨어뜨렸다. 이후 두 사람은 서로 자기의 것이 아니라고 양보하다가 결국 시장에 버렸다. 서로에게 득이 되는데, 이를 포기하고 청렴을 택한 것이다. 그 일이 임금 귀에 들어가 두 사람 모두 상을 받았다.

최근 유행하는 이콘Econ이란 말이 있다. 이는 품행이 완벽하고 합리적이며 이성적이고 사회적 관계를 잘 유지하는 이상적 인간을 뜻하는 말이다. 사람들은 이콘이 되려고 노력하고, 이콘이 되라고 강조한다. 리처드 탈러는 《넛지》에서 이 같은 이콘은 항상 최선의 결과를 만들어내기 때문에 사회에 큰 공헌을 기여한다고 하였다.

합리적이며 이성적인 관계를 이루는 데는 서로에 대한 예가 기본이 된다. 사람은 실수를 하거나 잘못된 선택을 할 수도 있고, 때로는 감정에 따르는 경우도 있다. 이러한 경우에도 예가 이콘의 역할을 수행하면서 사회적 관계망도 최적화시키는 연결고리가 될 수 있다. 예는 인간관계를 유지시켜주고, 어떻게 삶의 정도를 걸어야 하는지를 알려주는 이정표로서 없어서는 안 될 절대적인 가치이다.

현대사회에서 사욕을 극복하고 타인과 조화를 이루어 진정한 예를 회복하려면 부단한 노력이 필요하다. 에리히 프롬은 《사랑의 기술》에서 타인에 대한 사랑이 자기 자신에 대한 사랑, 즉 자기애에서 비롯된다고 하였다. 그는 얼핏 자기애와 동일한 것으로 보이지만 실제로는 정반대 개념인 이기심을 설명하면서 그의 주장을 뒷받침한다.

그는 이기심이 자신에 대한 애착과 배려가 결여된 사람이 그의 공허함과 불행을 은폐하고 보상을 받으려고 노력하는 데서 나오는 것이라고 말한다. 즉, 자신의 모습에 만족하고 스스로 자신의 가치를 존중하는 사람만이 남을 사랑할 수 있고 개인의 이기심에 근거한 사욕을 물리칠 수 있다는 것이다.

사람은 누구나 자기 자신을 존중하는 것처럼 타인을 나와 수평의 관계에 있는 동등하고 독립적인 존재로 인식하고 존중해야 한다. 에리히 프롬은 《사랑의 기술》에서 이렇게 말한다.

> 나는 사랑하는 사람이 나에게 이바지하기 위해서가 아니라 자기 자신을 위해서 자기 나름대로의 방식으로 성장하고 발달하기를 바란다. 내가 다른 사람을 사랑한다면, 나는 상대와 일체감을 느끼지만 이는 '있는 그대로의 그'와 일체가 되는 것이지, 내가 이용할 대상으로서 나에게 필요한 그와 일체가 되는 것은 아니다.

나와 타인의 차이를 인정하고 상대를 있는 그대로 인정해 주어야 한다. 인仁은 인간다움이니, 어버이를 포함한 친척을 친히 하는 것이다. 반면에 의義는 마땅함이니, 어진 이를 높이는 것이 핵심이다. 친척을 친히 하고 어진 이를 높이는 자세에서 예는 생겨난다.

열매 맺다

　데이비드 브룩스는 《인간의 품격》에서 현대사회의 문제점으로 자신의 성공을 위해서는 그 어떤 가치를 묵살시키더라도 상관치 않는 자세와 그러한 자신의 성공을 이끌어주는 능력만을 최우선시 하는 능력주의라고 하였다. 그는 세속적인 가치가 그 어떠한 가치보다도 월등하다고 생각하는 현대인들의 가치관을 비판한다. 아울러 만연해 있는 개인주의에 매몰되어 겸손과 겸허의 자세를 상실했다는 점 역시도 비판한다.

　또한, 마크 찰스는 《불안한 현대사회》에서 사회에서 불안하다는 말이 끊임없이 등장하는 이유는 효율성만을 강조한 나머지 삶에 대한 궁극적인 목표와 도덕적 질을 하락시켰기 때문이라고 하였다. 여기에 개인주의가 만연해 공동체에서 얻을 수 있는 내적 실현이나 연대감과 같은 중요한 가치들이 퇴색된 것을 큰 요인으로 꼽고 있다.

　현대사회의 이러한 문제점들은 인의仁義 사상의 부재에서 비롯되었다고 할 수 있다. 충서로써 인仁에서 요구되는 가치는 자신에게 최선을 다한다는 것으로 자신을 갈고닦는 과정에서 더욱 겸손할 것을 요구한다. 모든 사람을 자신과 같이 배려하고 자신과 같은 존재로 생각하라는 말은 개인주의에 매몰된 사고에 경종을 울린다.

　과도하게 번져있는 개인주의에서 벗어나 공동체적 연대를 회복하고, 스스로에게 겸허해지려는 자세는 좋은 사회로 다가가기 위해 갖춰야 할 요건이다. 결국 인仁이 추구하고자 하는 가치들이 현대 사회의 문제점들을 해결해 줄 수 있는 방안임을 일깨워 준다. 칼린 지브란Kahlil Gibran의 《예언자》에 나오는 말이다.

> 꽃에서 꿀을 얻는 것은 벌의 기쁨이지만, 벌에게 꿀을 내어주는 것은 꽃의 기쁨이 된다. It is the pleasure of the bee to gather honey of the flower, but it is also the pleasure of the flower to yield its honey to the bee.

생명의 원천으로서의 꽃과 사랑의 전령으로서의 벌은 서로를 아끼고 존중하는 사이다. 삶을 사랑하고 삶에 행복을 느끼는 사람은 자신만의 품격을 완성할 수 있다. 나의 삶을 사랑하기에 타인의 삶을 존중할 수 있는 사람, 행복한 마음으로 매사를 긍정적으로 바라보고 이에 만족하기에 헛된 욕심으로 주변을 혼란스럽게 할 필요가 없는 사람, 이것이 바로 인간의 품격이자 삶의 진정한 목표이며, 인간답게 살아가는 삶의 정도이다.

사마천은 《사기》에서 복숭아와 자두는 꽃이 곱고 열매가 맛있기 때문에 오라고 하지 않아도 찾아오는 사람이 많아 그 나무 밑에는 저절로 길이 생긴다桃李不言下自成蹊고 하였다. 덕 있는 사람은 스스로 손짓하거나 말하지 않아도 사람들이 그를 따른다는 것이다.

가치 있는 삶을 지향한다면 같이 살아가는 공간을 가치 있게 해야 한다. 또한 자신의 삶을 사랑하듯이 타인의 삶도 존중해야 한다. 더 나아가 타인과의 관계성을 중요하게 여긴다면 자신이 먼저 가까운 이들과 친하게 지내면서 상대를 존중할 준비가 되어있어야 한다.

3
올곧고 바르게 행하기를 예로 하라

道之以德　齊之以禮
도 지 이 덕　제 지 이 례

인도하기를 덕으로 하고, 바르게 행하기를 예로 한다.

―《논어》

Guide the common people by virtue, keep them in line with the rites, and they will, besides having a sense of shame, reform themselves.

　　인도하기를 덕으로 하고 바르게 행하기를 예로 하면, 사람들이 부끄러워할 뿐만 아니라 선하게 될 것이다. 바르게 한다는 말은 통일시킨다는 뜻이다. 예는 제도와 품격이다.
　　몸소 행하여 솔선수범하면 사람들이 이를 보고 감동하여 흥기하게 된다. 그 얕고 깊고 두텁고 얇아 균일하지 않은 것을 예로 통일한다면, 사람들이 선하지 못함을 부끄러워하고 스스로 선함에 이르는 방도를 찾게 된다.

싹이 나다

법과 제도는 정치의 주요 도구이고 형벌은 정치를 돕는 보조도구다. 덕과 예는 정치를 내는 근본이고, 덕은 예의 근본이다. 이것은 서로 끝남과 시작이 되어 어느 한쪽도 폐할 수 없는 것이다.

법제와 형벌은 백성으로 하여금 죄를 멀리하게 할뿐이지만, 덕과 예는 백성으로 하여금 날로 개과천선하면서 자신도 알지 못하는 사이에 스스로 선해지게 한다. 그러므로 지도자는 법제와 형벌만을 믿어서는 안 되고, 근본인 덕과 예를 깊이 탐구해야 한다.

충청북도 괴산군에 소재한 화양서원 입구에 있는 돌탑에 비례불리非禮弗履라는 말이 새겨져 있다. 예가 아니면 행하지 말라는 뜻이다. 예가 있으면 편안하고, 예가 없으면 위태롭게 된다. 예란 상대방의 생각이 자신과 다르더라도 비난하지 않고 정성껏 들어주며, 그의 감정을 무시하지 않고 그의 입장을 배려하는 태도이다. 경청하는 자세도 예의 범주에 해당된다.

상대방의 말에 귀 기울인다는 것은 내 기준이 아닌 상대의 입장을 생각하기 때문이다. 상대방에게 예를 지키기 위해서는 그의 입장에서 한 번 더 생각하려는 역지사지易地思之의 자세가 필요하다.

상대방에 대해 예를 갖추면, 존중받고 있음을 깨달은 상대방 역시 나에게 예를 갖추려 한다. 서로를 예로 대우하기 때문에 의견충돌을 피하고 보다 원활하게 소통을 이루어 나갈 수 있게 된다.

꽃이 피다

　예는 이치이다. 나라를 다스리는데도 예로 하면 나라가 태평하고 국민의 생활도 평안해진다. 예는 영원히 변하지 않는 보편적인 자연의 이치이기 때문이다. 자연은 영원히 변하지 않은 반면에 법은 독단적이고 강행적인 의미를 내포하고 있다.

　배려를 올바르게 행하는 것 역시 예에서 비롯된다. 마음만 앞서면 상대방은 존중받지 못하고 있다고 생각을 할 수도 있다. 먼저 무엇을 어떻게 할까를 살펴볼 필요가 있다. 혼자 해낼 수 있는 일에 간섭하는 것 역시 타인을 존중하지 않는 것이기 때문이다. 행동하기 전에 도움을 받는 대상이 불쾌감을 느끼지 않도록 하는 것도 예다.

　상대방의 기분을 고려하지 않고 도움을 주려는 행위는 예가 아니다. 예를 바르게 표현하는 구체적인 방법은 상황과 대상에 따라 다르게 하는 것이다. 다만 진정한 예를 실천하기 위해서 상대방에 대한 이해, 존중, 더 나아가 사랑을 품고 있어야 한다는 것은 분명하다. 서로 화합을 이루려는 면에서 예는 음악과도 통한다.

　서로 화합을 이루려 할 때 예의 기능이 바른길을 열어주는 것이라면, 음악은 함께 어울려도 부대끼움이 없게 하는 꽃향기이다. 이때 예는 천지의 질서가 되고 음악은 천지의 어울림이 된다. 효는 친애하는 정情을 바탕으로 하기 때문에 아름다운 음악과 훌륭한 예의를 낳고, 아름다운 음악은 사회의 풍속을 순화시킨다. 여기에 예는 위아래의 질서를 확립하여 세상을 평화롭게 한다.

　예의를 바탕으로 한 공경하는 마음가짐과 행동은 이를 보고 들는 모든 사람들의 마음을 기쁘게 한다. 효는 예를 낳고, 예는 사람들을 공경하게 하여 세상을 평화로 이끈다. 효는 인류의 행복을 증진시키는데 큰 도움이 되는 친애하는 마음이나 훌륭한 음악을 낳기도 한다. 그래서 효경 첫머리에 효를 중요한 도道라 표현했던 것이다.

아무리 친근한 사이라 하더라도, 예를 갖춰 지켜야 하는 최소한의 간격이 필요하다. 이를 흔히 '고슴도치의 거리'라고 한다. 고슴도치 두 마리가 아무리 사랑하더라도 서로에게 너무 다가가면 서로 가시 같은 털에 찔리게 되므로 적정거리를 유지해야 한다. 그 거리가 곧 인간관계에서도 지켜져야 할 거리로 예의 거리라 할 수 있다.

팝송 〈Hard To Say I'm Sorry〉에 나오는 가사다.

> 사랑하는 사이라도 휴식이 필요하다. 서로에게 멀리 떨어져서 Everybody needs a little time away. From each other even lovers need a holiday.

물리적인 거리도 중요하지만, 때론 시간적인 간극도 필요하다. 너무 가깝지도 않으면서, 너무 멀지도 않게 하라는 말은 인간관계에서 적절한 거리를 유지하는 것이 중요함을 강조한 것이다. 공경하되 가까이하지는 않는다는 말은 현 상황에서 신뢰하기 어려운 대상이라 하더라도 공경하되 멀리하는 것이 지혜로운 행동임을 뜻한다. 상대방과의 관계에서 맹목적인 믿음으로 달려들지 않고, 적절한 거리를 유지해 균형을 찾는 것을 강조하는 말로 보통 경원敬遠이라 한다.

열매 맺다

　옛말에 옥돌은 다듬지 않으면 기물이 될 수 없고, 사람은 배우지 않으면 도리를 모른다고 하였다. 본질은 다듬지 않으면 구체적으로 실현될 수 없고, 누구나 형식을 배우지 않으면 그 본질을 깨우칠 수 없다. 형식과 본질의 조화를 추구하는 것이 무엇보다 중요하다.
　예는 조화로움을 추구한다. 조화로움은 예를 실현하는데 필수 요건이다. 진정한 예는 내재적 본성과 외재적 행동이 조화되었을 때 나온다. 바탕이 꾸밈을 이기면 거칠고, 꾸밈이 바탕을 이기면 호화롭다. 《논어》에서는 꾸밈과 바탕이 어우러져야 군자답다고 하여 지나치게 예가 형식으로 흐르는 것을 경계하였다. 즉, 본질과 형식이 서로 조화로운 상태인 문질빈빈文質彬彬을 최고의 가치로 여겼다.
　예는 가까운 사람에게 행하는 것으로부터 시작된다. 특히 자녀 교육에도 예는 기본이 돼야한다. 한때 헬리콥터부모라는 말이 유행한 적이 있다. 부모가 자녀를 지나치게 간섭하는 것을 비유한 말로 잘못된 가르침의 대명사이기도 하다. 역자교지易子敎之란 말은 부모와 자식 사이에 잘못을 꾸짖기 어렵기 때문에, 자식을 가르칠 때는 다른 스승에게 맡겨야 한다는 것이다.
　예를 가르친다는 것은, 바르게 되라는 것인데, 자녀가 그 의미를 이해하지 못하고 따르지 않게 되면, 부모와 자식의 의가 상할 수 있다. 다른 스승에게 예의 교육을 받음으로써, 나중에 부모에게 그 예를 다하는 것이 자식의 올바른 도리다. 내면의 덕만으로는 정의로운 사회를 만드는 것이 어렵기 때문에 현대사회에서는 법과 제도로 개인을 규제한다. 하지만 법과 제도로는 사회의 악을 막을 수 없고 궁극적인 정의사회를 구현할 수 없다. 그래서 순자는 개인에게 내재되어 있는 규범인 예를 중시하였다. 법과 제도는 제 아무리 완벽할지라도 허점이 있기 마련이고 적용 범위가 다양해 공평하지만 형평성이 있는 것은 아니기 때문이다.

중국 전국시대 법가 한비자는 악이 없어지고 선이 생기는 것은 법을 잘 만듦에 달려 있고, 법을 공정하고 분명하게 실행하면 공적인 사업은 성공하게 된다고 惡滅善生隨立法 分明正確成公業 하였다.

물론 법과 제도로도 어느 정도 사회 정의를 구현할 수 있지만, 법과 제도 등 사람이 만든 규제는 항상 허점이 있기 마련이다. 이를 보완하기 위해 예가 중요하게 여겨진다. 예는 외부적인 강압과 구속이 아니라 내부에서 자율적으로 올바르게 행동하게 하는 규범이다.

현명한 지도자는 법을 잘 만들어 백성을 편안하게 하지만, 어리석은 지도자는 꾀를 부려 험악한 세상에서 맴돌게 하기 때문이다. 明君設法置安全 亂主謀能旋險惡. 외부적 규범만으로는 교화가 아닌 일시적인 변화만 일으키기 때문에 내부적 규범인 예가 필요하다.

악행을 범하기 전에 내면의 예가 발현되어 이를 예방하면, 사회의 악도 예방할 수 있다. 그렇게 되면 올곧고 바른 자세로 삶을 영위하는 개개인이 합심하여 질서가 바로 선 사회를 열어 나갈 수 있다. 예는 곧 질서에서 시작되기 때문이다.

4
나아가고 물러남을 예로 한다

事君無義 進退無禮
사 군 무 의　진 퇴 무 례

> 군주를 섬김에 의가 없고, 나아가고 물러남에 예가 없다.
> ―《맹자》

To ignore dutifulness in serving one's ruler and to disregard Propriety in accepting and relinquishing office.

나아가고 물러남을 예로 한다는 말은 상황성에 맞게 처신하는 것을 말한다. 즉, 매사에 적극적으로 나서야 할 때와 조용히 물러날 때를 아는 균형 잡힌 판단과 절제 있는 태도를 의미한다.

진정한 품격은 언제 나서야 하고 언제 물러나야 하는지를 아는 데서 드러난다. 사욕에 눈이 멀어 앞서지 않고, 때가 아니면 물러날 줄 아는 자세는 타인에 대한 존중이자 자신에 대한 절제이다.

군주를 섬김에 의로움이 없고, 나아가고 물러남에 예가 없으며, 걸핏하면 다른 사람들을 비방하는 자는 지도자가 될 수 없다.

싹이 나다

　청나라 강희제 때 어떤 사람이 땅의 경계 문제로 옆집과 다퉜다. 그는 가족 중 고위직에 있던 장영에게 도와달라는 편지를 보냈다. 이에 장영이 "단지 담장 문제로 천리 길이 넘는 곳에 편지를 보내오다니 만리장성은 여전히 서있지만, 진시황은 벌써 죽었다."고 하면서 먼저 양보하라는 답장을 보냈다. 장영의 가족이 답신을 보고 깨달아 삼척을 양보하자 옆집 사람도 이에 감동받고 부끄러워 삼척을 양보하였다.

　예는 삶의 무늬처럼 우리 일상 곳곳에 드리워진 문양이자 정신이다. 결코 잃어버리거나 도외시되어서는 안 될 소중한 정신문화이다. 국가를 다스리는 근본적인 방식도 바로 예법이 먼저이고 법은 나중이다. 길을 걸을 때는 신발이 필요한 것처럼, 사회를 안정시켜 질서를 유지하려면 예를 중시해야 한다. 예는 삶의 근본이다.

　존 맥스웰은 《사람은 무엇으로 성장하는가》에서 업무에 요구되는 능력만 신경 쓰고 성품을 등한시하는 것은 힘없는 사다리를 올라가는 것과 같다고 하였다. 사다리가 약하면 높이 올라가면 올라갈수록 심하게 흔들리고 결국 추락하게 된다. 예는 자신을 다듬는 것이다.

　자신을 닦는다는 수신修身은 사회로 나아가기 위한 사다리이자 난관을 딛고 나아갈 수 있는 징검다리라 할 수 있다. 멀리 뛰기 위해서는 몇 발자국 물러나는 법이다. 수신은 나아감을 대비한 물러남이다. 물러나서도 의연함을 잃지 않는 것은 예의 실천적 모습이다.

꽃이 피다

예는 가고 오는 것을 숭상한다. 갔는데 오지 않는 것은 예가 아니고, 왔는데 가지 않는 것도 예가 아니다. 옛 성현들은 하늘이 내린 천작天爵을 닦는 일에만 몰두하였지 인간이 만든 인작人爵에 대해선 신경 쓰지 않았다. 지금 사람들은 인작을 얻기 위해서 천작에 힘쓰다가 인작을 얻게 되면 천작을 내다버린다.

그 과정에 현대인들은 당장 자기 눈앞의 이익을 쟁취하기 위해 정신적, 도덕적, 양심적인 의를 버리면서도 죄책감을 느끼지 못한다. 권력과 재물을 좇는 일이 당연시되고 있다. 개인의 명예와 이익을 위한 청렴결백한 대장부의 기개는 찾아보기 힘들다.

조지훈은 《지조론》에서 자기가 신념을 갖고 표방했던 자리에서 방향, 즉 절개를 바꾸는 변절에 대해 말했다. 삶을 살아오면서 세워놓은 자신의 신념을 뒤집는 것은 모두 다 넓은 의미의 변절이라고 할 수 있다. 특히 좋고 바른 데서 나쁜 방향으로 바꾸는 것을 변절이라고 한다. 이러한 의미에서 전통적으로 전해져 내려온 것과 달리, 시대에 맞게 구분하여 수용하는 자세가 필요하다.

니체는 무서운 것은 정상頂上이 아니라 낭떠러지라고 하였다. 사람들은 그곳에서 눈은 아래쪽을 내려다보면서 손은 위쪽을 붙잡곤 한다. 자연히 마음에는 이중의 의지로 인해 현기증이 일어난다. 눈은 정상을 바라보면서도 손은 심연 속에 머물러 몸을 지탱하려고 하기 때문이다. 그래서 낭떠러지가 위험한 것이다.

국민을 위해 일해야 할 공무원이 갖춰야 할 덕목 중에서도 예를 빼놓을 수 없다. 예를 알지 못하면 세상에 나설 수 없다는 신념이 마음속에 구비되어 있어야 한다. 예란 개인적으로 몸에 습득하여야 할 절도이며 공동체를 유지하는 데 있어 필요한 질서이다.

예는 개인의 행동거지로부터 사회적 관습을 넘어 국가의 제도까지 포괄한다. 예는 공동체 사회를 유지하는 근간이 되므로, 결국 예가 바로 서지 못하면 어떠한 공동체도 바로 세울 수 없음은 자명한 일이다. 《탈무드》에 나오는 말이다.

명성을 추구하며 달리는 자에게는 명성이 따르지 않으나,
명성을 피해서 달리는 자에게는 명성이 따라붙는다.

이익을 직접 좇지 않아도 부와 명예 같은 부수적인 것들은 알아서 따라온다는 것이다. 학문도 마찬가지다. 여기서 학문이란 단순히 지식을 익혀 가시적인 성과를 내는 것만이 아닌 참된 삶 공부를 말한다. 세상과 단절된 곳에서 학문에 정진하는 것이 아니라면 현대사회에서는 나를 위한 학문을 하면 이익은 자연히 따라오기 마련이다.

그 이익은 물질적인 영화로 찾아오기보다는 진정한 나를 찾기 위해 과대포장된 마음을 비우는 고통스런 과정으로 다가올 수 있다. 지위가 아무리 높다고 하더라도 과감히 버리고 떠날 수 있다는 것은 자신답게 살아갈 수 있는 또 다른 삶의 방식을 찾아 나설 용기가 있다는 말이다.

열매 맺다

　프랑스 사상가 앙드레 콩트-스퐁 빌은 항상 친절, 공정성, 연민, 그리고 감사 등을 고취하지 않더라도 예의는 적어도 외양을 갖추게 함으로써, 내면은 그렇지 않더라도 겉으로는 사람을 그렇게 보이게 한다고 하였다. 비록 상대방을 존경할 수 없다 할지라도 존경하는 태도를 취하면 어느 순간 상대를 진심으로 존경할 수도 있게 된다는 것이다. 존경심을 드러내는 태도는 관습이 아닌 미덕이다.
　예는 사람의 마음에 내재된 인仁이 자율적으로 표출된 것으로, 인간관계의 질서를 바로잡는 역할을 한다. 예는 법이 다스리지 못하는 사람의 마음까지 다스리며, 각자의 욕심에서 비롯되는 사회문제의 근본적인 해결책이 될 수 있다. 국가는 신의보다 중한 것이 없고, 예는 명분보다 큰 것이 없다. 명분이란 실제와 상대되는 개념이다.
　예가 인간관계의 문제를 해결하는 원리는 조화로움에 있다. 원만한 문제 해결을 위해서 서로의 입장을 이해하고 상대방을 예로써 존중하여 조화를 이뤄야 한다. 조화로움을 추구하는 예의 덕성은 사람들 사이의 이해관계가 복잡하게 얽혀, 갈등과 다툼이 빈번하게 발생하는 현대사회에 더욱 필요한 가치이다.
　사마천의 《사기》에서 예를 언급한 대목이다.

　　예란 사람에게서 일어난다. 사람은 태어나면서부터 욕망을
　　지니고 있어서 하고자 하는 바를 이루지 못하면 원망이 없을
　　수 없다. 원망하는데도 절제가 없으면 다투게 되고, 다투면 혼

란스럽게 된다. 이처럼 어지러워지는 것을 막기 위해 예의를 제정하여 사람들의 욕망을 길러주고, 사람들의 욕구를 만족시켜준다. 욕구로 하여금 사물에 대하여 고갈됨이 없게 하고, 사물은 욕망에서 굴복됨이 없도록 하여, 두 가지가 서로 기대어 성장하는 것, 이것이 예가 일어난 것이다.

물러남의 예를 잘 보여주는 도연명의 『귀거래사歸去來辭』는 단순한 퇴직 선언이 아니라 스스로에게 던지는 고백이자 자유를 향한 선언이었다. 벼슬길은 누군가에게는 명예요, 꿈이지만 그에게는 구속이었다. 그는 젊은 시절 생계를 위해 13차례 관직에 나아갔지만, 그때마다 부패한 정치가들과 협잡꾼들의 권모술수에 실망하곤 했다.

결국 그는 "내 어찌 다섯 말의 쌀 때문에 허리를 굽히리오."라는 말로 관직을 떠나기로 결심한다. 그는 "고향의 전원이 황폐해지려 하는데 어찌 돌아가지 않겠는가. 지금까지는 고귀한 정신을 육신의 노예로 만들어버렸다. 田園將蕪胡不歸 既自以心爲形役"고 한탄했다.

이 말은 속세를 떠나 자연으로 향하는 그의 마음을 고스란히 담아내고 있다. 그의 물러남은 도망이 아니라, 자신을 지키기 위해 용기 있게 발걸음을 돌린 것이었다. 물러남은 또 다른 나아감이다.

도연명의 물러남은, 한 인간 존재의 의의를 드러낸 선택이었다. 그는 자연에서 시를 짓고 술 마시며 독락을 즐겼지만, 그 정신은 시대를 넘어 오늘을 살아가는 현대인들에게 묻고 있다. 그대들은 무엇을 위해 나아가고 있는가? 진정 물러설 때를 아는가?

5
예는 겸손함을 귀하게 여긴다

知崇禮卑　效天法地
지 숭 예 비　효 천 법 지

> 지혜는 높이고 예는 낮추며, 하늘을 본받고 땅을 법한다.
> ―《주역》

Wisdom uplifts, and Propriety humbles; thus does one emulate Heaven and abide by the laws of Earth.

지혜는 높고 밝음을 귀하게 여기므로 숭상崇이라 표현한다. 또한 하늘은 그보다 더 높은 것은 없는데도 겸손하기에 하늘을 본받는다는 뜻으로 효천效天이라 한다. 예는 겸손하고 물러나는 것을 귀하게 여기므로 한없이 낮춘다하여 비卑라 한다.

땅은 가장 낮은 곳에 있으면서도 만물을 감싸 안는 포용성을 지녔기 때문에 땅을 본받는다는 뜻으로 법지法地라 한다. 숭덕광업崇德鑛業의 숭덕은 하늘을 본받아 덕을 높이는 것이고, 광업은 땅을 법칙으로 삼아 업을 넓히는 것을 말한다.

싹이 나다

쇼펜하우어는 겸손은 평범한 사람에게는 그저 성실이지만, 위대한 재능의 소유자에게는 위선이라고 하였다. 또 중국 속담에, 꽃은 반쯤 피는 것이 좋고 술은 살짝 취하는 것이 좋다는 말이 있다. 모두 겸손하라는 것을 완곡하게 표현한 말이다.

진정한 겸손은 말보다 행동에서 드러나며, 타인을 변화시키는 조용한 힘이다. 예는 예의를 말하며 예의는 겸손한 자세를 필수로 한다. 손윗사람과 대화할 때 존댓말을 쓰기, 허리를 굽혀 인사하기, 두 손으로 물건을 주고받기, 일어서서 상대를 예우하기 등은 모두 일상생활에서 예의를 지키는 표현이다.

겸손하다는 것은 단순한 성격적 특성이 아니라, 타인을 위한 삶의 태도이자 관계를 따뜻하게 지키려는 마음 씀이다. 인사에도 겸손이 묻어나야 한다. 서양 문화권에서는 간단한 인사말만 하고 지나쳐도 전혀 이상하지 않으나, 아시아 문화권에서는 상대방이 무시를 당했다고 생각할 만큼 예의를 중시한다.

예를 겸손하게 표한다는 것은 자신의 기쁨을 다른 사람의 안녕과 조화롭게 이어가려는 마음의 표현이다. 그래서 예에 구속이 없으면 도덕道德과 예의禮儀라는 미덕을 발전시킬 수 없다. 예의를 잃어버리면 백성을 교화할 수 없고, 예의가 없으면 옳고 그름과 비뚤어지고 곧음을 따질 수 없다. 예의를 지킴으로써 예를 더욱 강화시킬 수 있을 뿐이다.

꽃이 피다

특정 상황에서 사람들의 이목이 자신에게 집중되었을 때, 사람들은 얼굴이 붉어지거나 말을 더듬고 다리를 떠는 등 이상행동을 보인다. 어쩌면 부끄러움은 당연한 일이다.

이를 두고 버나도 카두치는 《부끄러움》에서 전 세계적으로 절반의 사람들이 부끄러움을 느끼고 우리들 중 95%가 특정 상황에서 수줍음을 느끼기 때문이라고 하였다. 다만 부끄러움이 과해져서 그 증상이 예민해졌을 때는 문제가 될 수 있다.

프란치스코 교황의 파격적이고 새로운 모습이 《신의 이름은 자비입니다》에 소개되었다. 그는 교황으로서의 권위를 강조하지 않고 부드러움과 따뜻함으로 사람들에게 다가간다. 고위 성직자 복장인 모제타를 걸치지 않으며 리무진 대신 중고 소형차를 타고 이동했으며, 자신의 77번째 생일에는 노숙자들을 초대해 아침식사를 함께했다.

이러한 모습을 보고 사람들은 '거리의 교황', '빈자의 대변인'이라는 수식어를 붙였다. 교황의 이러한 온화함에서 나오는 리더십이 있기에 기존의 교황들에 비해 더 많은 사랑과 존경을 받고 있다. 미국의 경제전문지 〈포춘〉은 세계에서 가장 영향력 있는 사람 1위에 프란치스코 교황을 선정하기도 했다.

예의 본질은 사양지심辭讓之心에서도 찾아볼 수 있다. 사양지심은 겸손하여 남에게 양보할 줄 아는 마음이다. 자신을 낮추고 예를 표하며, 다른 사람들과 좋은 관계를 유지하는 방법은 바로 겸손에 있다. 자만에 빠져 남을 무시하는 언행은 자기 자신을 속일 뿐만 아니라, 사람들과 관계마저 불편하게 한다. 겸손은 예의 본질적 요소이다. 거절할 때도 겸손함은 필수다.

발타자르 그라시안은 《지혜의 기술》에서 상대방의 요구를 거절할 때도 완곡한 방식으로 하되 예를 갖추라고 말한다. 거절이 무미건조한 승낙보다 오히려 더 큰 만족감을 줄 수도 있다. 최대한 예를 갖추는 것은 나의 몫이지만 상대방이 생각하기에 겸손하다는 느낌을 받으면 이 또한 최선이라 할 수 있다.

페이스북에서 한동안 감사 릴레이가 유행한 적이 있었다. 이는 3일 동안, 하루에 감사한 것 3개씩을 페이스북에 올리고, 다음 감사 릴레이를 할 친구 3명을 선택하는 것이있다. 이를 통해 사람들은 하루를 돌아보고 감사할 것들이 많다는 것을 깨닫게 되었다. 감사함을 느낀다는 것은 상대가 나에게 베풀어준 예에 감동을 받은 것이기도 하다. 파울루 코엘료가 《연금술사》에서 한 말이다.

> 무엇을 하는가는 중요치 않다. 이 땅 위의 모든 이들은 늘 세상의 역사에서 저마다 중요한 역할을 하고 있다.

우리는 모르는 사람들로 출렁이는 바다에서 더불어 살아가고 있다. 더불어 산다는 것은 험한 파도를 헤쳐가는 뗏목이라는 뜻이다. 다만 사람들이 그 사실을 모르고 있을 뿐이다. 뗏목 위에서 무엇을 하는지는 중요하지 않다. 선장 같은 거창한 역할이 아니어도 상관없다. 각자가 자기 자리에서 최선을 다하여 노를 젓는 것이 중요하다.

열매 맺다

눌은 이광정의 《눌은집》에는 가난하게 살던 부부가 아내 덕분에 갑자기 부자가 되었다는 이야기가 나온다. 어느 날 아내가 남편에게, 우리는 돈은 많지만 명예가 없으니 서울로 올라가서 이름을 취하자고 제안했다. 곧 이들은 서울의 권세 있는 재상 집 옆에 집을 구하여 유가의 경전들을 비치했다.

아내는 남편에게 유학자다운 표정이며 행동거지를 가르쳐주면서, 사람들이 찾아와 무엇을 묻거든 근엄한 표정으로 무조건 모른다고만 하라고 단단히 당부했다. 아내는 값비싸고 진귀한 물건을 구해 재상집을 들락거리며 안식구들에게 적절히 뿌렸다.

여자들의 입에서 좋은 말이 나왔고, 드디어 재상까지 알게 되었다. 재상집 자제들이 남편을 찾았으나 그는 늘 의관을 단정히 갖추고 독서와 궁리에 열중하고 있는 것이었다. 평소 공부의 의문처를 물었으나, 오직 모른다는 대답만 들었다. 참으로 겸손한 사람이 아닌가. 이 이야기를 들은 재상은 남편을 벼슬에 천거했다.

하지만 남편은 아내가 시키는 대로 응하지 않았다. 재상은 더 높은 벼슬에 천거했다. 물론 거부했다. 천거와 거부가 몇 번 진행되어 마침내 명예로운 청현직에까지 올랐다. 아내는 남편에게 '더 있다가는 발각될 수도 있으니 돌아가자'고 한다. 아내는 돌아가면서 속여서 미안하다는 내용의 편지를 남겼으나, 재상은 여전히 남편을 어진 군자로 알았다고 한다.

축구선수 박지성의 책 《멈추지 않는 도전》에 나오는 일화다. 공격수라는 포지션에도 불구하고 욕심 없는 팀플레이어였던 박지성은 세계 최고의 무대인 영국 프리미어리그에서도 성실함과 이타적인 모습으로 많은 찬사를 받았었다. 그는 프리미어리그에 데뷔를 하고 첫 골을 넣기 전까지 4개의 도움을 기록했다.

그는 자신의 기록보다 팀의 승리를 위해 더 좋은 위치에 있는 동료들에게 기회를 양보했다. 그가 데뷔골을 넣었을 때 많은 동료들이 진심으로 축하해 줄 수 있었다. 그의 겸손함은 그대는 우리들 앞에서 스스로를 낮춤으로써 우리들의 경건한 마음에 고통을 주었다는 니체의 말을 떠올리게 한다.

자신만의 안위를 추구하는 책임감 없는 행동이 아닌 타인을 위하는 태도를 가지고 행동할 때 우리는 좀 더 따뜻한 사회를 만들 수 있을 것이다. 성 어거스틴은 《잠언에서 배우는 삶의 지혜》에서 겸손을 기독교의 제1의 덕목으로 꼽았다. 반면에 불교에서는 스스로 마음을 낮추라는 하심下心을 중요한 덕목으로 꼽았다.

몇 해 전 모 방송국의 드라마에서 세상이 아무리 막가파로 돌아가도, 이 세상에는 순리를 지키는 사람이 많은 법이라는 대사는 시사하는 바가 크다. 순리는 예를 갖추는 기본이 된다. 수업시간에 발표한 학생의 생각이 비록 교수의 생각과 다르더라도 다른 각도로 숙고해야 할 몫은 교수에게 있다. 내 생각과 다르지만 학생의 생각이 틀린 것은 아니기 때문이나. 동일한 대상을 바라보는 시각이 다를 수 있음을 인정하는 것도 학문하는 사람의 겸손이다.

6
예는 남김없이 다하는 것이다

禮盡則已　豈有加也
예 진 즉 이　기 유 가 야

> 예는 다할 뿐이니, 어찌 더함이 있겠는가?
>
> —《근사록》

The Propriety is done, so what's more to add?

　장미꽃을 사랑하는 사람이 그 잎까지 사랑하는 데는 상당한 시간이 걸린다. Anyone can love a rose but it takes a great to love a leaf. 사랑에 범위를 둔다는 것은 예를 행하는데 제한을 두겠다는 것과 같다. 누군가가 고위직에게 예를 더 갖추라고 말하자, 이를 본 현자가 "예는 다할 뿐이지, 어찌 더함이 있겠는가?"라고 충고하였다.
　예에 '더'나 '덜'자를 붙이는 것 자체가 예를 다하지 않는 것이다. 예를 갖춰 공손히 행동하면 부질없는 근심과 정신적인 손해까지도 면할 수 있다. 대중교통을 이용할 때 줄을 서거나 신호대기하는 것도 예다. 언제 어디서든 예를 갖춤에 다함이 없어야 한다.

싹이 나다

　형식적인 예보다는 예의 본질이 중요하다. 삶이 힘들어지고 바쁘다는 핑계로 예의 형식을 놓치기 쉽다. 예의를 그저 귀찮은 형식으로 생각해 가볍게 여기는 것은 다른 사람과의 관계를 어렵게 한다. 예를 실천해야 사람됨과 사람다움의 품위를 갖출 수 있다.

　다산 정약용은 《목민심서》에서 나와 남은 본래 두 사람이니, 신信으로 단단히 맺지 않으면 또한 행할 수가 없다고 했다. 타인과의 관계에서 예를 중요하게 여기지 않으면 마땅히 갖춰야 할 사람다움을 잃게 된다. 단순히 예의범절을 지키는 것만으로 충분한 것은 아니다. 겉으론 깍듯이 예를 갖추는 듯하지만, 지킬 박사와 하이드 씨처럼 겉과 속이 다른 사람들도 있기 때문이다.

　박지원의 《호질》에서는 도덕군자로 포장된 북곽北郭 선생이란 사람이 등장한다. 그는 예의 바르고 해박한 지식에 수많은 저서로 이름난 유학자이다. 하지만 실상은 밤마다 동네 과부나 몰래 찾아다니는 파렴치범이다.

　겉과 속이 다른 북곽에게 인간이 아니라 호랑이가 꾸짖는 장면에서는 금수만도 못한 인간이 무엇인가를 보여준다. 중요한 것은 말이 아니라 예를 지키는 삶에서 찾아볼 수 있는 덕성이다. 결코 예는 스스로를 구속하는 부담스럽고 거북한 것이 아니다. 그것은 타인에 대한 자신의 작은 배려를 행동으로 드러내는 것이다.

꽃이 피다

1815년 나폴레옹이 워털루전투에서 패하고 세인트헬레나 섬에 유배될 때, 영국군 군함 벨레로폰Bellerophon에 승선하자, 갑판 위에 정렬해 있던 영국 병사들이 그에게 받들어 총 자세로 예를 표했다. 비록 적국의 장군이었지만 존경할만한 인물임에는 틀림없다. 이를 잘 알고 있던 병사들도 그에게 최대한의 예를 표한 것이다.

다음은 밀란 쿤데라의 《무의미의 축제》에 나오는 말이다.

사람들이 모두 쓸데없이 지나칠 정도로 서로에게 사과하는 세상, 사과로 서로를 뒤덮어버리는 세상이었으면 좋겠다.

길 가다 서로 부딪쳤을 때 서로 사과하는 세상이 되기를 바란다는 지극히 당연한 말이다. 심지어 자신의 자녀들로 인해 다른 사람들이 불편함을 겪었다면, 그들에게 사과하고 아이들을 교육하는 것이 진정성 있는 부모의 자세라 할 수 있다.

한때 SNS에서 '맘충'이라는 말이 유행했었다. 이는 엄마를 지칭하는 영어 맘mon과 어떤 집단이나 개인을 비하할 때 사용하는 충蟲이란 말이 합쳐진 신조어다. 공공장소에서 시끄럽게 떠들거나, 아이들의 행동이 다른 사람들에게 피해를 주는데도 아이들을 제제하지 않고 오히려 '애들이 그럴 수도 있지' 하는 방관자적인 태도를 보이는 엄마들을 지칭하는 용어다.

예는 폭넓은 의미를 함축하고 있다. 교육은 예의 출발이다. 부모가 가정에서 자녀를 교육시키는 것은 예를 인식시키는 중요한 과정이다. 부모로서의 책임을 다하는 것도 넓은 의미에서 예를 다하기 위한 준비라 할 수 있다.

예가 실종된 빈자리엔 비이성적이고 비인간적인 생각들이 자리하게 된다. 전국 초, 중, 고등학생 2만여 명을 대상으로 한 조사한 결과에 따르면, 고등학생 응답자 가운데 47%는 10억 원이 생긴다면 죄를 짓고 1년 정도 감옥에 가도 괜찮다고 답변했다. 더 심각한 것은 이웃의 어려움과 관계없이 나만 잘 살면 된다는 설문에 '그렇다'고 답변한 비율도 36%나 되었다고 한다.

예의 형식은 중요한 요소이지만, 젊은 세대에게는 다소 이해하기 힘들 수도 있다. 개개인이 자신의 책임을 다해야 하는 이유는 개인은 사회의 구성원이기 때문이다. 한 개인이 예를 도외시하면 건강한 사회를 만드는 데에 걸림돌이 된다. 하지만 개개인이 자신의 책임을 다한다면 그 자체가 사회에 공헌하는 것이 된다.

최근 형식을 차리기보다는 예의 본질만 챙기면 된다고 생각하는 사람들이 많아지고 있다. 현실의 삶이 점점 힘들어지게 되면 하루하루 살기에 급급한 나머지 예의 형식을 놓치기 쉽다. 부모가 돌아가셨을 때 치르는 3년 상은 없어진 지 오래다. 최근에는 피자나 치킨을 제사상에 올리는 경우가 모두 예의 형식보다는 그 의미만 전달되면 된다고 생각하는 경우이다.

열매 맺다

예는 남김없이 다하기 위해서는 타인과의 조화가 우선이다. 조화를 위해 불가피한 덕목이 공동체적 감각이다. 기시미 이치로는 《미움 받을 용기》에서 공동체적 감각을 이렇게 정의하였다.

> 공감은 타인을 친구로 여기고, 거기서 내가 있을 곳은 여기라고 느낄 수 있는 것이다.

여기서 말하는 공동체는 학교, 직장, 지역사회는 물론이고 국가와 인류, 더 나아가 동식물과 무생물, 과거에서 미래로 이어지는 시간까지 포함하는 만물을 지칭하는 개념이다.

결국 공동체적 감각은 개인은 이 세계의 중심이나 주인공이 아니라 전체 공동체의 일부라는 사실을 인식하는 데서 비롯된다. 타인이 나를 위해 무언가 해주기를 바라지 않고, 내가 먼저 적극적으로 타인에게 무언가를 주고 공동체에 공헌함으로써 얻어지는 소속감이다.

스승을 처음 만나 가르침을 청할 때 작은 선물을 함으로써 예절을 갖추는 것으로 묶은 육포의 예절을 의미하는 속수지례束脩之禮라 한다. 『논어』에서 공자가 속수束脩를 행한 자에서부터 그 이상은 내 일찍이 가르쳐 주지 않은 적이 없었다고 한 데서 유래하였다. 속束은 다발로 열 개를 말하며, 수脩는 말린 고기포를 뜻한다. 이 속수는 예물 가운데서 가장 약소한 것이다.

공자는 돈을 벌기 위해 제자들을 가르치지는 않았다. 다만 공자는 모든 가르침은 예에서 시작된다고 보았다. 그가 제자들에게 속수 이상의 예물을 가지고 오도록 한 것은 제자의 예를 지키도록 한 것이다. 공자가 천명을 깨닫고 이 세상을 구제하려 하였을 때 제일 먼저 해야 할 일은, 사람을 사람다운 사람으로 만들고 사회를 인간 사회로 만드는 것이었다.

예를 들어, 제사란 추모하는 마음의 표현으로 참마음과 믿음, 사랑과 공경의 지극함이자 예의 격식을 성대하게 한 것이다. 관례와 계례는 외모를 바꾸는 것보다 어른으로서의 책임과 의무를 일깨운다. 이는 아비의 아들로서 자식의 도리를 다하게 하는 것이고, 아우로서 동생의 도리를 다하게 하며, 신하로서 신하의 할 일을 다하게 하고, 젊은이로서 젊은이의 도리를 다하게 하려는데 뜻이 있다.

사람을 사람답게 만드는 것이 예의다. 예의의 시작은 몸가짐을 바르게 하고, 얼굴빛을 가지런히 하며, 손님을 접대하고 배웅하는 데 있어 말을 공손하게 하는 것이다. 이렇게 한 뒤에야 예의가 갖추어졌다고 할 수 있다. 예가 바로 선 곳에서는 소위 '갑질'이라는 행동은 있을 수 없다.

이로써 위와 아래가 바르게 되고, 아버지와 아들이 친하게 되고, 어른과 아이가 조화를 이루게 된다. 그런 뒤에 비로소 예의가 성립되는 것이다. 공공장소에서 남에게 피해를 끼치고도 당당한 행동을 하는 사람들을 흔치않게 볼 수 있다. 잃어버린 예의 본질을 찾기 위해서 우리가 잊고 있었던 겸손과 예의는 하늘의 뜻이라는 것을 잊어서는 안 된다.

제2장

효孝(Filial Piety)

부모를 잘 섬기는 것을 효라 한다. 孝자는 老자에서 오른쪽의 비匕 획이 생략된 형태에 子라는 글자가 결함된 회의문자다. 즉, 孝자는 老자와 子자의 결함으로 자식이 노인을 부축한다는 의미다. 최초의 사회가 가정이고, 최초의 만남이 부모와 자식의 만남이다.

효는 자식이 해야 할 도리로 부모에 대한 사랑으로 확인된다. 국가 인류에 대한 사랑은 진실성이 약하지만, 부모에 대한 사랑은 굳건한 진실성이 전제된다. 효孝가 수직적 사랑이라면 제弟는 수평적 사랑이다. 효제는 인을 실천하는 시작이다. 그 시작점은 가정이다.

가정에서 잘하지 못하면서 밖에서 잘하기는 쉽지 않다. 중요한 것은 가정에서 잘하고 밖에서도 잘하는 일관성 있는 자세다. 사람들은 효가 크다는 것을 모르기 때문에 스스로 작게 여기고, 귀하다는 것을 모르기 때문에 스스로 천하게 여기는 잘못을 범한다.

토인비Arnold J. Toynbee는 한국의 효사상이 인류에게 가장 필요한 덕목이므로 서양에도 전파해야 한다고 하였다. 또한 미국 하버드대 교수인 대니얼 벤은 세계의 가족제도 중 가장 건전한 가족제도는 효가 존재하는 한국의 가족제도라고 하였다.

하지만 몇 해 전 미국의 워싱턴포스트지는 아시아에는 지난 수백 년간 이어져 온 유교사상으로 자식들이 나이 든 부모님을 돌봤지만 젊은이들이 도시로 가면서 효사상이 약화되었고, 이런 변화는 한국에서 두드러지고 있다고 하여 효사상의 실종을 우려하기도 했다.

《뒤르케임을 다시 생각한다》는 책에서 한국식 입신양명이란 교육을 통해 이룬 사회적 성공으로 효의 완성을 의미한다고 하였다. 치열한 경쟁에서 낙오할 수 없다는 각오와 출세만이 효도하는 길이라는 자세가 한국 근대화의 원동력이 되었다는 것이다.

7
지도자를 받들어 섬기는 것도 효다

孝者事君　弟者事長
효자사군　제자사장

> 효는 군주를 섬기는 것이고, 제는 연장자를 섬기는 것이다.
> ―《대학》

There is filial piety:―therewith the sovereign should be served. There is fraternal submission:―therewith the elders and superiors should be served.

　나라를 다스리는 사람은 먼저 자기 집안을 바르게 해야 한다. 집안을 바로 하지 못하고 남을 바르게 할 수 있는 사람은 없다. 지도자가 바르면 모든 국민들의 본보기가 된다. 그렇기에 참된 지도자는 집을 나가지 않고도 나라를 바로 할 수 있는 방법을 알게 된다.
　정치는 효孝, 제弟, 자慈로 몸을 닦아 집안을 바르게 가르치는 것과 같다. 효는 군주를 섬기는 것이고, 제는 장관을 섬기는 것이고, 자는 여러 사람들을 부리는 것이다. 군주를 섬기고, 장관을 섬기고, 백성을 부리는 방법이 가정을 바르게 하는 데서 벗어나지 않는다.

싹이 나다

효를 행하면 왜 이름을 남기게 할까? 어버이를 효로 섬기기에 그 효를 임금에게 옮겨 충을 행할 수가 있다. 또 형을 우애로써 섬기기에 그 섬김을 어른에게 옮겨 공경할 수 있다. 평소 집안을 잘 다스리면 그 다스림을 공직으로 옮겨 청렴을 실행할 수 있다. 이렇게 하면 그 행실이 안에서 행해져도 이름이 후세에까지 남게 된다.

군자가 임금을 섬김에 있어서 조정에 나아가면 충성을 다할 것을 생각하고, 집으로 물러나서는 잘못을 고칠 것을 생각한다. 임금의 아름다운 뜻에는 순종하고, 임금의 그릇된 생각은 바로잡아줄 수 있어야 한다. 그래야 위아래가 서로 친애할 수 있다.

셰익스피어의 《리어 왕》에서 막내딸 코딜리어는 리어 왕에게 아부하지 않고 진심으로 그를 섬기며 끝까지 충성을 다한다. 왕이 몰락했을 때도 그를 보살피고 지킨 그녀의 모습은, 단순한 부녀 간 효심을 넘어 왕이자 아버지를 끝까지 받드는 효로 해석할 수 있다.

《여씨춘추》에 임금이 비록 존엄하긴 하지만 흰 것을 검다고 한다면 신하로서도 이를 곧이들을 수 없으며, 아버지가 비록 친근한 사이라고는 하지만 검은 것을 희다고 한다면 아들로서도 그 말에 따를 수 없다 君雖尊 以白爲黑 臣不能聽, 父雖親 以黑爲白 子不能從고 하였다.

공경할 수밖에 없는 부모, 공경으로 모시도록 감동을 주는 어른의 자세와 역할이 동시에 요구된다. 그런 후에 효의 정신이 가정에서 사회로, 부모에서 나라의 지도자에게까지 뿌리내릴 수 있다.

꽃이 피다

모든 선한 행실 중에 효도가 으뜸이라 할 정도로 동양에서는 효 사상이 바탕을 이루고 있다. 모든 행실이 효가 아니면 성립되지 않고, 선도 효가 아니면 행해지지 않는다고 믿기 때문이다. 그래서 《효경》은 하늘의 경經이고, 땅의 의義이며, 백성의 떳떳한 도리常道라 여겨졌다.

어버이를 섬기는 것이 섬김의 근본이고, 몸을 지키는 것은 지킴의 근본이 된다. 어버이 섬기기를 효로 하면 군주에게 충성을 옮길 수 있고, 순종함을 어른에게 옮길 수 있다. 《효경》에 사람들은 효가 크다는 것을 모르기 때문에 스스로 작게 여기는 잘못을 범한다고 하였다. 사람이 스스로 귀하다는 사실을 모르기 때문에 스스로 천하게 여기는 잘못을 범한다는 것이다.

자신을 천하게 여기면 비록 사람의 형체를 가졌다 하더라도 금수와 다름없다. 또 자신을 작게 여기면 비록 성현의 자질을 가졌다 하더라도 범속한 무리에서 벗어날 수 없을 것이다. 사람의 성性은 하늘로부터 받은 것이므로 귀하고, 사람의 행실은 효보다 큰 것이 없다. 그래서 사람들은 스스로 귀한 존재임을 알고 효에 힘써야 한다.

더 나아가 타인의 마음으로부터 나오는 소리를 들어야 완전한 효를 행한다고 할 수 있다. 이 단계를 거치면 효라는 꽃이 인仁이라는 열매를 맺게 된다. 효의 바탕인 인仁의 특성은 효가 커질수록 인仁도 비례하여 커진다고 할 수 있다. 따라서 인仁이 커짐에 따라 관계 범위도 커지면서 더욱 많은 사람들과 관계를 맺게 된다.

효를 생각하면 부모와 자식 간의 예의를 떠올리기는 쉽다. 하지만 효를 가정 내의 효만으로 국한시켜서는 곤란하다. 개인과 가정뿐만 아니라 사회와 국가까지 확장하여 효를 적용하도록 해야 한다. 다만 효가 가정에서 쉽게 형성될 수 있다고 보았기 때문에 가정의 효를 첫 번째 단계로서 강조한 것이다.

엘리자베스 퀴블러 로스는 《인생수업》에서 가깝고 친밀한 관계에서부터 먼 관계에 이르기까지, 우리가 맺고 있는 각각의 관계들에는 나 자신이라는 공통분모가 있으며, 하나의 관계에서 우리가 취하는 태도는 다른 관계들에서도 똑같이 드러난다고 하였다.

가정에서 길러진 효의 태도가 다른 사람에게도 동일하게 대할 수 있는 태도로 바뀐다. 이를 기점으로 타인의 고통에 공감하고 연대할 수 있는 능력이 커지는데, 이것이 바로 타인의 마음에 귀를 기울이는 힘이 된다. 부모를 공경하는 효가 타인의 감정을 이해하는 인仁으로 확장되므로 타인을 마치 자신의 가족처럼 대하게 된다.

또한 효를 이웃, 사회, 그리고 국가에 적용시킬 수 있기 때문에 효에는 가깝고 멂이 중요하지 않다. 그래서 자기 자신과 부모의 틀이라는 가족윤리에서 벗어나 전 인류에게까지 효를 확대할 수 있다. 특히 이 단계에서 효는 사람과 사람을 이어주는 가교역할을 충실히 하게 된다. 그래서 효를 사람다움의 근본이라 하는 것이다. 결국 가정에서 행해진 효가 이웃으로, 또 이웃에서 사회로 뻗어나가는 것이 사람다움의 실천이자 인仁의 확장이 된다.

열매 맺다

　중국 당나라의 장공예張公藝는 9대가 대대로 한집에 살면서도 화평하게 살아서 정려문旌閭門을 하사받았었다. 하루는 당나라 고종이 장공예에게 물었다. "그대 집안은 어찌하여 이렇게 9대나 되는 일가친척들이 한 집안에 모여 살면서도 화목할 수 있었단 말인가?" 이에 장공예는 다음과 같이 대답했다.

　　집안이 화목하지 못하는 까닭은 윗사람이 의복과 음식을 분배하는 데 있어서 공평하지 못함에 있고, 또한 항렬行列이 낮은 자와 젊은이들이 무례하여 서로 책망하고 의견이 대립되어 다투게 되므로 참을 인忍자를 마음에 깊이 새겨 서로 양보한다면 집안은 화목하게 될 것입니다.

　이후 사람들은 '참는 마음에 가정의 화목이 있다'는 뜻으로 '백인당중유태화百忍堂中有太和'라는 말을 널리 사용하게 되었다.
　부모님께 간청할 때 바르게 하는 것이 효이다. 증자가 "자식으로서 아버지의 명령을 좇기만 하면 효라고 말할 수가 있겠습니까?"라고 질문하자, 공자가 "그게 무슨 말이냐? 그게 무슨 말이냐?" 옛날에도 천자에게 다투어 간하는 신하 일곱 명만 있으면 비록 무도하다 하더라도 그의 천하를 잃지 않았었고, 제후에게 다투어 간하는 신하 다섯 명만 있으면 비록 무도하다 하더라도 그의 나라를 잃지 않았으며, 대부에게 다투어 간하는 신하 세 명만 있으면 비록 무도하다 하더라도 그의 집안을 잃지 않았었다.

진심으로 충고해주는 친구가 있다면 아름다운 명성이 떠나지 않을 것이다. 또한 효심을 다하여 간하는 아들이 있다면 그 아버지는 불의에 빠지지 않을 것이다. 의롭지 않은 일을 보면 자식으로서 아버지에게 진심을 다하여 간해야 한다. 이것이 진정한 효이다.

효란 어버이에만 국한되지는 않는다. 왕조시대 군주를 아버지처럼 섬기며, 그 뜻을 이어 끝까지 책임을 다하는 것도 효라 할 수 있다. 셰익스피어W. Shakespeare의 희곡 《헨리 5세》는 단순한 전쟁 사극이 아니다. 여기에는 효와 충의 의미가 교차하며 공동체를 위한 헌신이 무엇인가를 보여준다. 이 작품에서 백성의 아버지이자 지도자인 왕을 향한 존경과 헌신이 확장된 효의 형태로 그려진다.

젊은 국왕 헨리 5세는 방탕했던 삶에서 벗어나 성숙한 군주로 거듭난다. 전쟁이라는 중대한 결정을 내리는 과정에서 백성과 병사들을 형제라 부르며, 지도자가 먼저 자신을 낮추고 희생하는 모습을 보인다. 전투 전날 밤, 그는 변장을 하고 병사들 틈에서 그들의 충성심을 직접 확인한다. 이는 백성을 이해하려는 군주의 따뜻한 마음이며, 병사들의 충성은 국가와 공동체를 향한 효가 된다.

그들은 왕을 아버지처럼 받들며, 그가 옳은 길을 간다는 확신 속에서 생명을 걸고 싸운다. 이는 피로 맺어진 충이자 공동체 전체를 위한 효이기도 하다. 진정한 효란 나를 길러준 부모만이 아니라, 자신이 속한 사회와 리더에 대한 책임과 섬김의 마음으로도 표현될 수 있다. 빛나는 21세기를 살아가는 현대인들은 과연 누구를 어떤 마음가짐으로 섬길까? 스스로 한번 되짚어볼 일이다.

8
효는 섬기려는 마음에서 시작된다

事亡事存 孝之存也
사 망 사 존   효 지 존 야

> 없는 이를 섬기기를, 생존한 이를 섬기듯이 한다.
>
> —《중용》

They severed the dead as they would have served them alive; they severed the departed as they would have served them had they been continued among them.

조상의 뜻을 받들어 예를 행하고, 존경하던 바를 공경하며, 친애하던 바를 사랑한다. 그리고 죽은 사람 섬기기를 산 사람을 섬기듯이 하고, 지금 여기에 없는 사람 섬기기를 옆에 있는 사람 섬기듯이 하면 효를 지극히 한다고 할 수 있다.

하지만 병든 부모님을 위해서 허벅지살을 베어내고 손가락을 끊어 봉양하는 행위를 효라 할 수 있을까? 이는 《효경》의 불감훼상 不敢毁傷에 어긋난 행위들로 자식의 안위만을 바라는 부모님의 뜻이 아니다.

싹이 나다

중국 당나라 시인 옹도는 〈그리운 고향〉에서 어쩌다 나그네가 되어 세상사에 떨어져偶然爲客落人間 가을날 달을 바라보니 부쩍 고향이 그리워져秋來見月多思歸 새장 열고 새를 날려 보냈네自起開籠放白鵬라며 향수를 달랬다.

한 방송국 제작진이 고시촌에 있는 젊은이들에게 '부모님 생각은 나는지?', '집에는 자주 가는지?' 등을 질문하자, 그들은 쓴웃음을 지으며 말했다. "불효자식이죠. 부모님 생각은 많이 하지만, 효도하는 방법은 합격하는 것이라고 생각해요." 그들의 치열한 삶을 보면 불효자라는 말이 무색할 정도다.

부모님께 드리는 용돈을 기준으로 자식의 등급을 나눌 수 있을까? 또 잘 산다는 것은 무엇일까? 요즘 젊은이들은 자기 한 몸 건사하기도 힘들어 자조적으로 열정페이 세대라고 부른다. 자기중심적으로 사고하고, 행동하는 젊은이들을 잘 살고 있다고도 말한다.

그런 젊은이들에게 부모님께 효도하는 길은 빨리 취직해서 사람 구실 한번 제대로 하는 것이라고 인식되어 있다. 자식으로서 부모의 근심을 덜고자 노력하는 것은 옳은 일이기는 하나 참된 효인지는 의문이다. 부모님의 마음을 좀 더 깊이 들여다 볼 필요가 있다.

부모님의 은혜는 하늘같다고 한다. 《자치통감》에 하늘의 은혜는 두텁지만, 부모님의 은혜는 깊다고 하였다. 天地之恩厚矣, 父母之恩深矣. 부모를 섬기는 마음이 없으면 하늘을 섬길 줄 모르는 것이 된다.

꽃이 피다

온정정성溫淸定省이란 말은, 자식이 효성을 다하여 부모를 섬기는 도리. 겨울에는 따뜻하게 하고, 여름에는 시원하게 하며, 저녁에는 자리를 편히 마련하고, 아침에는 안부를 여쭙는 일을 이른다.

부모님께 효도하고 웃어른께 공경하는 자세는 인仁을 실천하는 첫 번째 행위이다. 효란 무엇인가? 효란 자식이 부모를 공경하고 사랑하는 마음에서 우러나오는 행위다. 행위 자체를 놓고 옳고 그름을 판단하기보다 마음을 중요하게 생각해야 한다. 단순히 봉양을 잘한다고 해서 다 효라고 할 수는 없기 때문이다.

SNS(Social Networking Service)가 발달한 요즘, 부모님에게 돈을 드리는 행위로 지폐다발을 펼쳐 인증 사진을 찍고, 동영상으로 선물 증정식도 한다. 인스타그램에는 효도스타그램이라는 태그도 생겼다. 이렇게 하면 부모님이 기뻐할 것이라 생각하는 것 같다. 그렇지만 마음을 두는 곳은 부모님이 아니라 게시물에 달린 댓글과 호응도에 있다. 주변을 의식하면서 생색내는 것은 효가 아니라 쇼이다.

간혹 부모님은 자신에게 사랑을 주지 않았고, 자신은 부모님에게 슬픔을 준 적이 없는데, 왜 효도해야 하는가? 라며 효의 무용성을 말하는 사람도 있다. 한편으로 오히려 집안이 화목하지 못하기 때문에 효도며 자애 같은 덕목이 강조된다고 말하는 사람들도 있다. 과연 그럴까?《논어》에서 효를 언급하고 있는 한 구절이다.

유자有子는 부모에게 효도하고 순종하며, 어른에게 순종하는 사람 가운데 윗사람에게 반역하기를 좋아하는 사람은 드물다.

효를 인륜이라는 관념에서만 바라볼 것이 아니라 효를 하나의 질서라는 관점에서도 음미할 필요가 있다. 윗사람에게 함부로 행동하려 하지 않으면서 쉽게 세상을 어지럽히는 사람은 없기 때문이다.

정철의 훈민가 16수 중 하나인 〈자효子孝〉에서도 어버이가 살아계실 때 할 수 있는 효를 다하여 섬기라 했다. 효란 자연스럽게 발생하며 인仁보다 더한 근본적인 개념이다. 이를 지키지 않는 것은 자신의 근본을 부정하는 것이 된다. 그래서 젊은이들은 집에 들어가서 효도하고 의로운 일을 행한 후에 남은 힘으로 글을 배우라 하였다.

또 다른 예로, 막심 고리끼의 소설 《어머니》는 19세기 러시아의 시골 노동자 계급인 여성의 삶을 추적하여 고난의 시기에 겪어야 했던 인생의 잔인함과 쓰라림을 묘사하였다. 소박하고 수수하게 살아가던 시골 아낙을 과격한 투사로 변신케 한 것은 시대가 낳은 비극이었다. 하지만 아들 파벨과 그의 친구들에게는 효와 친절, 자비, 그리고 사랑의 가치를 강조하며 인간미를 고취시킨다.

또한 신경숙의 소설 《엄마를 부탁해》는 엄마를 잃어버린 지 7일이 되었다는 문장으로 시작한다. 소설에서 주인공은 어머니라는 여자의 인생에 대해 생각하고 회상하는 과정이 잘 묘사되어 있다. 엄마의 마음을 진심으로 이해하고 엄마의 삶을 깨닫게 되면서 그런 소중한 엄마를 등한시했다는 죄책감에 뒤늦게 반성하고 후회한다.

열매 맺다

맹자는 불효 사례를 5가지로 구분하였다. 첫째, 몸을 게을리해서 부모님을 돌보지 않는 것. 둘째, 장기를 두고 바둑을 두며 술 마시기를 좋아해 부모님을 돌보지 않는 것. 셋째, 귀와 눈이 하고 싶은 대로 따라 하다 부모님을 욕되게 하는 것. 넷째, 싸우거나 사납게 굴어서 부모님을 위태롭게 하는 것. 마지막으로 재물을 좋아하고 처자식만을 사랑하여 부모님을 돌보지 않는 것 등이다.

모두 삶에 불성실한 모습들을 언급하고 있다. 자신조차 수양하지 않는 사람이 부모를 돌본다는 것은 어불성설이다. 부모를 공경하고 사랑해도 실천하지 않으면 알 길이 없다. 부모님 말씀을 잘 듣되, 소신이 있어야 한다. 잘못된 예로, 너 하나 잘 살면 그만이라는 말을 단어 그대로 해석하여 나 혼자 잘 사는 것이 부모를 위한 것이라 여기는 경우가 있다.

몇 해 전에 실종되었던 치매노인이 경찰에게 발견된 일이 있었다. 그러나 노인은 치매환자가 아니었다. 자식들은 어머니가 실종된 것처럼 꾸며 보험금을 타내려 했고, 계획을 미리 알게 된 노인이 그 허물을 감추려 치매환자 행세를 한 것이었다.

자식에게 짐이 되고 싶은 부모가 어디 있겠는가? 자신의 행실을 책임지는 데 있어 효를 핑계 삼아서는 안 된다. 진심으로 얼굴에 기쁜 빛을 보여야 한다. 윗사람을 공경하는 것은 사람으로 당연히 행해야할 의무이므로, 부모에 대한 효심이 저절로 우러나와 얼굴에 온화하고 기쁜 빛을 띠어야 한다.

불효한 자식을 처벌하기 위해 효도특별법까지 제정되는 때이다. 부모에게 재산을 물려받은 뒤 부모 봉양을 제대로 하지 않는 사례가 빈번하다. 또한 부모가 재산을 돌려달라고 하거나 부양비를 달라고 소송하는 경우도 늘어나고 있다.

이 때문에 정치권에서 부모가 일단 재산을 물려줬다 하더라도 효도하지 않으면 다시 되돌려 받을 수 있도록 하는 법률 개정을 추진하고 있다. 이른바 불효자 방지법이다. 부모 자식 간에 사랑이 변질되면서 효를 자연스럽다 말하기 어려워졌다.

하지만 시대의 변화와 관계없이 부모에게는 조건 없는 사랑을 요구하면서 자식은 효를 행하려 하지 않는다면, 이는 천륜을 어기는 것이다. 자신이 취업준비생이나 학생이라는 이유로 효를 행할 수 없는 것은 아니다. 흔히 생각하는 특별한 이벤트를 행하는 것만이 효가 되는 것은 아니기 때문이다.

부모에게 안부 인사를 한 번 더 드리고, 웃는 낯을 한 번 더 보이자. 가까운 부모와 자식 관계에서 소홀해지는 행위를 바로잡는 것만으로 효를 올바르게 실천할 수 있는 기반이 된다. 효는 살아가는 데 있어 절대적이다. 따라서 효를 실천함과 학문을 배우고 익히는 것을 같게 생각하여 부족한 점을 채워 끊임없이 자신을 바르게 하려 노력해야 한다.

9
효와 제는 인仁을 행하는 근본이다

孝弟也者　爲仁之本
효 제 야 자 　 위 인 지 본

> 효와 제는, 인仁을 행하는 근본이다.
>
> —《논어》

Being good as a son and obedient as a young man is, perhaps, the root of a man's character.

　인仁은 사랑의 원리이고 마음의 덕이다. 효제에 힘쓰면 인간다움의 도리가 이로부터 생겨난다. 효제는 윗사람을 범하기를 좋아하지 않는 순수한 덕이다. 결코 이치를 거스르고 상도를 어지럽히는 일은 없다. 덕은 근본이 있으니, 근본이 확립되면 그 도가 충만하여 동심원처럼 커져간다.
　효제가 집안에 행해진 뒤에 인과 사랑이 남에게 미치는 것이다. 인仁은 사랑을 주로 한다. 이것이 인을 행함에 효제를 근본으로 삼는 이유다. 인간의 본성을 말할 때, 인이 효제의 근본이 된다. 인은 본성이고 효제는 쓰임이기 때문이다.

싹이 나다

형제투금兄弟投金이란 말은 배를 타고 가던 형제가 금을 얻어 나눠가지지만, 육지에 도착해서 우애에 금이 갈까 우려하여 금덩이를 던져버렸다는 뜻이다. 형제는 서로 이득 되는 것을 보면 의로움을 생각하라는 말을 실천함으로써 형제간의 의심과 시기를 일으키는 금덩이를 던져버릴 수 있었다.

한 방송국의 〈인간극장〉이란 프로그램에서 충주호 6형제 편이 방영된 적이 있었다. 여섯 형제가 넉넉하지 않은 형편이지만 농사, 낚시, 집안일 등을 서로 도우면서 살아가는 모습을 TV는 여과 없이 방영하였다. 결국 어려운 상황 속에서 서로 도움이 될 수 있는 사람들은 결국 가족, 특히 형제임을 방송에서 보여준 것이다.

형제애를 북돋우고 유지하는 데는 형제간의 도리를 지키려는 마음가짐이 중요하다. 신사임당은 형이나 언니는 동생을 사랑하고, 동생은 형이나 언니를 공경하라고 자녀들을 가르쳤다. 서로 존중하고 도리를 다한다면, 형제는 살아가는데 행복과 고난을 함께하는 소중한 가족이자 최고의 동반자가 될 것이다.

효성과 우애는 바로 인을 실천하는 근본이다. 孝弟也者 其爲仁之本與. 인생에서 제일 오래가는 관계는 다름 아닌 형제간의 관계이기 때문이다. 부모에 대한 공경이나 형제에 대한 사랑도 모두 자신을 사랑하고 닦기를 실천했을 때 가능하다.

꽃이 피다

"효가 왜 지극한 덕인가?"에 대해 진지하게 생각할 필요가 있다. 효로써 가르친다는 것은 집집마다 찾아가 매일 사람들을 만나서 하는 것이 아니다. 방법은 천하 사람들의 어버이인 사람을 공경하도록 하는 것이다. 또 우애로써 가르친다는 것은 천하 사람들의 형이 된 사람을 공경하도록 하는 것이다. 그리고 신하 노릇을 가르친다는 것은 천하 사람들의 임금이 된 사람을 공경하도록 하는 것이다.

2020년에 미국 와이오밍 주에서 있었던 실화다. 4살짜리 여자아이를 향해 맹견인 셰퍼드가 맹렬히 돌진했다. 그 상황을 목격한 오빠는 셰퍼드를 온몸으로 막아내고 동생을 껴안고 끝까지 동생을 지켜냈다. 6살짜리 오빠 브리저 워커는 90바늘이 넘게 꿰매는 수술을 받았다. 이 용감한 꼬마의 소식에 스파이더맨의 배우 톰 홀랜드는 그를 촬영장에 초대해 격려하였다. 사람들이 어떻게 그렇게 용감한 행동을 할 수 있었냐고 물었을 때 6살 아이의 답변이 더욱 놀랍다.

> 둘 중 하나가 죽어야 한다면 그건 저여야 한다고 생각했습니다. If someone had to die, I thought it should be me.

남매간의 우애가 감동적이다. 사회가 변함에 따라 구성원들의 의식도 변화한다. 비록 표현방식은 변할지라도 전달하고자 하는 핵심 가치는 변화하지 않는다. 사회구조의 변화에도 변하지 않는 효의 본래 가치는 무엇인가? 분명 아무리 시대가 변해도 인간이 마땅히 따라야 할 근본적인 가치는 해체되거나 퇴색되지 않을 거란 점이다.

맹자가 말한 세 가지 즐거움 중 부모님이 모두 살아계시고, 형제가 아무 탈이 없는 것을 중요한 두 가지로 꼽았다. 사회구성원의 전통문화에 대한 인식이 많이 변했고, 전통적인 윤리의식 또한 상당 부분 약화되었다. 자본주의 사회로의 이행은 기술발전과 더불어 진행된 필연적인 결과였고, 사회와 문화의 변화는 긴밀하게 연결되어 상호작용하기 때문이다.

급속한 기술발전에 따라 첨단 자본주의사회로의 이행이 필연적이라고 한다만 현대인의 윤리의식이나 사상의 변화 또한 필연적이라 할 수 있다. 그렇다고 효 개념이 흐릿해지고 더 나아가 노인 학대에까지 이르는 일련의 범죄들이 현대로 이행 과정에 나타나는 필연적인 부산물이라고 인정할 수는 없는 일이다. 인간의 윤리는 역사의 흐름에 따라 필연적으로 해체될 수밖에 없다는 생각은 오산이다.

그 일례로, 조조모예스Jojo Moyes의 소설 《one plus one》에서는 가족 구성원들이 현대의 각박한 사회를 살아가고 있지만, 가족들 간의 유대와 사랑으로 이를 이겨낸다는 이야기를 담고 있다.

사람들은 모두 이 땅에 사는 누군가와 반드시 연결되어 있고 가족이라는 끈과 사랑에 잇대어 살아간다는 것이다. 가족들 간의 유대와 사랑은 효라는 끈으로 이어지고 승화된다. 사랑은 어버이를 사랑하는 것보다 더 큰 것이 없다. 효제는 인의 한 가지 일이므로 효제가 인을 행하는 근본이지, 이것이 인의 근본인 것은 아니다.

열매 맺다

　인仁은 너와 내가 하나 됨이고, 효는 인仁의 근간이다. 효는 물질적인 부양이나 형식이 아니라 부모를 진심으로 생각하고 공경하는 마음이다. 실천적인 면에서 효는 어떤 모습을 지닐까? 공자가 효에 대해 질문한 제자들에게 각기 다른 처방을 내렸던 것도 제자들의 생활태도를 면밀하게 관찰한 후 가장 적합한 방법을 제시했던 것이다.

　효의 실천 방법이 개인의 상황에 따라 다르듯이 사회구조적인 변화에도 충분히 적용될 수 있다. 분명 과거의 효 개념을 현시대의 효와 비교하기 어려울 정도로 차이점은 분명하다. 하지만 공자는 이미 실천방법의 변화를 염두에 두고 핵심가치가 훼손되지 않는 선에서 융통성을 제시하였던 것이다. 《채근담》에 나오는 말이다.

> 어버이가 자식을 사랑하고 자식이 어버이께 효도하며, 형이 아우를 아끼고 아우가 형을 공경하는 것은, 비록 아주 잘 해내었다고 해도, 마땅히 그렇게 해야 하는 것이므로 털끝만큼도 감격스럽게 생각할 것이 못된다.

　효제가 인의 근본 원리가 되는 이유가 여기에 있다. 부모와 형제는 두 사람이 관계성을 맺는 첫걸음이자 근원적인 시작이다. 인간관계의 시작점인 효제가 모든 원리의 시작이고, 인의 기초가 된다.

　오늘날 급격한 고령화 시대로 접어들면서 청년 대비 노인인구가 급격히 증가하였기 때문에 부양문제가 사회적인 이슈가 되었다. 효의 핵심가치에 다가가는 것은 물질적인 부양보다도 정서적인 교류가 먼저이다. 즉, 형식적인 부양에 대한 의무감보다는 부모님에 대해 공경하는 마음이 바탕이 되어야 한다. 정유년 4월 11일 백의종군하던 이순신 장군이 어머니의 임종소식을 듣고 탄식했던 말이다.

천지 간에 어찌 나와 같은 일이 또 있겠는가. 일찍 죽는 것만 못하다. 天地安有如吾之事乎 不如早死也.

효는 극심한 사회적 변화에도 결코 해체되지 않는 근본적인 가치이다. 다만 그 형식은 시대의 흐름에 따라 적절하게 변화할 필요가 있다. 효사상이 현대사회에 들어서 전통사회보다 그 기반이 약화된 면이 있지만, 효의 이념은 현대사회를 살아가는 우리들에게 여전히 중요한 가치로 남아 있다.

효라는 전통이념을 불평등과 부자유의 지배-복종의 이념원리에 의하여 지배되는 사상이라고 생각하여 무조건 배척하는 것은 지양돼야 한다. 또한 현 사회의 흐름이 효의 가치와 맞지 않다고 하여 전통사회로의 회귀를 강요하는 것도 신중하게 판단할 일이다.

전통시대에 효의 실천과정에서 드러난 가족주의의 폐단과 맹목적 실천, 그리고 수직적 질서 등이 오늘날 효사상을 강조하는데 걸림돌이 됨은 사실이다. 하지만 인간다움의 표상이라는 점에서 효사상이 지향하는 인류의 보편적인 사랑, 자애, 공경의 가치를 중심으로 가족윤리와 사회윤리의 통합적 특성이 내재되어 있음도 사실이다.

10
부모의 사랑을 잊지 말라

父母愛之 喜而不忘
부 모 애 지   희 이 불 망

> 부모가 사랑하시거든, 기뻐하고 잊지 말라.
> ―《맹자》

When one is loved by one's parents, though pleased, one must not forget oneself. When one is disliked by them, though distressed, one must not bear them any grudge.

《시경》의 "마음으로 사랑하니 멀리 있어도 멀다고 하지 않고, 마음속에 간직하고 있으니 잊을 날이 있겠는가?"라는 시는 부모를 사모하는 마음을 전하고 있다. 부모님이 사랑하면 기뻐하며 잊지 않고, 부모님이 미워하더라도 노력하되 원망하지 말아야 한다.

부모에게 순하지 못함을 걱정하되 스스로 효도한다고 여긴다면 그것은 효가 아니다. 어릴 때는 부모를 사랑하다가 이성이 생기면 이성을 사랑하고, 처자가 생기면 처자를 사랑한다. 사랑은 순환하되 줄어들지 않지만, 유효기간이 있어 소통되지 않으면 퇴색된다.

싹이 나다

부모가 자식을 애지중지하는 마음을 불면 날아갈까 쥐면 터질까 걱정한다吹恐飛執恐虧고 표현한다. 부모의 이런 마음을 과연 자식들도 알까? 19c 미국 재판관 O. W. 홈스는 청춘은 사라지고 사랑은 시들고 우정의 잎사귀는 떨어지지만, 어머니의 남모르는 깊은 사랑은 그 모든 것보다 오래 산다고 하였다.

부모와 자식의 도리는 하늘에 근본 한다. 부모가 자식을 사랑하고, 자식이 부모를 봉양하는 것은 타고난 천성인 것이다.《한시외전》에 나무는 고요히 머물고자 하나 바람이 그치지 않고, 자식은 봉양하고자 하나 부모님은 기다려 주시지 않네.樹欲靜而風不止, 子欲養而親不待.라고 했다. 자식이 삶의 길을 잃고 방황하더라도 경험 많은 부모님이 자식의 삶을 대신 살아줄 수는 없듯이, 연로해가는 부모님을 하루하루를 안타까워할 뿐 자식의 젊음으로 대신할 수도 없다.

맹자는 효도의 지극함은 어버이를 존경스럽게 봉양하는 것보다 큰 것이 없으며, 봉양의 지극함은 천하로써 봉양함보다 큰 것이 없다고 하였다. 효도의 기초는 부모님을 존경하는 것이고, 천하란 자신이 가진 모든 것을 다 드린다는 뜻이다.

여불위의《여씨춘추》에서는 효를 삼황오제三皇五帝가 창도한 근본적인 것으로 만사의 근본이라고 하였다. 부모와 자식 간의 관계를 천륜으로 보아 부모의 자애와 자식의 효도는 시대를 초월하여 인간이라면 누구에게나 적용될 수 있는 보편적 가치이다.

꽃이 피다

　부부는 나무요, 자녀는 꽃夫婦是樹 兒女是花이라 한다. 백성에게 친애를 가르치는 데 있어서는 효보다 더 좋은 것이 없으며, 형제에게 예의와 공순함을 가르치는 데는 우애보다 더 좋은 것이 없다. 또 사회 풍속을 순화시키는 데는 음악보다 더 좋은 것이 없으며, 정치를 바르게 하고 사람을 거느리는 데는 예보다 더 좋은 것이 없다.

　예의 기본은 공경하는 것이다. 아버지를 공경하면 곧 아들이 기뻐하게 되고, 형을 공경하면 곧 아우가 기뻐하게 된다. 임금을 공경하면 신하가 기뻐하게 된다. 한 사람을 공경하는데 천만인이 기뻐하게 되니, 공경하는 대상은 적은데 기뻐하게 되는 사람은 많은 것이다. 이것을 두고 인간에게 없어서는 안 될 중요한 도리라고 한다.

　묵자墨子는 효의 보편성과 실용적 적용에 대한 가능성을 "모든 사람이 다 같이 서로를 사랑하고, 다 같이 서로를 이롭게" 하는 데서 찾았다. 효는 부모와 자식 사이에 친애를 바탕으로 한다. 효가 이루어지면 형제간의 우애도 자연히 이뤄진다. 효제가 인을 행하는 근본이 되는 것이란 말도 효와 제를 같은 성질의 것으로 생각했기 때문이다. 형제간의 우애인 제悌가 세상에 널리 행해지게 되면 사람들의 마음은 자연히 예의를 지키고 공순하게 행동하려 들게 된다.

　효는 부모를 공경하고, 부모님의 마음을 읽고 이를 기쁘게 해 드리는 것이지만, 한편으로 효를 실천하기 위해서는 나의 삶에 충실한 것 또한 중요하다. 한 제자가 스승에게 '부모님이 돌아가시고 안 계신데 생일잔치를 성대하게 하는 게 이치에 맞나요?'라고 질문하자, 스승은 이렇게 답했다고 한다.

부모님 안 계시면 생일날 갑절로 비통해야 마땅하다. 人無父母 生日當倍悲痛.

맹자가 제시한 불효의 다섯 가지 사례 역시 스스로의 삶에 충실하지 못한 모습들이다. 부모님께 효도하는데 있어서도 나를 잊는 것이 불효를 유발하는데, 하물며 부모를 넘어서 타인을 배려하고 타인에게 인仁할 때 나를 잊는 것은 적절하지 못하다고 할 수 있다. 따라서 남을 배려하는 것은 매우 중요하지만 타인만을 배려하는 것은 바람직하지 못하고 나를 위할 줄 알아야 한다고 할 수 있다.

이청준의 소설 《눈길》에서 화자는 무력하고 모멸스런 자신의 모습을 돌아본다. 눈물겨운 모성애에 대한 기억을 덮어두려고 애쓰면서 양심의 가책을 느끼면서도 억지로 어머니에게 '빚이 없다'고 뻔뻔스럽게 우긴다. 화자의 아내는 노인에 대한 애틋함과 모자 사이의 답답한 처지를 항변하듯 화자가 잊고 싶어 하는 지난 사연들을 노인에게 자꾸 묻는다. 어머니가 걸었던 눈길을 자식은 끝내 다 알 수 없고 갚으려 해도 갚을 길이 없는 망연자실한 길이지만, 대화를 통해 그 눈길로 돌아갈 수 있었던 것이다.

효에는 색난色難이란 것이 있다. 여기에서 색은 얼굴색이고, 난은 어려움이다. 이는 부모님을 대할 때 표정 짓기가 어렵다는 말이다. 어려워도 부모님 앞에서 담담한 모습처럼 보이는 것도 색난이다.

열매 맺다

생떽쥐페리는 부모들이 우리의 어린 시절을 꾸며주셨으니 우리는 그들의 말년을 아름답게 꾸며드려야 한다고 하였다. 그에 대한 예로, 중국의 씨에슈화(63)의 효도를 꼽을 수 있다. 그는 어머니(94)를 손수레에 태우고 중국 전역을 여행해서 사람들을 감동시켰다. 그녀는 모든 행복은 부모님이 준 것이라며 초등학교 6년간 하루도 빠짐없이 함께 걸으면서 등하교를 시켜주셨던 어머니의 지극한 사랑을 회고했다. 바깥세상과 중국의 발전된 모습을 보고 싶어하는 어머니를 위해 그녀는 손수레 여행을 결심하게 되었다.

그녀는 12,000km 정도의 손수레 여행 거리가 초등학생 시절 어머니께서 동행해주신 25,000km 등하굣길의 절반도 되지 않는다며 어머니에 대한 효도가 아직도 여전히 부족하다고 말했다. 그녀는 까치도 부모가 늙으면 먹이를 물어다 준다며 이 세상을 살면서 부모님의 은혜를 알아야 하고 그것을 갚을 줄 알아야 한다고 하였다. 세월은 기다렸다 효도할 기회를 주지 않는다. 아무리 관직이 높고 돈이 많아도 부모님을 잊어서는 절대 안 된다. 모두 씨에슈화의 말이다.

지독지애舐犢之愛라는 말이 있듯이, 부모님들은 사랑하는 마음에 자식에 대해 많은 것을 궁금해 하신다. 자녀가 어릴 때는 고민거리가 없는지, 학교생활은 잘 하는지, 또 자녀가 성인이 되었어도 걱정하는 것이 부모님의 마음이다. 이런 부모의 마음을 사소한 것으로 생각하고 나중에 성공해서 효도하겠다고 생각할 수 있으나, 효도란 부모님의 마음을 헤아리는 데서 출발한다. 자식이 먼저 가족 구성원 간의 대화와 소통을 살리고 소중히 여긴다면, 이러한 자세야말로 진정한 자식 된 도리라 할 수 있다.

한 자녀 가정이 많아지면서 가족 구성이 예전과 다르게 큰 변화가 발생한다. 최근에는 노인을 공경하며 부양하는 것보다 자녀를 지나치게 우선시하는 추세이다. 이런 분위기에서 자란 아이들은 효도에 무관심해질 수밖에 없다. 부모를 그렇게 따르고 사랑하던 자식이 사소한 일로 자기 부모를 해치는 슬픈 일도 있었다.

《삼국유사》에는 손순이 어머니에 대한 효도를 다하기 위하여 아이를 묻었다孫順埋兒는 설화가 나온다. 손순은 아버지가 죽자, 아내와 함께 품을 팔아 얻은 양곡으로 늙은 어머니를 봉양했다. 어린 아들이 항상 어머니의 음식을 빼앗아 먹자, 손순은 아이는 다시 얻을 수 있지만, 어머니는 얻을 수 없다며 아이를 땅에 묻으려 했던 것이다.

조선시대 학자 김수항은 어머니 한번 이별한 후 십 년이 지나―別慈顔十載更 목소리와 얼굴 되새겨봐도 분명치 않네音容追憶未分明라는 시를 지어 돌아가신 어머니에 대한 그리움을 읊었다.

우리 전통문화에서 잃어버릴 수 없는 효 문화가 사라진 것인가? 각자가 자녀 교육하는 방법에 대해 한 번쯤 생각해 볼 일이다. 자녀를 양육하되 가르치지 않는다면, 이는 분명 부모의 과실이다. 그래서 자녀에게 사랑만 줄 것이 아니라, 지녀가 부모님께서 효도하는 것이 세상에서 가장 기본 원칙이라는 의식을 심어줘야 한다.

11
효도하려는 마음이 법칙이 된다

永言孝思　孝思維則
영언효사　효사유칙

> 길이 효도할 것을 생각하면, 효도하려는 마음이 법칙이 된다.
>
> —《시경》

He(the Empire, Shun) was always filial, and being filial, he was a model to others.

평범한 어버이가 뛰어난 자식을 낳은 것을 오래 묵은 조개에서 나온 영롱한 진주에 비유한다. 明珠出老蚌. 바로 고수瞽瞍와 순임금의 관계를 두고 한 말이다. 천자인 순임금이 아버지인 고수를 공경하여 섬기자, 고수도 공경하고 두려워하며 아들 순임금을 믿고 따랐다.

고수는 순임금의 아버지로서 천하의 봉양을 누릴 수 있었다. 이는 순임금이 어버이를 높이고 어버이를 봉양한 지극한 효성에서 비롯된 것이다. 《시경》은 어떻게 자기 아버지로 하여금 북면하여 조회할 수 있었겠는가? 라고 하여 효자의 마음을 전하고 있다.

싹이 나다

경주에 사는 한 효자 이야기다. 그는 일하다가 손을 크게 다쳐 봉합수술을 받았다. 당연히 손놀림이 부자연스럽고 매우 고통스러웠는데도 돌아가신 어머니를 생각해서 아픈 손으로 정성껏 지팡이와 의자를 만들어 태웠다.

그와 형제들은 생전에 어머니가 자주 다니시던 절에서 49재를 지내기로 했다. 49재는 죽은 사람의 영혼이 일반적으로 칠칠일(49일) 동안 저승에 머무르며 명부시왕 중 일곱 대왕들에게 7일째 되는 날마다 심판받다가, 49일에 최종심판을 받고 환생한다 하여, 심판을 받는 날에 맞추어 49일 동안 7번 재를 지낸다는 대승불교의 의식이다.

효자는 스님으로부터 망자는 49일 동안 살아생전의 업보를 심판을 받으러 분주히 다닌다는 말을 듣고 잠자다 일어나서 어머니를 위해 급히 옷을 태웠다. 돌아가신 어머니가 옷이 없어 버선에 수의만 입고 분주히 다니실 것을 생각하니 잠이 오지 않더란다.

게다가 큰 키에 허리가 굽어 거동이 불편한 어머니를 생각하니 심판을 받으러 다니는 길에 쉬어갈 수 있는 의자도 있으면 좋겠다고 생각하여 밤새 다듬고 페파로 마무리 손질한 후에 태웠더니 잘 타더란다. 여기에 효자는 20년 전 아버지가 돌아가셨을 때 신었던 운동화를 잘 보관해 두었다가 어머니가 돌아가시자 꺼내 신었다.

신발을 통해 아버지와 어머니를 연결하려는 효자의 마음을 가상히 여겨 아마도 하늘이 어머니를 좋은 곳에 모셨으리라 생각된다.

꽃이 피다

《삼국유사》에 나오는 이야기다. 신라 효공왕 때 지은이라는 처녀는 집안이 가난하여 부잣집을 돌아다니며 품을 팔고, 때로는 걸인이 되어 구걸을 하면서 홀어머니를 모셨다. 어느 해 큰 가뭄으로 흉년이 들었다. 모두 어려워 동냥조차 할 수 없게 되자 먹고 살 길이 막막했다. 그녀는 양인 신분을 버리고 남의 집 종이 되기로 하고 그 대가로 곡식 열 가마를 받았다.

하지만 어머니는 이상하게도 지은이 남의 집 종이 된 후로는 밥맛을 잃어버렸다. 그러던 어느 날, 어머니는 늦게 돌아온 딸에게 "예전엔 거친 조밥에 나물만 먹어도 맛이 좋았는데, 요즘엔 기름진 쌀밥을 먹는데도 입맛이 돌지 않고, 밥을 삼킬 때마다 창자를 찌르는 것 같아 마음이 편안하지 않구나. 어쩐 일인지 모르겠다."고 말했다.

지은은 이 이야기를 듣고 사실대로 어머니께 말했고, 어머니는 딸의 고생이 안쓰러워 울음을 터뜨린다. 이 이야기가 효공왕에게까지 전해지자, 왕이 지은에게 곡식과 집을 하사하고, 지은의 주인집에 몸값을 보상해주고, 지은을 다시 양인으로 돌려주었다.

부모님을 사랑하는 마음이 전해질 만큼 성실하게 효도한다면 부모님 역시 충분히 그 마음을 알고 즐거워 할 것임에 틀림없다. 말로만 실천하는 공경, 진심이 담기지 않은 봉양, 이해되지 않은 행위 등 가식을 벗어던지고 스스로 마음을 다해 부모님께 효도해야 한다.

《중용》에서는 부모에게 효도하는데도 원칙이 있는데, 자기 마음에 반문해 보아 성의가 아니면 부모에게 효도한다고 말할 수 없다고 하였다. 내심으로부터 반드시 성의 있는 태도와 진실한 감정이 있어야 하며 부모에게 효를 다한다고 할 수 있다. 그래야 부모를 존경하고 부모의 뜻을 어기지 않으며 고생하면서도 원망하지 않을 수 있다. 증자는 부모를 존중하는 것, 부모를 괄시하지 않는 것, 부모가 죽지 않을 정도로 부양만 하는 것을 세 가지 효로 꼽았다.

〈어머니와 함께한 900일간의 소풍〉은 효자왕이라 불리는 중국인 왕이민王一民과 102세를 일기로 작고한 그의 어머니가 함께한 대륙 종단 여행을 사진과 함께 담은 논픽션이다. 그저 멍하니 서 있는 왕이민. 소풍을 앞둔 아이처럼 기대에 친 눈빛으로 아들을 바라보는 노모. 아들은 마침내 결심한다.

> 어머니가 저렇게 가보고 싶어 하시는데 일단 갈 수 있는 데까지 가보자. 우주를 떠돈다 해도 어머니와 함께이니 걱정할 필요 없다. 어머니야말로 이제껏 나에게 세상에서 가장 따뜻하고 큰 집이 아니었던가. 이젠 내가 어머니께 든든한 집이 되어드리면 되는 것이다.

이렇게 생각하면서 왕이민은 어머니와 여행하겠다고 다짐했다. 100세 노모의 소원을 풀어드리기 위해 여행길에 나서 3년 가까운 세월 동안 길 위에서 어머니를 봉양했던 왕이민의 감동적인 사연이 시작되었다. 그는 중국 북쪽 끝 헤이룽장黑龍江성에서 서쪽 끝 티베트까지 노모를 실은 자전거 수레를 끌고서 여행했다.

열매 맺다

중국 송나라 시인 소식蘇軾이 지은 시의 한 구절이다.

　　대나무를 그리려면 먼저 가슴속에 대나무가 있어야 한다.畵
竹必先得 成竹於胸中.

가슴속의 대나무인 본질을 강조한 것으로 볼 수 있지만, 형식인 대나무 그림은 본질인 가슴속의 대나무를 본떠서 만들어진다고 볼 수도 있다. 가슴속에 품은 효에 대한 생각도 중요하지만, 그 효의 본질을 어떤 방식으로 행동으로 옮길 것인지도 형식과 본질의 조화에 있어 중요한 문제이다.

부모님을 봉양하는 방법은 다양하다. 다만 물질적으로만 봉양하고, 부모님의 뜻을 봉양하지 않는 것은 개나 말을 키우는 것과 다를 바가 없다. 부모님의 뜻을 봉양하라는 것이 부모님의 말씀에 복종하라는 것은 아니다. 순자는 정의를 좇아야 하지, 아버지의 말씀을 따르지 않는 것이 사람으로서 큰 행실이라고 하였다. 정의에 반한다면 아버지의 말씀이라 할지라도 따르지 않아야 한다고 이해할 수 있다.

효는 자신의 꾸밈없는 마음으로부터 나오는 마음과 몸가짐의 총화다. 인간에게는 선천적으로 타고난 능력과 지혜를 양능良能과 양지良知라 한다. 이 둘은 부모님을 사랑하고 공경하는데 필수적으로 요구된다. 불효자를 보면 왠지 마음 한편이 욱신거리고 무의식적으로 눈살이 찌푸려지는 것도 이것과 관련이 있다.

중국 후한시대의 학자였던 서간徐幹은 군자는 나이 먹고 노쇠해지는 것을 걱정하지 않는다. 다만 의지가 물러질까 근심할 따름이라고 했다. 이처럼 인간의 마음은 자신을 향해 효를 행해야 한다고 끊임없이 외치고 있다. 그런데 이 소리가 과연 진정한 마음에서 생겨난 소리인지 한번 생각해 보아야 한다. 마음 깊은 곳에서 우러나오는 소리에 귀 기울여야 하는 이유이다.

이러한 상태가 바로 사람의 자연스러운 마음, 즉 정서의 진정성이다. 따라서 자연스럽게 우러나오기 때문에 주변 사람들의 눈치를 보지 않으면서 효를 행할 수 있어야 한다. 또한 부끄러움과 이해관계와 상관없이 효를 실천해야 한다.

만약 위와 같은 경우가 아니라면 정서의 진정성은 외부상황에 의해 억눌리고 있다는 것이다. 이처럼 효를 향한 내면의 소리를 무시하면서 마음의 귀를 닫아버리면 안 된다. 반대로, 남들에게 잘 보이기 위해서 또는 자랑하기 위한 목적에서 행하는 가식적인 효에 얽매이지 말아야 한다. 겉과 속이 다른 채 거짓된 효를 행하는 것은 위선이자 가식이지 인간다움의 발현과는 거리가 멀다.

그보다는 인간 내부로부터 흘러나오는 진실한 마음에 집중하는 것이 중요하다. 따라서 자신의 내면과 외면을 항상 일치시킨 채 양능과 양지를 바탕으로 효에 대한 외침을 끊임없이 자각해야 한다. 이러한 과정은 접착제처럼 나와 또 다른 내면의 나가 마주치는 순간이며, 동시에 인이 생동하는 시작점이다.

12
집 밖의 어르신도 효의 도리로 섬긴다

以事父兄　以事長上
이 사 부 형　이 사 장 상

집에서 부형을 섬기듯, 밖에서 연장자와 윗사람을 섬긴다.
―《근사록》

One serve one's parents when at home and serve one's elders when abroad.

백성들에게 효와 제를 가르치는 것이 고을을 다스리는 일 중에서 가장 중요하다. 이는 송나라 정명도 선생이 늘 효제충신을 강조하면서 한 말이다. 그는 집에 들어가서는 부형을 섬기고, 밖에 나와서는 연장자와 윗사람을 섬기는 것은 당연한 도리라고 했다.

중국 춘추시대 정나라의 혜라는 악사는 송나라 조정을 지나다가 급히 소변을 보았다. 일행이 여기서 이러면 안 된다고 말리자, 그는 "사람이 없는데 어때?"라며 볼일을 끝냈다. 그는 송나라 조정에는 사람은 많되 존경할만한 사람이 없음을 비꼬아 표현한 것이었다.

싹이 나다

　루이자 메이 올컷L.M. Alcott의 《작은 아씨들Little Women》에서 주인공 베스는 동네 가난한 집에 살고 있는 노부인과 병든 이웃들을 돌본다. 남의 부모라도 내 부모처럼 모셔야 한다는 그녀의 태도는 효를 가족 중심의 윤리에서 공동체 전체로 확장시킨 모범사례라 할 수 있다.

　그녀가 보여준 실천적 효 정신은 같이 살아가는 공동체에서 독거노인, 무연고 노인, 그리고 사회의 관심에서 소외된 어르신을 돌보는 것도 정부와 개인이 실행해야 할 효임을 시사하고 있다.

　효를 가족 중심의 부모만을 생각하는 좁은 개념에서 머무르지 않고 이웃과 사회, 더 나아가 나라 전체로 확장되어지는 동심원 구조로 받아들여야 한다. 사랑의 범위가 자신으로부터 천하의 모든 사람들에게까지 전파되는 것처럼 효의 실천적 확장이란 가족에서 사회의 전체 구성원으로 효의 개념이 확대되는 것을 의미한다.

　다산 정약용은 《목민심서》에서 노인을 봉양하는 양로養老의 예를 들었다. 노인 섬기기를 소홀히 하면 사람들이 효도에 뜻을 두지 않게 되기 때문에 관리들은 이를 명심해야 한다고 하였다. 조선시대 지방관들은 솔선수범하여 양로의 예를 보여줌으로써 백성들이 노인을 봉양하도록 유도하였다.

　효도도 사랑이 바탕을 이룬다. 사랑해도 존경하는 마음이 두터워야 집 밖의 사람들도 사랑할 수 있는 인애仁愛가 솟아나온다. 더불어 자신의 부모님을 사랑하는 친애親愛는 더욱 깊어진다.

꽃이 피다

맹자는 효자의 지극함은 어버이를 존경하여 봉양하는 것보다 큰 것이 없고 봉양의 지극함은 천하로써 봉양함보다 큰 것이 없다. 孝子之至 莫大于尊親 尊親之至 莫大于以天下養.고 하였다, 여기서 천하란 자신의 가진 모든 것을 다 쓸 수 있다는 뜻이다. 이렇게 부모님을 봉양하는 것은 효의 지극함이고 집 밖의 어른을 섬기는 기초가 된다.

다산 정약용은《목민심서》에서 노인을 받들어 돌보는 예절이 없어지면 백성들은 효심을 일으키지 않게 된다 養老之禮廢而民不興孝고 하였다. 게다가 옛날의 어진 목민관들은 어린이를 사랑하고 구휼할 정책에 마음을 다하지 않는 이가 없었다. 古之賢牧 於此慈幼之政 靡不單心고 하면서 관료의 기본자세에 대해 강조하였다.

길거리에서 노인을 때린 청년, 부모님께 욕하는 자녀 등을 보면 효 문화를 무너지고 있다는 위기감이 느껴진다. 공자는《논어》에서 노인을 공경하고 어린이를 사랑하며, 부모를 잘 섬기되 그 뜻이 널리 미쳐 백성을 어루만져야 한다고 했다.

효를 단지 가정 내의 미덕으로만 국한시키지 않았다. 참된 효는 집안의 부모를 잘 섬기는데 그치지 않고, 사회의 연장자들에게까지 확장해야 함을 강조한 것이다. 이러한 정신은 동아시아 유교 사회에서 경로敬老사상으로 자리 잡았다.

자신 이외의 타인을 부분으로 혹은 전체로 받아들이는 것은 일종의 배려하는 마음에서 나온다. 이는 절제, 양보, 그리고 배려를 통해 가능하다. 배려가 실천적인 모습으로 드러나는 것 중 하나가 바로 효다. 효와 공경은 인仁을 실천하는 근본이다. 이는 자기 부모에 대한 효와 어른을 공경하는 자세가 인의 본질임을 말해준다.

인은 인애로서 사랑을 의미하면서 상대의 아픔까지도 품어주는 내 안의 그대 있음을 확인하는 아우름이다. 동심원 구조의 단계적 사랑은 그 실천 방법상 가족으로부터 출발해서 사회로, 국가로, 세계로 커져간다. 가까운 사람부터 사랑하고, 그 사랑을 확대하여 널리 많은 사람을 사랑하게 되는 실천윤리이며 으뜸 덕목이다.

다양한 가정의 구성원들이 모여서 이루는 우리 사회는 가족 및 가정에서 비롯된다. 집안이 화목하면 모든 일이 잘 이루어진다. 모든 일은 가정에서부터 비롯되므로 가정의 화목이 무엇보다 중요하다. 가정이 화목해야 가족 구성원들이 사회에서 각자의 역할을 제대로 잘 할 수 있다.

또한 한 인격체로 성장해 나가는 아이에게 가정의 화목과 가정에서 배운 교육은 사회에 지대한 영향을 끼치게 된다. 집에서 부모에게 효도하고 형을 섬기고 아우를 사랑하는 자세는 집 밖에서 연장자와 윗사람을 섬기고 존경하는 자세로 연결된다.

탈무드에서는 자선을 통해 아이들이 사회에 눈뜨게 하는 교육을 시킨다. 남에 대한 선행은 곧 남에 대한 사랑이며, 이는 매우 가치 있는 일로 여겨진다. 유태인의 속담에 세계는 배움과 일과 자선으로 이뤄진다는 말이 있다. 그만큼 자선은 중요한 가치로 아이들에게 교육되고 있다. 자선은 단지 기부만이 아니라 마음 내어줌을 말한다.

열매 맺다

성공적인 사회생활을 하기 위한 방법은 가정 내에서 가족 간 화목하고 건전한 관계 유지에서 비롯된다. 특히 강조되는 덕목 중 하나가 효이다. 예를 들어, 부모님이 자신을 걱정하지 않도록 자신의 일에 최선을 다하는 것, 부모님의 마음을 읽는 것, 진정성을 가지고 부모님을 대할 것 등은 모두 효도의 면면을 말해준다.

자신의 일에 최선을 다하는 모습은 누구에게나 신뢰감을 심어준다. 타인의 마음을 읽고 이에 잘 맞추어 행동하는 모습은 그 사람이 나에게 호감을 갖게 한다. 또한 진정성을 가지고 타인을 대한다면, 그 사람은 나를 신뢰할 것이고 나에게 마음을 열 것이다. 뿐만 아니라 타인이 잘못을 한 경우도 마찬가지이다.

무조건적인 비난은 나와 타인의 사이를 멀게 만들고 기분을 상하게 할 것이다. 이런 경우 논어에서 말하였던 기간幾諫의 태도로 타인의 잘못을 지적해야 하는 것이 좋은 대안이다. 부모님께 잘못을 지적할 때에는 상황을 보아가면서 은미하게 잘못을 지적해야 한다는 것이다. 타인을 대할 때에도 기간의 태도를 취한다면 타인과 나의 관계를 무너뜨리지 않으면서도 타인의 잘못을 바로잡을 수 있다.

이렇듯 가정에서 나와 부모님의 관계는 사회에 나가서 나와 타인과의 관계에서도 드러나기 마련이다. 따라서 부모님께 최선을 다해 효의 도리를 다한다면, 이는 자연스레 성공적인 인간관계와 사회생활로 이어질 것이다.

어버이가 자식을 사랑하고 자식이 어버이께 효도하며, 형이 아우를 아끼고 아우가 형을 공경하는 것은 비록 아주 잘 해내었다고 해도, 마땅히 그렇게 해야 하는 것이므로 털끝만큼도 감격스럽게 생각할 것이 못된다. 효도는 마땅히 해야 하는 것임에도 몇몇 사람들은 입으로만 부모님께 효도해야 한다고 말하거나 빈껍데기의 효도를 하며 충분히 부모님을 봉양하고 있다고 말한다.

하지만 부모님께 하는 물질적인 봉양을 진정한 효라 할 수 있을까? 스스로가 왜 효도를 해야 하는지 제대로 이해하지 못한 채 부모님께 해드리는 효도에 과연 마음이 담겨 있을까? 마더 테레사 수녀는 자신을 주님의 뜻을 그려나가는 몽당연필로 표현했다. 연필의 주재료는 나무이고 핵심은 흑연이다. 연약한 흑연을 감싸 보호하는 것이 나무이다. 《회남자》에 나오는 말이다.

지금 나무를 심는 사람이 깨끗한 물을 대주며 비옥한 흙으로 북돋아주지만, 한 사람이 기르고 열 사람이 그것을 뽑아버린다면 말할 필요도 없게 될 것이다. 하물며 온 나라가 함께 그것을 베어버린다면 어찌 되겠는가. 今夫樹木者 灌以潔水 疇以肥壤 一人養之 十人拔之 則必無餘蘗 又況與一國同伐之哉.

누구나 마음속에 효라는 연필을 지니고 있다. 연필의 사명은 길이나 흑심의 짙고 옅음에 있지 않고 그리고자 하는 대상을 얼마나 잘 표현해 내느냐에 있다. 마찬가지로 중요한 것은 효라는 연필도 효를 행하려는 자세가 중요하지 길고 짧음이 주가 될 수는 없다.

제3장
정직正直(Honesty)

정직은 마음에 거짓이나 꾸밈이 없어 바르고 곧음을 말한다. 직直이란 이치에 따라 드러나서 외부의 사특함이 흔들 수 없기 때문에 곧다고 한다. 정직은 '올바르다'는 뜻을 가진 의義에 가깝다. 정직은 상황을 초월한 개념이 아닌 때에 맞게 행하는 곧은 정신을 말한다.

《논어》에는 직直이 18번 나온다. 이는 정직이 논어를 관통하는 중요한 개념 중 하나임을 말해준다. 정직이 최초로 언급된《서경》에는 이치에 어긋남이 없고, 왜곡됨이 없으며 임금의 도리는 곧을 것이라 하여, 임금이 갖추어야 할 첫째 덕목으로 지적하고 있다.

정직은 열린사회로 나아가기 위한 기초적이고 근본적인 가치로, 청렴하고 강직하여 결백한 것을 뜻하기도 한다. 다산 정약용은《목민심서》에서 청렴은 목민관의 본무와 모든 선의 근원이며, 덕의 바탕이라 하였다. 청렴해야 대중을 통솔할 자격이 있다는 것이다.

정직은 동·서양 구분 없이 최고의 가치로 여겨진다. 동양에서는 인간의 삶은 원래 정직한데, 정직하지 않게 사는 것은 잠시 화를 면하는 것이라고 하였다. 반면에 서양에서 소크라테스는 정직한 자의 삶이 그렇지 못한 자의 삶보다 낫다고 하였다.

가난한 사람으로 남는 가장 쉬운 방법은 정직한 사람이 되는 것The surest way to remain poor is to be an honest man이란 속담이 있다. 하지만 삶의 정도에서는 거짓말, 능력과장, 가짜영수증, 허위진료, 학벌위조, 경력포장, 그리고 자기기만 등은 탈각되어야 한다.

칸트는 인간은 휘어진 통나무와 같아서 그 속에서 어떠한 곧음도 나올 수 없다고 하였다. 정직하면 손해 보는 세상에서 살고 있다. 정직하지 않아야 이득을 볼 수 있다면, 그렇게 하지 않을 이유가 없지 않은가? 그런데도 왜 하필 우리는 정직하게 살아야 하는가?

13
열 사람의 눈이 지켜보듯이 행동하라

十目所視 十手所指
십 목 소 시   십 수 소 지

> 열 눈이 보는 바이며, 열 손가락이 가리키는 바이다.
> —《대학》

What ten eyes behold and what ten hands point to is to be regarded with reverence!

정직을 구성하는 한자는 '바르다'는 의미의 正은 一과 止가 합쳐진 글자로 하나밖에 없는 길에서 잠시 멈추어 살핀다는 의미이다. '곧다', '바르다'는 의미의 直은 十과 目과 ㄴ(隱의 고자)로 나눠지는데, 이는 열 개의 눈으로 숨어서 본다는 의미를 지니고 있다.

마음이 고요할 때, 우리는 스스로가 순수한 증인이 된다. When the mind is quiet, we come to know ourselves as the pure witness. 어두컴컴한 방안에서 조용히 혼자 있더라도 신실함을 지켜야 하는 것은 마음의 조화에서 나오는 선악을 감출 수 없기 때문이다.

싹이 나다

악한 사람은 혼자 있을 때, 온갖 나쁜 짓을 하다가 선량한 사람을 보면 아무 일도 없었던 듯이 나쁜 짓을 가리고 착한 행위를 드러낸다. 사람들은 그의 거짓된 모습을 보고 훤히 알게 되므로 그 순간만을 모면하려는 어쭙잖은 행위는 전혀 도움이 되지 않는다.

랠프 왈도 에머슨R.W. Emerson은, 사람은 혼자 있을 때는 정직해서 자기를 속이지 않지만, 남을 대할 때는 그를 속이려 한다고 하였다. 이를 좀 더 깊이 생각해 보면, 그것은 남을 속이는 것이 아니고 자기 자신을 속이는 것이다. 스스로에게 떳떳한 것이야말로 진정한 정직의 의미라고 할 수 있기 때문이다.

《고문진보》에서는 한 사람의 손으로 천하 사람들의 눈을 가릴 수 없다難將一人手 掩得天下目고 했다. 정직하게 살아야 하는 이유는 스스로 정도를 가야 하기 때문이다. 우리 사회는 뿌리 깊은 불신과 부정으로 가득 차 있다. 정직을 저버린 사람들에게 정직하면 더 큰 이득이 돌아올 것이라고 목청을 높여도 이를 쉽게 받아들이지 않는다.

정직은 내면의 양심이다. 니체F.W.Nietzsche는 정직하다는 것 이상으로 귀중하고 귀한 것은 없다고 말한다. 정직의 진정한 의미에 대해 인식하고, 옳고 그름이 어디에서 오는지를 알게 된다면 결코 이를 외면할 수 없을 것이다. 적어도 자기 스스로에게는 거짓말하지 않을 테니까. 정직은 삶 그 자체라고 생각해야 한다.

꽃이 피다

아담스미스Adam Smith는 《도덕감정론》에서 공정한 관찰자는 때로 타인을 위해 자신의 큰 이익을 양보하는 행위가 적절하다고 일깨워 주거나 아주 큰 이익을 얻는다는 이유로 타인에게 작은 피해를 주는 행위도 잘못된 것임을 일러준다고 하였다. 사람은 누구나 공정한 관찰자를 통해 자신이나 자신이 가진 것들이 미미하다는 사실을 배우게 된다.

몇 년 전 한 TV 프로그램에서 양심을 지킨 시민들에게 냉장고를 선물로 주며 정직한 시민의식을 고취시켰던 적이 있었다. 차가 거의 다니지 않던 새벽, 신호와 정지선을 정확히 지키던 장애인 운전자가 있었다. 제작진이 그 운전자에게 교통 규칙을 철저히 지킨 까닭을 물었을 때, 그는 "당연히 지켜야 하는 걸요."라고 대답했다. 정직함이란 어떤 대가를 바라거나 칭찬을 받기 위해 행하는 것이 아니라 당연히 그렇게 해야 하기 때문에 그에 맞게 하는 행동이다.

토마스 아퀴나스St. Thomas Aquinas는 거짓말을 악의적인 거짓말, 이타적인 거짓말, 선의의 거짓말로 분류하였다. 이 중 정직과 가장 거리가 먼 것은 누군가에게 피해를 줄 목적으로 하는 악의적인 거짓말이다. 한 TV 방송국의 조사에 의하면, 일부 관광지에서 비계 삼겹살을 판매했다거나 어떤 지역은 정량을 지키지 않는 고깃집이 60퍼센트에 달한다고 하였다.

여기에 방산비리나 공정하게 토지를 관리해야 할 일부 공무원들이 내부 정보를 이용해 토지를 가족 명의로 구입하는 행위 등도 모두 자신들의 사익을 위해 정직을 저버린 악의적인 사례들이다. 정직이 사라진 자리는 공공비용으로 메꿔지게 된다. 이런 일련의 행위를 경제학자 애로K, J. Arrow는 도덕적 해이Moral Hazard라 하였다.

의료보험에 가입한 환자들은 진료비용의 대부분을 보험회사가 지불하기 때문에 보험이 없을 때보다도 더 자주 병원에 가는 경향이 있다고 한다. 의료비용 절감에 인센티브가 취약한 병원은 오히려 수입을 늘리기 위한 과잉진료하는 경향이 있다. 간헐적으로 두통을 앓는 환자에게 두뇌 스캔 검사를 하거나 경증 관절염 환자에게 인공관절 수술을 시키는 경우도 발생한다.

정부합동 의약품 리베이트 수사단의 조사 결과가 충격적이다. 제약회사나 외국계 의료기기 전문업체로부터 의료진들 수백 명이 뇌물을 받았거나 향응 접대를 받았다. 일부 의료진들의 호주머니로 들어간 직간접 비용은 의료기 전문 업체의 영업비용을 상승시켜 결국 약값 인상을 초래하게 된다.

블레즈 파스칼Blaise Pascal은 인간의 모든 문제는 방에서 홀로 조용히 앉아 있는 능력이 부족한 데서 나온다고 하였다. 사람들은 살아가면서 자신에게는 작지만, 타인에게는 결코 작지 않은 행위를 수없이 자행하고 있다. 인간과 인간, 집단과 집단이 공존하려면 서로에 대한 신뢰가 회복돼야 한다. 실리니 명분이 아무리 그럴듯하더라도, 인간은 양심 앞에 겸손해야 한다. 그 바탕을 이루고 있는 것이 정직이다.

열매 맺다

　세네카L. A. Seneca는 우리는 혼자 있을 때라도 남 앞에 있는 것 같이 생활하지 않으면 안 된다고 하였다. 자신의 마음속 구석구석까지 다른 사람의 눈길이 와닿더라도 두려울 것이 없도록 스스로 신중하게 사색해야 한다는 것이다.

　요즘 '정직한 사람은 바보다', '정직하면 손해다'라는 생각이 만연해 있다. 정직은 지켜야 할 덕목이 아니라 지키지 않아도 되는 선택이 되어버렸다. 정직이 사라진 자리에는 불신이 넘치는 법이다. 사회는 점점 정직에 무감각해져 간다. 가정에서 부모들은 자신의 거짓말에는 엄격하지 않으면서 자식들의 거짓말에는 엄격하다. 아이들에게 지키지 못한 약속은 그저 사과 한 마디로 끝낼 수 있지만, 아이들의 거짓말은 자식교육이라는 테두리 안에서 용납될 수 없다.

　몽테뉴는 사람들은 핀pin이니까 속였지만 금화라면 결코 속이지 않았을 것이라고 결론짓기보다는 핀pin의 경우에도 속이는데, 어찌 금화의 경우에 속이지 않겠는가?라고 결론짓는 편이 훨씬 타당하다고 말한다. 정직에 대한 사회의 시선이 중요하다. 수산물 시장이나 바닷가 횟집에서 저울을 속이고도 변명만 늘어놓는 상황에서 정직은 외롭기만 하다. 혼자라는 의미의 영어 alone은 원래 '완전한 하나'를 의미하는 all one이었다. 존재 가장 깊숙한 곳에서 혼자일 때 정직은 분신이듯 온전히 하나가 된다.

윤동주 시인은 〈하늘과 바람과 별과 시〉에서 죽는 날까지 하늘을 우러러 한 점 부끄럼이 없기를 바랐다. 정직을 타인과의 관계에서 찾는 것이 아니라 절대적인 기준에 따라 자신의 도덕성을 찾고자 했다. 그렇다고 사냥꾼이 쫓던 사슴의 향방을 묻는다면, 정확한 방향을 가리켜 주는 것이 정직인가? 정직하지 않은 사람은 타인이 아닌 자신에게 거짓말을 하는 사람일 뿐이다.

벤저민 프랭클린Benjamin Franklin은 우리를 망치는 것은 다른 사람들의 이목을 의식하는 것으로 만약 나 이외에 다른 모든 사람이 장님이라면, 나는 구태여 고래 등 같은 집도 번쩍이는 가구도 바랄 필요가 없을 것이라고 하였다. 일례로, 미국 메릴랜드 대학에서 부정행위를 방지하기 위해 학생들에게 서약서를 받은 적이 있었다. 서명한 학생들에게는 그 대가로 상품 구매 할인권을 줬다.

조건이 부여된 상황에서의 정직이 과연 그런 조건이 없는 상황에서도 유지될 수 있을까? 유리한 조건들이 없더라도 개개인이 내적인 동기에 의해 내적인 정직을 동기화시키는 것이 중요하다. 네 의지의 준칙이 항상 동시에 보편적 입법의 원리로서 타당하도록 행동하라는 칸트의 말은 정직한 습관을 강조한 말이라 할 수 있다.

헤라클레이토스Heraclitus는 눈은 귀보다도 훨씬 정확한 목격자 The eyes are more exact witnesses than the ears라고 하였다. 누군가의 말을 듣고 잘못을 바로잡는 것이 아니라 마음의 눈으로 판단해야 한다. 정직하지 않은 행동을 했을 때 잠시 자책하다 끝나면 성식은 그 고유성을 잃게 된다. 정직하지 않은 결과는 반드시 타인에게 피해를 주게 되어있다.

14
인간다움의 도리는 삶의 길에 드러난다

人道敏政　地道敏樹
인 도 민 정　지 도 민 수

> 사람의 도리는 정사에 빠르게 나타나고,
> 땅의 도리는 나무에 빠르게 나타난다.
> —《중용》

With the right men the growth of government is rapid, just as vegetation is rapid in the earth. (Their government might be called an easily-growing rush.)

지도자가 정사政事를 바르게 하는 것은 땅에 나무를 곧게 심는 것과 같다. 정사의 효과는 사람들의 삶에 빠르게 나타난다. 특히 갈대는 쉽게 자라는 초목이어서 그 성장이 매우 빠르다. 지도자가 도리에 맞게 정치를 하면 그 정사가 순리대로 실행된다는 것을 비유한 말이다.

지도자가 사람을 취하는 방법은 몸을 닦되 법도에 맞게 하고, 도를 닦되 인仁으로 하는 것이다. 훌륭한 사람과 함께 거처하면 마치 지초와 난초가 있는 방에 들어간 것과 같다. 오래 지나면 그 향기는 맡을 수 없지만, 저절로 몸에 배어 인품으로 드러난다.

싹이 나다

　동서고금을 통해 정직함은 사회의 미덕으로 간주되어 왔다. 어디까지 정직해야 하는가에 대한 가치판단이 달라질 수 있지만, 정직은 일종의 사회적 자산으로 사회 구성원들의 상호 신뢰감을 높이는 중요한 덕목이다.

　로셀 로버츠는《내 안에서 나를 만드는 것들》에서 자신이 사랑스럽다는 자부심으로 훌륭한 행동을 자극하고, 못된 행동에서 느끼는 수치심으로 나쁜 행동을 막아주는 것은 우리 내면의 '가슴속 인간'이 하는 일이라고 하였다. 가슴속 인간이 바로 인간다움의 도리다.

　다산 정약용은 인간다움의 도리로 백성을 떠받들면 세상에 무서울 것도 못할 것도 없다고 하였다. 지극히 천하고 하소연할 곳 없는 백성들이지만, 무겁기가 산과 같은 자들도 또한 백성이라는 것이다. 바른 정치를 행하는데 가장 절실한 것은 국민들의 신뢰다.

　바른 정치에 대해 공자는 "식량을 풍족히 하고 군비를 충족히 하여 백성의 신뢰를 얻어야 한다."고 하였다. 부득이 한 가지를 버려야 한다면 군비를 버려야 하고, 또 부득이 한 가지를 더 버려야 한다면 식량을 버리더라도 백성의 믿음이 없으면 나라가 바로 설 수 없다는 것이다.

　대한민국은 세계 군사력 순위에서 10위권, 1인당 국민소득도 세계 10위권으로 군비와 식량은 충족되었음을 의미한다. 그렇다면 신뢰는 어떤가. 신뢰가 없는 나라는 바로 서기 어렵다. 신뢰를 회복하는 중요한 방법이 바로 정직이다.

꽃이 피다

2014년 국제투명성기구에서 발표한 국가별 부패인식지수에서 한국은 100점 만점에 56점을 받아 9년 연속 60점 미만으로 OECD 최하위 권에 머물렀다. 국가청렴도는 OECD 가입 34개국 중 27위로 하위권에 머물러 있음을 보여준다. 몇몇 기업들의 탈세와 일부 공무원들의 일탈행위 등의 불편한 사례들을 뉴스에서 종종 듣게 된다.

공무를 수행하는 공인은 어느 특정 집단에 편승해서는 안 된다. 편승한다는 것은 이익과 특혜만이 눈에 아른거려 객관적으로 옳고 그름을 판단하지 못하는 것을 말한다. 오직 국가와 국민을 위해 무엇이 바람직하고 옳은 것인가를 생각하는 공적 마인드가 필요하다. 중국 관공서의 정문 표지판에 새겨진 글귀다.

> 네가 받는 봉록은 백성들의 피와 땀의 결과이다. 아래로 백성을 학대하기는 쉬우나, 위로 하늘을 속이기는 어렵다.

2014년 서울시는 관피아라고 불리는 고위공직자들의 비리와 공무원들의 불법 뇌물수수 근절을 목표로 박원순 법을 시행하였다. 어느 직급의 공무원이든 조금의 금품만 받더라도 바로 강력한 처벌을 받는 원스트라이크 아웃제도가 이 규칙을 대표하는 핵심적인 내용이다. 2009년 2월부터 서울시가 이 제도를 첫 시행한 이후 직위해제된 공무원은 2010년 6월까지 총 25명이었다. 2010년 7월 19일 서울시는 해당 제도의 범위를 민간업체까지 포함하기로 결정하였다.

이 법이 시행된 후 얼마 지나지 않아 관련 공무원 범죄 횟수가 크게 줄어 정책의 효과를 체감했다고 한다. 얼마나 정직하고 투명하게 일처리 하느냐에 따라 사람들이 국가를 어느 정도까지 신뢰할 수 있는지가 달렸다. 공직자들과 공직 수행은 언제나 효율성보다 정직함과 투명함이 더 우선되어야 한다.

베른하르트Thomas Bernhard는 《왜 다시 정직인가》에서 악이 전염된다는 것은 선도 전염될 수 있음을 뜻한다고 하였다. 규범이 사라져 가는 현실에서 정직, 즉 바르고 곧은 마음이야말로 개인은 물론 사회에 있어 가장 필요한 덕목이다. 거짓, 뇌물, 그리고 나태 등의 질환은 인간다움의 도리를 무너뜨리고 일반인의 마음을 오염시킨다. 이렇듯 사회 지도층이 보여준 거짓말과 스캔들 같은 독버섯은 빠르게 사회로 퍼져나가는 성질을 띠고 있다.

사회구성원들이 각자 개인의 욕심을 넘어 정직하고자 노력한다면 정직의 가치가 사회 전체에 전파될 수 있다. 《서경》에서는 지도자는 물을 자신을 비추는 거울로 삼지 말고, 백성의 소리를 거울로 삼아 자신 스스로 반성해야 한다고 하였다. 정직한 정치를 한다는 것은, 정치政治가 사람의 마음에 바르게 자리매김定置되는 것이다.

정직을 다소 융통성 있게 바라본 마키아벨리는 과정이 아무리 도덕적이라고 해도 신민臣民의 안전과 평화를 지켜주지 못하면 유약하고 능력 없는 지도자로 평가되고, 반대로 과정에서 다소 비도덕적인 면이 수반되더라도 평화로운 국가를 유지하면 좋은 지도자로 평가할 수 있다고 하였다.

열매 맺다

　마키아벨리Niccolò Machiavelli는《군주론》에서 군주는 어디까지 약속을 지켜야 하는가?에 대한 답으로, 그는 군주가 정직하게 사는 것이 칭송받을 만한 일임은 누구나 알고 있지만, 현명한 군주는 신의를 지키는 것이 그에게 불리할 때, 그리고 약속을 맺은 이유가 소멸되었을 때는 약속을 지킬 수 없으며 또 지켜서도 안 된다고 했다.
　군주의 입장에서는 상황에 따라 정직함으로써 국가의 파멸을 초래할 수도 있다고 판단되면 악덕으로 간주되는 일을 하는 것이 국가의 보전에 필요할 수 있다는 것이다. 철저하게 통치자의 입장에서 바라본 정직의 한 단면이다.
　하지만《성경》에서 말하는 정직은 인간의 본성을 향하고 있다.

　　우리를 위하여 기도하라. 우리가 모든 일에 선하게 행하려
　　하므로 우리에게 선한 양심이 있는 줄을 확신한다.

　선한 양심은 정직을 의미한다. 동서양을 막론하고 정직은 사람이 살아가는 이치이자 실천해야 하는 가치이다. 본성을 지키며 정직하게 사는 것이 현대사회에서 힘들게 생각되지만, 정직하게 살아가려고 노력하는 것은 사람의 본성에 가깝다.
　정직하게 살면 손해 본다는 인식이 널리 퍼져 점점 정직과는 멀어져가고 있다. 정직하게 지킬 것 다 지키면서 산다고 해서 누가

알아주기는커녕 오히려 손해만 본다는 것이다. 자녀를 좋은 학교에 보내기 위해 집 주소를 편법으로 바꾸는 사람들이 정직하게 살아가는 사람들의 잔잔한 마음을 흔든다. 이혼가정인 것처럼 꾸며 세금을 포탈하는 사람들은 정직한 사람들의 잔잔한 마음에 파도를 일으킨다.

또한 구인광고에는 최저시급을 준다고 적어놓고 약속을 지키지 않는 고용주는 선량한 사람들의 마음에 생채기를 낸다. 소득 신고를 거짓으로 해서 세금을 적게 내는 사람들은 정직하게 세금을 신고하는 사람들을 바보로 만든다.

선거 때마다 인기에 영합하는 공약을 남발하는 정치인들은 약속을 안 지켜도 된다는 것을 공공연하게 보여주는 것 같다. 밥그릇을 지키기에 급급한 일부 공무원들의 복지부동은 많은 선량한 공직자들의 이미지에 먹칠을 한다.

볼테르Voltaire는 그가 살던 당시 지배 계급이었던 로마 가톨릭교회 예수회와 종교재판소 등 성직자들의 부패상을 고발한 소설 《캉디드》를 집필했다. 순진하고 순박할 정도로 정직한 주인공 캉디드는 소설 말미에 모든 것이 아주 잘됐어, 이제 우린 정원을 가꾸자. All that is very well, but let us cultivate our garden. 라고 말한다.

또한 몽테뉴Montaigne는 죽어서도 양배추를 심고 싶다고 하면서 지위고하를 막론하고 자신의 본분이 끝나면 자연인으로 돌아갈 것을 강조했다. 정직은 자연처럼 저절로 그렇게 되는 것이다. 인간이 곧 자연이다. 자연은 지켜져야 할 가치이고, 그 가치는 인간의 정신 속에 정직으로 남는다.

15
곧은 이를 기용하고 굽은 이를 버린다

擧直錯諸 枉則民服
거 직 착 제 왕 즉 민 복

> 정직한 사람을 기용하고, 굽은 사람을 버리면 백성이 복종한다.
> ―《논어》

Raise the straight and set them over the crooked and the common people will look up to you.

마키아벨리는 《군주론》에서 지위가 사람에게 명예를 주는 것이 아니라, 사람이 그 지위를 명예롭게 하는 것이라고 하였다. 한 나라의 지도자가 국민들을 복종시키는 최고의 방법은 정직한 사람을 기용하고 굽은 사람을 버리는 것이다. 그러면 사람들이 복종하게 된다.

반면에 굽은 사람을 들어 쓰고 정직한 사람을 버려두면 사람들이 복종하지 않는 것은 자명한 이치다. 사람을 들어 쓰고 버림을 마땅하게 하면 인심이 복종한다. 정직함을 좋아하고 굽음을 싫어하는 것을 순리대로 하면 복종하고, 거스르면 배반함은 필연적인 이치이다.

싹이 나다

정직은 곧음이다. 중국의 순임금의 교육 목표 중 첫 번째가 곧으면서도 따뜻한 인간으로 가르치자는 것이었다. 명나라의 학자 여곤 呂坤은《신음어呻吟語》에서 나무가 곧은데 그 나무의 그림자가 굽을 리 없다直木之下無曲影고 강조하였다. 곧음은 정직함 그 자체로는 큰 문제가 없지만 과하여 고집으로 비춰질 때는 문제가 될 수 있다.

고집은 곧음이 아니라 닫음이다. 한 집단의 지도자가 자신의 의견만 앞세운다면, 이는 시각이 편협해지고 융통성이 없는 고집불통이 된다. 사마천은《사기》에서 현명한 군주는 허물을 듣는 데 힘쓰고, 칭찬은 바라지 않는다 明王務聞其過 不欲聞其善고 했다. 일을 바르게 행하려는 지도자의 강한 의지에 열린 가슴, 그리고 곧은 마음이 더해질 때 정직한 사회는 저절로 열리게 된다.

곧음은 사회를 지탱하는 기둥이다. 정직하지 못하면 용기를 낼 수 없다. 자신과 타인에게 숨겨야 하는 것들이 많기 때문이다. 자신에게 정직하지 못한 행위는 매일 자신을 속이면서 살아가는 것과 같다. 한 사람의 정직한 행위는 산술적으로 축적되지만, 한 사회의 신뢰 자산은 기하급수적으로 축적된다.

서양 속담에 인간관계를 오래 지속하고자 한다면 '절대로 거짓말하지 말라'는 한 가지 원칙을 따르라 If you want a long term relationship, follow one simple rule: 'Never lie'고 한다. 누군가에게 거짓말을 한다는 것은 먼저 자기 자신을 속이는 것이다.

꽃이 피다

《주역》에, 상하 간에 서로 시기 질투하여 군주의 마음과 합일되지 않을 때는, 현명한 신하가 힘을 다하고 정성을 다하여 믿고 합하려고 노력해야 한다고 하였다. 현명한 신하라면 지극한 정성으로 군주를 감동시키고 힘을 다하여 나라를 유지하려고 해야 한다. 특히 잘못된 것을 밝히는데 자신의 식견을 활용하되 온갖 방해나 유혹에도 굴하지 않아야 한다. 그런 곧고 성실한 자세로 일을 처리하고 완곡한 방법으로 군주와 합하려고 노력해야 한다.

작은 군에서 국가보조금을 가로챈 이장을 눈 감아 준 공무원들부터 수억 원대의 뒷돈을 받고 민간 업체의 기준 미달된 제품들을 정품으로 인정해준 고위 공무원들까지 공직자의 비리는 사회구성원들의 마음을 우울하게 한다. 《성경》에 나오는 정직에 관한 말이다.

> 곧은 사람은 정직하게 행하며 공의를 일삼고 그의 마음으로부터 진실을 말하는 사람이다. He whose walk is blameless and who does what is righteous, who speaks the truth from his heart.

자신이 바르지 못한 사람은 다른 사람들도 바르게 이끌지 못하는 법이다. 枉己者 未有能直人也. 곧은 사람의 특징은 남이 아는 자신의 인격이 아니라 자신이 아는 자신의 인격을 존중한다는 점이다. 정직은 공직자에게만 국한되는 문제가 아니라 사회구성원들 모두의 문제다. 정직은 '나'라는 개인으로부터 시작된다. 개인이 정직하지 못하면 주변 사람들과 넓게는 사회에 피해를 주며 서로 간의 불신을 만든다. 개인의 물질에 대한 건전한 욕망은 열정을 갖게 하는 발전의 원동력이 된다.

하지만 이러한 욕망이 변질되어 정직함을 잃게 되면 개인을 넘어 국가를 어지럽히게 된다. 집단이 정직하지 못하면 사회를 흔들 정도의 파괴력을 지니게 된다. 언론이 정직함을 잃는다면 국민들의 사고를 마비시킬 것이고, 정당이 정직하지 못하다면 국가를 망칠 것이다. 이러한 잠재적인 결과보다 무서운 것은 사람들이 부끄러워할 줄 모른다는 것이다.

셰익스피어William Shakespeare의 《리어 왕》에는 왕이 세 딸에게 유산을 물려주기 전에 자신을 얼마나 사랑하는지 저울질하는 이야기가 나온다. 첫째와 둘째 딸은 폐하는 천지보다, 자유보다 더 소중하며 값지고 희귀한 그 어떤 것보다 소중하다며 온갖 미사여구를 붙여 아버지를 사랑한다고 말한다. 반면에 셋째 딸 코딜리어는 사랑한다는 말만 한다. 리어 왕은 두 딸의 위선적인 모습에 속아 그들만 자신을 사랑한다고 판단한다. 나중에 자신에 대한 대접이 달라졌을 때, 두 딸들의 말이 위선이었음을 알고 결국 미치고 만다.

정직하게 살면 바보가 되니 뒤통수 칠 수 있을 때 치라는 말은 피상적인 인간관계에서 정직을 수단으로 삼는 표현이다. 어진 사람은 성쇠에 따라 절개를 고치지 않듯이, 의로운 사람은 존망에 따라 마음을 바꾸지 않는 법이다.

열매 맺다

　일반 시민들도 사적 영역에서 정직함을 우선적 가치로 여기고 행동해야 한다. 동네의 공구점이나 야채가게에 가면 간혹 '현금 지불 시 몇 % 할인' 혹은 '현금결제 우대'라고 쓰인 안내판을 볼 수 있다. 카드로 지불받게 되면 사업자가 똑같은 판매 금액에서 카드수수료와 세금을 내야 하기 때문이다. 혹시 영세 업체니 눈감아줄 수 있는 마케팅이나 절세의 방식이라 여길 지도 모른다.

　이렇게 소소해 보이는 행위들은 정직의 팔을 비틀어 억지로 돈을 내게 한다. 순간적으로는 눈먼 수익을 거뒀다고 자부심을 느낄지 모르지만 엄연한 탈세의 한 방법이다. 공자는 의義가 우리의 마음속에 내재되어 있는 올바른 행동의 기준인 도덕적 준칙이라고 하였다. 의로운 자는 마음속에 주체적으로 세워둔 원칙이 존재한다. 이를 통해 행동의 옳고 그름을 능동적으로 판단해 낼 수 있다.

　정직은 지켜야 할 값지고 중요한 덕목이지만, 그렇게 큰 대가를 구하지는 않는다. 누군가의 인생에 도움을 주거나 사회를 변화시키기 위한 정직보다는 사회구성원 개개인이 정직하고자 하는 마음을 갖는다면, 그 자체로 정직은 제 몸값을 다하는 것이다. 정직이라는 대의명분을 바로 세우는 데는 그에 걸맞은 리더가 필요하다.

　묵자는 뛰어난 인재를 잊고서 나라를 보존할 수 있었던 왕은 일찍이 없었다緩賢忘士 而能以其國存者 未曾有也고 하였다. 철강왕 앤드류 카네기Andrew Carnegie의 묘비에는 "자신보다 뛰어난 사람을 부리는 방법을 아는 남자 여기에 잠들다"라는 글귀가 새겨져 있다. 이처럼 현대사회에서는 인재를 적재적소에 배치하는 것뿐만 아니라 거기에서 더 나아가 조직원의 역량이 정체되지 않고 계속해서 발전하도록 이끄는 리더를 요구하고 있다.

바로 이러한 리더를 멀티플라이어Multiplier라 한다. 리즈 와이즈먼Liz Wiseman은 《멀티플라이어》에서 이런 리더의 특성을 설명하였다.

> 인재를 끌어당기고 팀에 최대한 활용한다는 점과 최고의 생각을 요구하는 열성적인 분위기를 조성하고 토론이라는 소통을 통해 결정한다.

아첨하는 사람들은 리더가 잘못된 길을 걷더라도 충언하지 않고 자신의 이익만을 챙기려 한다. 리즈 와이즈먼은 이익만을 우선시했던 리더들을 비판하고 학문의 방향을 제시함으로서 리더의 책임과 의무를 강조한 것이다.

《한비자》에서는 가까운 사람을 살펴서 간사한 짓을 못하게 해야 한다고 말한다. 그렇게 하기 위해서는 안팎을 관찰해 사사로이 청탁하는 것을 막고, 정책을 제시하면 시켜보되 잘못되면 문책해 간사한 말을 미연에 방지해야 한다.

진리를 굽혀 권력자의 뜻에 영합해서는 안 된다. 한 사회가 혼란에 빠진다면, 이는 지도자가 도덕적 기준과 원칙을 바로 세우지 못해 옳고 그름을 제대로 분별하지 못했기 때문이다. 한 자를 굽혀서 한 길을 편다는 것은 이득을 기준으로 말한 것이다.

16
경계가 정확해야 분배가 고르게 된다

經界不正 井地不均
경 계 부 정　정 지 불 균

> 경계를 다스림이 바르지 못하면, 정지가 균등하지 못한다.
> —《맹자》

When boundaries are not properly drawn, the division of land according to the well-field system.

바르고 어진 정치는 토지의 경계를 바르게 하는 데서 시작된다. 경계가 바르지 않으면 토지가 균등하지 않아 작물이 공평하지 않게 된다. 경계가 바르면 토지를 나누어주고 곡록을 제정해주는 일은 앉아서도 할 수 있다.

다만 폭군과 탐관오리들이 자신의 이익을 위해 경계를 태만히 할 뿐이다. 정전井田은 토지를 나누어서 도랑과 넓이의 경계를 정하는 것이다. 부귀가 균등하지 않고 양육하는 법도가 없으면 힘 있는 자들이 토지를 겸병하게 되어 토지의 분배가 고르지 못하게 된다.

싹이 나다

정직하게 살아가고 있는가? 그리고 정직하게 살아가는 것이 옳다고 믿는가? 정직의 본성이 지켜지고 그 가치가 제대로 평가되고 있는가? 정직은 타고난 본성이자 삶의 이치이고, 사람이 살면서 실천해야 하는 기본적인 덕목이자 다른 사람과 나를 위한 배려이다.

> 인성은 옳은 일을 할 때나 주위에 아무도 바라보는 사람이 없어도 해야 할 일을 하는 그 어둠 속에서 형성된다. Character is made in the dark when we do what is right and what we should do when nobody is around to witness it.

마음속으로만 거짓이나 꾸밈없이 바르고 곧은데 머무는 정직은 진정한 정직이 아니다. 정직이라는 것은 마음의 상태와 더불어 마음을 드러낼 때에도 꾸밈없이 바르고 곧아야 한다. 마음과 마음을 드러내는 행동이 정직하다면 진실로 정직한 것이고, 본성대로 실천하며 살아가는 것이다.

흥사단 투명사회운동본부에서는 2015 청소년 정직지수 조사 결과를 발표한 바 있다. 초등학생이 100점 만점에 88점, 중학생이 78점, 고등학생이 67점을 기록해 학년이 올라갈수록 학생들의 정직지수가 감소하였다. 또한 2014년도에 성인들의 정직지수를 조사해본 결과, 성인은 58.3점으로 나이가 들수록 현격하게 떨어졌다. 과연 사람들이 나이 들수록 점점 정직을 잃어가고 있다고 믿어야 할까?

꽃이 피다

그리스 로마신화에서 더 높이 날고 싶다는 욕망에 빠진 이카로스는 결국 밀랍 날개가 녹아 죽음을 맞이한다. 또 파트로클로스는 성벽 가까이 가지 말라는 아킬레우스의 말을 잊은 채 지나치게 승리감에 젖어 트로이 성벽에 오르다 끝내 비극적으로 생을 마감한다. 모두 중용의 자세를 잃었을 때 발생할 수 있는 일들이다.

로버트 풀검R. Fulghum의 《내가 알아야 할 것들은 모두 유치원에서 배웠다》에서 강조한 말들이다.

　　　뭐든 공유하되Share everything, 공정하게 하라Play fair.

같은 의미로 《논어》에서는 공정하면 모두가 기뻐한다公則說고 하였다. 서양에서도 중용은 미덕의 하나로 여겨졌다. 델포이의 아폴로 신전에 어떤 것도 지나치지 말아야 한다고Meden Agan 새겨져 있다.

중용中庸은 사람들이 한쪽으로 기울어진 극단적인 사고로 다른 쪽의 장점이나 치우친 쪽의 단점을 발견하지 못하는 우를 범할 때 평형추가 된다. 또한 마음속의 원칙이 갈피를 잡지 못하는 태도를 바로잡고 안목을 기르는 데 필수적인 중심추 역할을 한다.

한 일간지에 스위스 국제경영개발대학원(IMD)에서 2016년 61개국 중 우리나라를 회계투명성 꼴찌로 평가하였다는 기사가 실린 적 있었다. 또한 우리나라의 빅4라 불리는 회계법인은 모두 글로벌 회계법인과 파트너십 계약 또는 글로벌 회계법인의 자회사를 맺고 있다고 한다. 우리나라 회계법인 명의로 작성한 감사보고서를 세계에서 신뢰하지 않기 때문이다.

《한비자》에서는 공공의 이익을 좇아 법을 받들면 골고루 이익을 나눌 수 있다從公奉法得平均고 하였다. 도덕적·윤리적으로 정직하기 위해서는 노력하더라도 단시간에 이루기는 힘들 수 있다. 시간이 걸리더라도 중단 없이 나아가야 한다. 맹자는 호연지기를 기르는 데 힘쓰되 그 효과를 미리 기대하지 말라고 하였다. 정직함으로 가득한 호연지기를 기르기 위해서는 일상생활에서 꾸준히 단련이 필요하다.

대개 잘못된 사람들이 삶의 정도를 가르치려 드는Wrong person will always teach you the right lessons of life. 경향이 있다. 사람은 먼저 자기 자신에게 정직해야 한다. 스스로 돌이켜보아서 정직하지 못하면 상대가 비록 지위가 낮은 사람이라 할지라도 두려워하게 된다. 하지만 스스로 돌이켜보아서 정직하면 비록 천만 명의 사람들이 있다 하더라도 기꺼이 나아가서 대적하겠다는 용기가 샘솟는다.

아리스토텔레스Aristotle는 도덕적 가치를 세우는 일이 양극단 사이에서 균형을 이루는 기술과 같다고 하였다. 융통성을 발휘하되 결정 마비에 걸리지 않아야 한다. 사사로운 욕심에 빠져 남을 속이고자 하는 마음을 떨쳐내야 한다. 그러기 위해서 사회구성원들이 정직을 스틱스 강의 맹세처럼 무조건 지켜야 하는 것으로 마음에 새겨야 한다. 정직의 의미를 되짚어볼 필요가 있다. 그래야 정직이 산다.

열매 맺다

《관자》에 정의와 어짊을 잃으면 천하가 어지럽게 되니 법규를 바로잡아 정도를 세워야 한다 失義亡仁天下亂 正法齊規立經常고 하였다. 정의는 올바른 분배만의 문제는 아니다. 올바른 가치 측정의 문제이기도 하다. 《시경》에서는 천하를 다스림에 정전법을 따르지 않으면 결코 공평할 수가 없다고 하였다. 항상 기준이 되는 큰 틀은 일정해야 한다. 그래서 큰길이 숫돌처럼 평평하고 그 곧음은 화살과 같다.

세상이 달라지면 일도 달라지기에 처방을 달리 해야 한다. 다산 정약용의 부자의 것을 덜어서 가난한 사람에게 더해야 한다는 분배사상이 토지의 공전公田 제도였다. 시장에 모두 맡겨두는 것은 한계가 있으니 당국의 적절한 개입이 있어야 한다는 주장이다.

노블레스 오블리주noblesse oblige는 높은 사회적 신분에 상응하는 도덕적 의무를 뜻한다. 현대사회에서 이를 찾아보기 힘든 이유는 실천하는 사람들보다 오히려 부도덕한 행동을 하는 사람들이 많기 때문이다. 일부 지도층 인사들이 사회적인 지위를 이용하여 아들을 군 면제시키거나 뇌물을 받는 등 비리를 저지르고 있다.

이런 부정직한 사례들이 언론에 보도되는 것을 보면, 일반 시민들에게 분노를 느끼게 하면서도 답습효과라는 병리현상을 낳게 된다. '저 사람들도 하는데, 나도 좀 하면 어때' 또는 '나만 정직할 필요가 있겠는가?'와 같은 생각이 전염병처럼 여러 선량한 사람들에게까지 감염시키게 된다. 정직한 지도자가 없다면 정직한 사회가 될 수 없다. 지도자가 자신이 한 말을 지키지 않거나 부정직한 행동을 하면 일반 사람들은 그 행동에 영향을 받을 수밖에 없다.

부정직한 방식으로 부를 축적하는 기업인들도 마찬가지이다. 몇몇 기업인들이 거금을 횡령한 후 사적으로 이용하여 문제가 된 적이 있다. 정직하지 않은 방법으로 부를 축적하는 행위는 열심히 일하는 사람들에게 좌절감을 안겨준다.

정직하게 사는 문제에 관해 마이클 샌델Michael Sandel은 《정의란 무엇인가?》에서 공리주의적 입장과 의무론적 입장에서 바라본 도덕의 차이를 말하고 있다. 공리주의에서 도덕이란 최대다수의 최대행복이라는 계산적 행위 아래 정당화되는 경향이 있다.

도덕이 흥미, 바람, 욕구, 기호 등에 의해 좌우되면 안 된다고 보기 때문이다. 공리주의적인 사회에서 개인의 정직은 사회의 공적 이익 아래 얼마든지 무시될 수 있는 상황에 놓일 수 있다. 어떤 행위가 도덕적으로 옳으려면 그 동기가 어떤 보상을 바라는 것이 아닌 순수한 선의에서 나와야 한다.

쇼펜하우어A.Schopenhauer는 사람들은 양심의 만족보다는 명예를 얻기에 바쁘나 명예를 얻는 가장 빠른 길은 명예를 탐내기보다는 바로 양심을 위해 노력하는 것이라고 하였다. 자신의 양심에 만족한다면 그것이 가장 큰 명예가 된다. 부귀와 명예는 그것을 어떻게 얻느냐가 문제다. 명예란 바로 양심인 것이다. 로마의 정치가는 명예가 덕을 따름은 마치 그림자가 물체를 따름과 같다고 했다. 부정한 일을 하면서 명예를 얻을 수는 없는 법이다.

17
정직은 올바름이고 방정함은 의로움이다

直其正也　方其義也
직 기 정 야　방 기 의 야

정직은 올바름이고, 방정함은 의로운 것이다.

—《주역》

Straightness means righting things; squareness means fulfillment of duty.

　　남명 조식(1501~1572) 선생은 안으로 마음을 밝히는 것은 경敬이요, 밖으로 행동을 결단하는 것은 의內明者敬 外斷者義라는 글귀에 새긴 칼을 허리에 차고 다녔다. 이름하여 경의검敬義劍이다. 곧은 선비의 표상이 아닐 수 없다.

　　배우는 자가 항상 마음을 일깨워 떠오르는 태양처럼 밝게 하면 간사한 마음이 저절로 그칠 것이다. 마음은 본래 스스로 광명하고 광대하기 때문이다. 그는 오장에 티끌이라도 생긴다면, 당장 배를 갈라 흐르는 물에 씻어 보내리라는 단호한 각오를 다짐하곤 했다

싹이 나다

빌리 조엘Billy Joel이 부른 노래 〈Honesty〉의 후렴구 가사에는 사라진 정직을 부르짖고 있다. 정직함은 외로운 단어로 남아버렸다. 모두의 마음속에 진실함이 사라진 이상, 그 어느 누구도 정직함을 굳이 애써서 찾으려 하지 않는다. Honesty is such a lonely word. Everyone is so untrue. Honesty is hardly ever heard. And mostly what I need from you.

정직이 사라진 마음에 남은 것은 무엇일까? 맹자는 사람이 닭과 개가 도망가면 찾을 줄 알지만, 마음을 잃고서도 찾을 줄 모른다고 하였다. 그러면서 사람답게 살기 위해 사람들이 학문하는 까닭은 그 잃어버린 마음을 찾는 것일 뿐求其放心이라고 하였다.

정직이 사라진 텅 빈 마음엔 당연한 행동마저 신선한 미담으로 들리기도 한다. 고장 난 출입구를 그냥 지나쳐도 되지만 돈을 올려놓고 가는 행위, 지하철에서 누군가가 놓고 간 가방을 분실물 센터에 맡기는 행위 등은 모두 정직이 사라지지 않았음을 반증한다.

하지만 정직한 행동보다 정직하지 않은 행동을 통한 이득이 더 크다고 생각하는 사람들 또한 많다. 거짓된 행동으로 얻은 이익은 나중에 더 큰 불행으로 바뀌어 돌아온다. 결국 이득도 취할 수 없을뿐더러 지니고 있던 명성이나 평판에 금이 갈 수도 있다. 마음속에서 정직해야 한다는 신념과 주체하지 못할 욕망이 부딪칠 땐 어떻게 해야 할까? 분명한 것은 자기 기만에 맞설 수 있는 용기이다.

꽃이 피다

서양 속담에 명예는 밖의 양심이며, 양심은 안에 잠기는 명예라는 말이 있다. 정직이란 남의 시선을 의식해서가 아닌 진정으로 마음에서 우러나와야 가치가 있다. 정직은 부끄러움을 전제로 한다. 창피한 일을 당했을 때 남들에게 느끼는 부끄러움보다 진실하지 못했을 때 느끼는 양심의 가책이 진정 부끄러운 것이다.

니체F. W. Nietzsche는 《차라투스트라는 이렇게 말했다》에서 손바닥만 한 근본이라 해도 사람은 그 위에 서있을 수 있으며, 진정한 지적 양심에 있어서는 크고 작은 것이 없다고 하였다. 참되게 말하는 것이 마음 편하다. 거짓말을 하려면 꾸며내기, 위장, 기억이 필요하다. 사회는 개인의 정직을 바탕으로 신뢰가 쌓였을 때 비로소 따뜻한 사회warm society로 나아갈 수 있다.

불신은 약속을 지키지 않는 행동과 남을 속이고자 하는 마음에서 비롯되므로 모두 부정직함이 낳은 괴물들이다. 어떤 사람이 식초를 빌리려 하자, 정직하다고 소문난 미생고가 그의 이웃집에서 빌려다 주었다. 이 말을 들은 공자는 "누가 미생고를 정직하다 하는가?"라고 반문했다.

정직함이란 옳은 것을 옳다고 하고, 그른 것은 그르다고 하며, 있으면 있다고 하고, 없으면 없다고 하는 것이다. 미생고가 남의 것을 빌려서까지 은혜를 베풀려고 하는 행위는 자신의 허황된 공명심에서 나온 것이다.

곤란한 상황에서는 정직이 시금석이 돼야 한다. 남의 식초를 자신의 것인 양 빌려주는 것과, 식초가 없어서 다른 사람에게 빌려온 것을 사실대로 말한 후 빌려주는 것은 의도하는 바가 완전히 다르다. 또한 자신에게 적의나 원한을 품고 있는 사람에게는 정직한 방법으로 원수를 갚아야 하고, 덕은 덕으로 보답해야 한다.

원한을 은혜로 갚기란 매우 어려운 일이다. 독으로써 독을 제거하는 것이 보편적인 사고일 텐데, 정직으로써 원수를 갚는다는 발상은 현실에 기반을 두고 현실을 이야기하려 하기 때문에, 원한을 의로움으로 징벌한다는 생각에서 비롯된 것이다.

《명심보감》에 나오는 말이다.

나무는 먹줄을 좇으면 곧고, 사람이 간언을 들으면 거룩하게 된다. 木從繩直 人受諫聖.

남의 충고를 들을 줄 아는 사람이면 이미 충고를 들을 필요가 없는지도 모른다. 충고란 남의 잘못을 비틀지 않는 정직한 타이름으로 타인이 오해 없이 받아들일 수 있는 선을 넘지 않아야 한다.

한비자는 시대 사정에 따라 알맞게 법을 고치고, 공공의 이익을 좇아 법을 받들면 골고루 혜택을 볼 수 있다系事通時依變法 從公奉法 得平均고 했다. 여기에 사회구성원들이 서로 타인을 위하고 타인을 믿는 자세가 필요하다. 이를 위해 옳을 일을 행하고 몸가짐을 반드시 잘 닦는다는 행의필수行義必修는 필요조건이 된다. 정식이 사회에 주는 선물은 인간관계에 스며드는 유연성과 부드러움이다.

열매 맺다

진실함으로 사람들을 아프게 하더라도, 거짓됨으로 그들을 행복하게 해서는 안 된다. Hurt someone with truth, but never make them happy with a lie. 메이슨 웜스M.L. Weems의 《조지워싱턴의 생애》에는 워싱턴이 아버지가 아끼는 벚나무를 자르고 나중에 그 사실을 알게 된 아버지의 추궁에 정직하게 자신이 나무를 잘랐다고 말하는 장면이 나온다. 워싱턴에게 정직에 대한 아버지의 가르침도 중요하지만 그 상황에서도 정직할 수 있었던 용기가 더 중요하다고 여겨진다.

워싱턴이 그러한 상황에서 거짓말을 했다면, 결국 비슷한 상황에 닥치게 되면 또 거짓말을 하게 될 것이고, 계속해서 정직하지 못한 삶을 살게 될 것이다. 결국 정직함은 습관이 된다. 어떠한 상황에서도 정직함을 잃지 않아야 의로움이 산다고 할 수 있다.

빌리 조엘Billy Joel의 노랫말에 진실의 역할을 언급하고 있다.

진실은 온갖 조롱과 거센 반발에 부딪치더라도 이를 굳건히 이겨내야 자명한 것으로 받아들여진다. 진리가 진리로서 역할을 못한다는 것은 이미 그 안의 진실이 어디론가 사라졌거나 거짓의 탈을 쓰고 있기 때문이다. I can always find someone to say they sympathize, if wear my heart out on my sleeve. But I don't want some pretty face to tell me pretty lies.

주변의 갖은 동정이 전혀 힘이 되지 않는 것은 그 안에 진실함이 결여되어 마음과 마음이 통하지 않았기 때문이다. 이상적인 정직이란 어떤 모습으로 사람들에게 드러날까? 과연 인성교육을 시행한다고 아이들에게 인성이 함양될 것인가? 짐론Rohn Jim은 《내 영혼을 담은 인생의 사계절에서》 정직을 자연과 마음에 비유하였다.

> 옥수수의 낱알을 심으면 똑같은 옥수수가 자란다. 마음에 뿌린 의심, 두려움, 혹은 불신도 똑같은 종류를 낳는다. 땅이 우리가 심은 대로 돌려주는 것처럼, 인간의 마음도 우리가 그 안에 심은 것을 똑같이 돌려준다.

정직이라는 것이 학습을 통해 배울 수 있는 가치인가? 아니 그에 앞서 아이들이 꼭 정직해야만 할까?

《레미제라블》에는 노인이 마차에 깔리자, 마들렌 시장인 장발장이 마차를 치우고 노인을 돕는 〈The Runaway Cart〉 장면과 장발장을 대신해 오랫동안 교도소에 갇힌 무고한 샹 마티외가 아니라 장발장 자신이 범인임을 선언하는 〈Who am I?〉 장면이 나온다.

전자는 어려움에 빠진 사람을 돕는 의로운 행위를 하지만 결과적으로 자베르 경감의 의심을 받게 된다. 반면에 후자는 장발장이 "나는 누군가?", "그래 나는 나 자신을 위해 존재하지만, 그렇다고 내가 나 자신만을 위해도 된단 말인가?"라며 장발장은 정직하게 자수하게 된다. 자베르 경감은 장발장의 헌신적인 자세와 지금껏 법을 지키며 살아온 자신의 모습을 생각하며, 타인을 위한 헌신과 법 테두리의 정직이라는 이념이 충돌하자 충격을 받아 자살하게 된다.

18
뜻이 교만하고 방종해지지 않게 하라

志在富貴 得志驕縱
지재부귀 득지교종

> 뜻이 부귀에만 있다가 뜻을 얻으면, 곧 교만하고 방종해진다.
> —《근사록》

As the virtuous men of later generations aim at wealth and honor, they will be arrogant and undisciplined, if successful.

《그리스 로마신화》에 나오는 키프로스의 왕 피그말리온은 미의 여신인 아프로디테를 사랑한 나머지 조각상을 만들어 놓고 자신의 사랑을 쏟아붓는다. 아프로디테는 그의 사랑과 정성에 감동하여 조각상에 생명을 불어넣어 사람으로 환생시켜준다.

서양 속담에 어떠한 나무도 하늘까지 자라기 전에 그 뿌리가 먼저 지옥에 닿는다 No tree, it is said, can grow to heaven unless its roots reach down to hell. 는 말이 있다. 뜻이 교만하면 그 말로가 어떻게 되는가를 비유적으로 설명하고 있다.

싹이 나다

　세르반테스M. Cervantes는 정직한 사람은 신이 만든 것 중 최상의 작품이기 때문에, 정직은 진실을 사랑하는 마음에서 나오는 최고의 처세술이이라고 하였다. 즉, 정직은 지켜야 할 최소한의 도덕률이므로 하늘은 정직한 사람을 돕는다는 것이다. 곤란한 상황에 직면했을 때 거짓말로 위기를 모면할지는 모르지만, 해결책이 되지 못한다.

　거짓이 또 다른 거짓을 낳는 것처럼, 정직도 또 다른 정직을 낳는다. 당장 약간의 피해가 있더라도 정직을 지키는 것이 결국 재앙을 해결하는 최선책이다. 선의의 거짓말이더라도 다른 사람에게 지나친 손실이나 혼란을 주지 않고 상대를 위한 것이어야 한다. 다른 사람을 살리는 생명력과 순수성은 지켜져야 선의도 의미가 있다.

　레미제라블에서 장발장이 우연히 성당에서 잠을 자게 되는데, 은촛대가 너무 탐이 나서 그것을 훔쳐 달아나려다가 경찰에게 붙잡힌다. 신부와 삼자대면을 하는 자리에서 신부는 자신이 장발장에게 촛대를 준 것이 맞다고 경찰에게 선의의 거짓말을 한다. 그 모습에 장발장은 크게 깨닫고 회개하여 선한 일을 하며 살아가게 된다.

　《성경》에 나오는 삼손은 이스라엘 민족을 구하라는 계시와 함께 강인한 힘을 받는다. 그에게는 절대 알려져서는 안 되는 비밀이 있었다. 그것은 그의 힘은 머리카락의 길이와 비례한다는 것이었다. 하지만 삼손은 적들이 보낸 여자에 홀려 자신의 비밀을 누설하였고, 자신은 물론 이스라엘 민족까지 위험에 처하게 되었다. 초심을 잃지 않는다는 의미를 되짚어볼 일이다.

꽃이 피다

심리학자 브래드 블랜튼B. Blanton은 《정직의 즐거움》에서 선의든, 악의든 거짓말은 어디까지나 정직을 어긴 것으로 그 의도가 어찌 되었든 간에 거짓말임을 밝히고 그 사실을 알려야 한다고 하였다. 그는 절대적인 정직을 강조한 것이다. 하늘을 나는 새는 물건을 조금씩 가져다 집을 짓는다.

하늘을 나는 새는 물건을 조금씩 가져다 집을 짓는다. 모든 일을 진실하고 참되게 굳건하고 온전하게 하라誠實健全는 말은 비록 남을 위한 거짓말일지라도 해서는 옳지 않고, 진실한 말을 하는 것이 옳다는 뜻이다. 하지만 환자가 살날이 얼마 남지 않았음을 알게 되었을 때, 가족들의 슬픔을 생각하여 선의의 거짓말을 하기도 한다.

가습기 살균제 사건은 나라를 온통 회오리바람 속에 몰아넣었던 대사건이었다. 인체에 심각한 위험을 초래할 수 있는 살균제 성분이 문제가 되어 수많은 피해자들이 발생한 것이었다. 회사 측이 이런 사실을 미리 알고 있었으면서도 이를 은폐한 채 판매했던 사실이 수년 만에 드러난 것이다. 한 회사만의 문제가 아니라 관계 당국도 제때 관리하지 못한 문제도 있었다. 게다가 모 대학의 교수는 금품을 받고 회사 측에 유리한 연구 결과가 나오도록 조작하기도 했다.

《성경》은 교만과 겸손에 대해 엄격하게 구분하고 있다.

> 사람 마음의 교만은 멸망의 선봉이요, 겸손은 존귀의 앞잡이다. Before a downfall the heart is haughty, but humility comes before honor.

인간이 교만하여 방종에 이르는 것을 경계한 말이다. 또 '뒤섞다'는 의미 Babel를 지닌 바벨탑은 〈창세기〉나오는 건축물이다. 인간들이 하늘에 닿는 건축물을 쌓으려 한다. 이를 본 하느님이 인간의 오만함을 우려하여 인간의 언어를 서로 다르게 하였고, 사람들을 여러 땅으로 흩어지게 하자 공사는 중단되었다.

마음이 빛나고 밝으면 어두운 방 안에서도 푸른 하늘이 있지만 心體光明 暗室中 有青天, 생각이 어둡고 어리석으면 빛나는 태양 아래에서도 못된 귀신이 나타난다 念頭暗昧 白日下 生厲鬼. 낮이나 밤이나 가장 두려워해야 할 대상은 정직하지 못한 자신이다. 정직하지 않으면 개인적으로나 사회 전체적으로나 큰 손실을 끼치게 된다.

역사학자 토인비 Toynbee는 《역사의 연구》에서 휴브리스 Hubris라는 용어를 처음 사용했다. 이 말은 지나친 오만이나 자기 과신이라는 뜻을 가진 그리스어에서 유래했다. 성공에 도취되어 자신을 과신하여 자신의 능력을 절대적 진리로 착각하는 것을 의미한다.

"얼마까지 알아보고 오셨어요?"라는 말로 유명해진 일부 전자상가의 '컴팔이', 스마트폰의 대중화와 함께 등장한 '폰팔이'에 이르기까지 소비자를 속여 이익만 보면 그만이라는 풍조가 사회에 널리 퍼져있다. 정직으로 일관해야 할 상거래를 당장 눈앞의 이익을 얻기 위해 눈속임으로 돌려막기를 하고 있다.

서로에 대한 불신으로 물건을 거래할 때 지불한 가치보다 훨씬 못한 상품을 얻게 될 수도 있다. 구성원 개개인이 정직하지 않으면 서로 살아남기 위해 보호색을 띠고, 서로를 이용하기 위해 잔인한 사냥 법을 배워 사나운 짐승처럼 변할 것이다.

열매 맺다

윤동주 시인이 〈쉽게 씌어진 시〉에서 스스로 반성하는 장면이다.

　인생은 살기 어렵다는데 / 시가 이렇게 쉽게 씌어지는 것은 / 부끄러운 일이다.

시를 쉽게 쓰고 있는 자신의 무기력함을 자책하며 성찰한 고백시라 할 수 있다. 일찍이 니체도 《인간적인 너무나 인간적인》에서 훌륭한 사람들 사이에 있으면 자만심을 잊지만, 혼자 있으면 거만해지는 것은 사람들이 자만심이 강해서 보잘것없으면서도 훌륭한 사람처럼 보이려 애쓰는 자들과 사귀려 하기 때문이라고 하였다.

이익에 뜻을 두었다고 해서 수단과 방법을 가리지 않아도 되는가? 몇 해 전 한 병원에서 주사기를 재사용해서 수십 명의 환자가 C형간염에 걸린 사건이 발생한 적이 있었다. 이 병원은 또한 남은 약재도 재사용하였고 소독도 제대로 실시하지 않는 등 방만하게 운영해온 사실이 드러나 사회적으로 문제가 되었다. 하지만 주사기 재사용 사건에 대한 처벌은 105일간의 영업정지 정도였다.

또한 회삿돈을 빼돌려 감춰두고 몇 년 감옥살이하려고 마음먹은 회사 간부도 있었다. 현금 10억을 주면 장기라도 팔 수 있다는 청소년들도 있다. 도덕적이고 윤리적인 방식으로는 큰돈을 벌 수 없다고 목소리 높이는 사람들이 욕심을 부추기는 사회가 되었다. 잠시 쓰더라도 참으면 곧 단맛을 볼 수 있다는 비뚤어진 생각을 조장한다.

프랑스의 재무장관을 지냈던 콜베르는 젊은 시절 작은 포목점에서 일했다. 어느 날 한 손님의 물건값을 2배로 받은 적이 있었다. 그는 주인의 만류에도 불구하고 그 손님을 찾아 더 받은 돈을 돌려주었다. 곧 콜베르는 해고되었지만, 그 손님이 파리에 있는 은행의 대주주여서 그는 은행에 취직하게 된다. 사소한 이익에 굴하지 않은 정직한 행동이 복이 된 셈이다.

발달 심리학자인 캉 리Kang Lee는 〈Can you really tell if a kid is lying?〉이라는 강연에서 거짓말은 아이들의 발달에 있어 매우 중요한 능력이라고 하였다. 즉, 4살 된 아이가 거짓말을 한다면 아이를 혼내기보다 아이가 드디어 타인의 마음을 읽을 수 있고 자기 통제력이 생겼다고 이해하라는 것이다. 다만 아이가 의도적인 거짓말은 하지 않도록 인도할 필요는 있지만, 정직하지 않은 것이 꼭 나쁜 것만은 아니라는 얘기다.

흔히 얼굴이 잘 생기기는 내가 정할 수는 없지만, 얼굴의 표정은 내가 정할 수 있다고 한다. 불가능한 것을 가능하게 하기보다 가능한 것을 더욱 향상시키는 것이 중요하다. 경험이 부족한 사람은 지식이 많고 뛰어난 능력을 지녔다 할지라도 우물 안 개구리라는 말처럼 모든 것을 알고 있다고 착각에 빠질 위험이 있다.

이는 자신의 경험이 마치 전부인 것처럼 여기기 때문이다. 마크 트웨인은 경험을 교훈으로 삼을 때, 그것이 경험된 내용에만 국한되도록 조심해야 한다고 하였다. 자기 수양을 위한 학문도 뜻을 세우는 입지立志가 먼저다. 지식과 행동의 적절한 조화가 필요하다.

제4장
책임責任(Responsibility)

　책임은 해야 할 임무나 의무 또는 어떤 일에 관련된 결과에 대하여 지는 의무나 부담으로 그 결과로 받는 제재를 의미한다. 마이클 샌델은, 의무는 인간이기에 생기는 자연적 의무와 합의에 의한 자발적 의무 두 가지가 있다고 하였다. 합의에 의한 자발적 의무란 우리가 어떤 자리에 있기로 선택했을 때 주어지는 역할로도 해석할 수 있다.

　책임은 자신이 선택한 일에 대해 갖는 의무이다. 임무를 다하지 못하면 꾸짖음責을 받는다. 임任은 맡은 일이 잘되도록 철저히 수행하는 것이다. 잘못한 것을 묻어두고 회피하기에 급급해한다면 잘못이 되풀이될 수 있다. 그래서 책임에는 희생이라는 무거움이 따른다.

　책임은 사람과 사람 사이의 관계를 설정하는 가치판단의 기준이 된다. 인간관계에서 자신의 책임감으로 인해 상대에게 영향을 미치게 될 때 세심한 배려가 필요하기 때문이다. 인간관계를 맺고 유지하는 과정에서 자신의 일을 타인에게 전가하지 않고, 다함이 없는 마음으로 스스로 매듭짓는다면 책임을 다하고 있다고 할 수 있다.

책임을 다한다는 것은 직책에 맞는 임무와 행동의 결과를 받아들여 충실히 이행하는 것을 말한다. 책임을 지겠다는 말을 흔히 듣는다. 이때의 책임이란, 그 결과에 대한 의무나 부담에 대해 자신의 잘못을 인정하고 물러나는 순간 끝나는 것이 아니다. 그 이후에도 잘못된 결과를 바로잡기 위해 노력하고 상황을 조금이라도 더 좋게 만들려는 장기적인 노력까지 포괄하는 것이 올곧게 책임진다는 의미다.

한계라는 것은 객관적인 상황이라기보다 개인이 어떤 상황에 반응하는 심리상태다. 때문에 책임이라는 핑계로 한계를 부여하면, 이는 사람들에게 위험을 초래할 수도 있고 자신조차도 잘 모르는 상황에 빠질 수도 있다.

우리는 책임이라는 단어를 잘못된 목적으로 사용함으로써 스스로 혹은 타인을 잘못된 한계에 가두어버릴 수도 있다. 따라서 책임이란 결과에서 끝나는 것이 아니라 이후에도 나타나는 연속적인 상황에 대한 진정성 있는 자세까지 포괄하는 의미를 담고 있다고 할 수 있다.

19
한마디 말로 일을 그르칠 수도 있다

一言僨事 一人定國
일언분사 　일인정국

> 한마디 말이 일을 그르치며, 한 사람이 나라를 안정시킨다.
> —《대학》

Affairs may be ruined by a single sentence; a kingdom may be settled by its One man.

한 사람이란 나라의 최고 지도자를 말한다. 지도자는 말에 앞서 행동하고, 행동한 후에 자신이 행동한 바를 말해야 한다. 낡은 견해를 버려야 새로운 뜻이 찾아든다. 한 집안이 인仁하면 나라가 인에 흥한다. 한 사람이 탐하고 어그러지면 나라가 어지러워지는 것은 같다.

말은 곧 마음의 문口心乃之門이다. 즉, 한 마디 말로도 일을 그르칠 수 있으며, 한 사람이 나라를 안정시킬 수도 있다는 것이다. 작은 불씨가 거대한 산을 태울 수도 있고, 사소한 말과 행동이 연쇄반응을 일으키면 원자폭탄 같은 무시무시한 결과를 낳을 수도 있다.

싹이 나다

 어떤 일에 책임을 지겠다는 말에는 진정성이 전제되어야 한다. 한마디 말이라도 이치에 맞지 않으면, 천 마디 말도 다 쓸모없기 때문이다. 《성경》에서는 유순한 대답은 분노를 사그라지게 하지만, 과격한 말은 분노를 자극한다A gentle answer turns away wrath, But a harsh word stirs up anger고 가르치고 있다. 매킨타이어는 《덕의 상실》에서 "나는 무엇을 해야 하는가?"라는 물음 이전에 "나는 어떤 이야기의 일부인가?"에 답할 수 있어야 한다고 하였다.

 나는 누구이며 어떤 상황에 놓여있고 어떤 입장이나 위치에 있는지를 말하는 것이다. 그 뒤에 역할에 따라 맡아야 할 일이 무엇인지 또는 어떤 책임을 지고 있는지를 파악해야 한다.

 박범신의 소설 《소금》에서는 주인공 시우의 18번째 생일날 그의 아버지가 사라진다. 아버지는 언제나 가족을 위해 희생하고 뒤에 서있는 게 당연한 존재감 제로인 존재였다. 항상 본인의 의견은 내세우지 못한 채 가족들에게 당연히 돈을 벌어다 주는 사람. 가족구성원으로서의 본인의 위치를 갖지 못하였고 정체성을 찾지 못한 채 가족에 대한 부담과 의무만을 가지고 있었던 사람이었다.

 가족구성원으로서 정체성을 잃은 아버지가 가족들 곁을 겉돈 것은 의무감만 있고 존재감은 없는 가운데 심적 갈등을 겪었기 때문이다. 아버지답지 못한 것이 아니라 아내와 딸들의 아버지에 대한 의무감이 부족했고 스스로 역할에 확신을 갖지 못했기 때문이다.

꽃이 피다

《명심보감》에서 한마디의 말이 사람을 상하게 하는 것은 마치 칼로 베는 것처럼 아프게 한다─語傷人 痛如刀割고 하였다. 말에 대하여 저지르기 쉬운 세 가지 실수를 삼건三愆이라 한다. 첫째, 말할 차례가 되지 않았는데 먼저 말을 하면 성급한 것이고, 둘째, 말할 차례가 되었는데 말하지 않으면 감추는 것이며, 셋째, 상대의 기분을 살피지 않고 무턱대고 말하면 눈이 먼 것이라 하였다.

누구나 첫걸음을 내딛기까지 무척 많이 넘어졌을 것이다. 그 힘든 과정을 지나고 나서야 비로소 편하고 자연스럽게 걸을 수 있다. 책임을 다하는 것도 마찬가지다. 모든 사람이 자신의 책임을 다하는 사회는 분명 좋은 사회일 것이다. 에리히 프롬이 말하는 좋은 사회Good Society나 따뜻한 사회Warm Society는 갑자기 때가 되면 거둘 수 있는 결과물이 아니다. 그 사회구성원들의 피나는 노력이 필요하다.

미국의 공익광고에 말을 바꾸면 세상이 바뀐다Change your words, hange your world.는 주제의 영상이 있다. 흔히 사용되는 말이 인생 전체에 영향을 끼친다는 것을 잘 보여주었다. 그 광고에서 구걸하는 걸인이 내걸었던 팻말에 쓰인 "나는 시각장애인입니다. 도와주세요."라는 말을 한 여성이 "아름다운 날이네요. 그리고 저는 그것을 볼 수가 없어요."라고 바꿔 썼다.

개인적인 우울한 사실을 세상을 향한 긍정적인 인식으로 보이게 하면서도 감성을 자극하는 말로 바꾼 것이다. 그러자 무심하게 지나치던 사람들이 더 많은 동전을 걸인에게 주게 된다. 우리가 말하는 가족이나 혈연에 대한 책임은 사회적·공식적으로 맡게 되는 책임보다 도덕적으로 강력한 성격을 지닌다.

제갈량은 유비가 죽고 아들 유선에게도 충의를 다했다. 그가 황제 유선에게 출병 허락을 받기 위해 쓴 〈후출사표〉에서 보인 결기는 단순한 책임의 범주를 뛰어넘는다.

> 신은 삼가 몸을 굽히고 온 힘을 다하여 죽은 뒤에야 그만둘 것이니, 성공과 실패, 이익과 손해는 신의 지혜로 예측할 수 있는 바가 아닙니다. 臣鞠躬盡力 死而後已 至於成敗利鈍 非臣之明所能逆竟睹也.

제갈량은 한 왕조가 회복되지 못할 것을 알았다. 하지만 유비를 위해 온 몸을 바쳐서라도 약속을 지키겠다는 책임감이 있었다. 이로 인해 진정 충성스럽고 신의 있는 사람으로 추앙받게 되었다.

'제가 책임지고 물러나겠습니다'는 말은 사회적으로 논란이 된 사건 뒤에 많이 들어본 것이다. 이는 우리 사회에서 통용되는 책임의 의미를 단적으로 보여주는 말이다. 어떤 일이 일어나면 특정한 사람 혹은 단체가 그 결과를 초래한 범인으로 지목된다.

언론이 그 사람 혹은 단체가 얼마나 잘못했는지를 연신 보도하면, 얼마 후 책임자가 자신이 책임지고 물러나겠다는 말을 남긴 채 사직하거나 단체가 해산된다. 이것이 흔히 보아왔던 우리 사회에서 책임지는 태도요 방식이었다.

열매 맺다

 『춘추좌전』에 나오는 한번 입 밖에 낸 말을 입속에 다시 넣는다는 식언食言은, 약속을 지키지 않는다는 것을 비유한 말이다. 은나라 탕왕이 하나라 걸왕의 포악무도함을 보다 못하여 정벌할 군대를 일으켰을 때 영지인 박의 백성들에게 "그대들은 바라건대, 나 한 사람을 도와 하늘의 벌을 이루도록 하라. 나는 그대들에게 큰 상을 주리라. 나는 거짓말을 하지 않는다.朕不食言"고 한 말에서 유래하였다.

 E.F 슈마허는 《작은 것이 아름답다》에서 당장 실천에 옮길 수 있는 것이 아니라면 미래에 대한 얘기는 의미가 없다고 하였다. 모든 것을 책임지고 물러나겠다고 하는 것은 실패를 인정하고 사과하는 것에서 끝나면 책임을 지는 것이 아니다. 진정으로 책임을 지고자 한다면 불찰을 인정하는 동시에 마지막 피해자가 구제받을 때까지 대책이나 보상안을 마련해야 한다. 이것이 진정한 책임을 지는 모습이다.

 공자의 정명正名사상은 각자가 자기의 명분에 해당하는 덕을 실현할 때 질서가 바르게 선다는 것으로 책임과 관련이 있다. 임금이 임금답고 신하가 신하다우며, 아버지가 아버지답고, 자식이 자식다워야 한다는 것은 각자의 자리에서 자기가 해야 할 도리를 충실히 하고 자기 일에 책임을 다한다는 것이다. 억울할 수도 있지만, 객관적으로 책임져야 하는 상황이라고 판단되면 책임져야 한다.

 '네가 책임질 거야?', '그건 내가 책임질게'와 같이 우리는 일상생활에서 '책임진다'라는 말을 자주 쓰곤 한다. 책임감 없는 사람들은 비판받기도 하고 기업의 사회적 책임을 중요하게 여기기도 한다. 책임의 실천은 인정에서 출발한다. 사람들은 자신이 틀렸고 잘못되었다고 하는 정보를 무의식적으로 외면하고 인정을 안 하는 것은 곧 책임회피로 이어진다. 《탈무드》에 나오는 말이다.

> 우물에 침을 뱉는 자는 언젠가는 그 물을 마시지 않으면 안 된다.

거짓은 자신의 말에 대한 책임감 부족에서 나온다. 항상 자신이 자유롭게 말할 수 있는 권리를 가졌기에 그 말에 대해 책임감을 가져야 한다.

정조대왕은 "나는 미천한 마부에게라도 일찍이 이놈 저놈이라고 부른 적이 없다.不可以口業取快於一時 予雖於僕御之賤 未嘗以這漢那漢呼之也."고 하였다. 당시 직위나 신분에 따른 차이는 있었지만, 사람은 언어로 한때의 쾌감을 얻으려 해서는 안 된다는 것이다. 자신의 말조차도 책임지지 못하는 사람이 대체 무엇을 책임질 수 있을까.

상황을 객관적으로 인식하여 자신의 과오를 판단하고 책임을 지는 태도가 필요하다. 때로는 나의 잘못이 아닌 지위에 따른 책임, 심지어 다른 사람의 잘못에 대한 책임이 나에게 요구될 수도 있다.

《명심보감》에 나무는 먹줄을 좇으면 곧고, 사람이 간언을 들으면 거룩하게 된다고 했다. 남의 충고를 들을 줄 아는 사람이면 이미 그 사람은 충고를 들을 필요가 없는지도 모른다. 충고란 남의 잘못을 숨기거나 꾸밈없이 타이르는 것이다. 자기의 잘못을 낱낱이 파헤치며 꾸밈없이 말해주는 사람은 많지 않다.

20
남이 한 번에 능하거든 나는 백 번을 한다

人一能之 己百(能)之
인 일 능 지 기 백 능 지

> 남이 한 번에 능하거든, 나는 백 번을 한다.
>
> —《중용》

If another man succeed by one effort, I will make a hundred efforts. If another man succeed by ten efforts, I will make a thousand efforts.

군자의 배움은 하지 않으면 그만이지만, 한 번 하면 반드시 완성한다. 방법은 이렇다. 남이 한 번에 능하거든 나는 백 번을 하며, 남이 열 번에 능하거든 자신은 천 번을 하겠다는 자세가 필요하다. 한 번 배우면 능할 때까지 놓지 않는다는 것은 필요조건이다.

또 한번 물으면 알 때까지 놓지 않으며, 한번 생각하면 터득할 때까지 놓지 않고, 한번 분변하면 분명해질 때까지 놓지 않으며, 한번 행하면 독실해질 때까지 놓지 않는 것은 충분조건이다.

싹이 나다

 큰 나무도 가느다란 가지에서 시작된다. 10층 탑도 작은 벽돌을 하나씩 올려서 쌓인 것이다. 중국의 만리장성도 주춧돌 1개부터 시작했을 것이다. 마지막에 이르기까지 처음처럼 정성을 다하면 아무리 어려운 일일지라도 반드시 성취할 수 있다.
 《중용》에 치곡致曲이란 말이 나온다. 치致는 미루어 지극히 함이요, 곡曲은 한쪽이다. 한쪽으로부터 모두 미루어 지극히 하여 각각 그 지극함에 나아가야 한다. 사소한 일에도 지극한 정성이 있어야 한다. 정성이 있으면 형체가 있고, 형체가 있으면 드러나고, 드러나면 밝게 알게 된다. 밝게 알게 되면 움직임이 있고, 만물이 움직이면 변하고, 변하면 화化하게 된다. 오직 천하의 지극한 정성만이 화化할 수 있다.
 헤르만 헤세의 《크눌프》에서 주인공은 한평생 방랑하다가 폐결핵으로 죽어간다. 그는 죽음 앞에서 자신의 삶을 후회하는데 하느님이 나타나 그가 살아왔던 삶이 그가 누릴 수 있는 가장 행복한 삶이었다고 말한다. 지금 이 상황이 우리가 가질 수 있는 최선의 행복이라면 남과 비교해서 불행해 할 필요도 만족하지 않을 이유도 없다.
 불행을 불행이라 여기지 않을 수 있다는 것. 넘어지면 일어나고 또 넘어지면 열 번이라도 일어날 수 있다는 정신자세가 중요하다. 오늘 불행이라는 암초가 언젠가는 행복의 발판이 되는 단계가 오게 된다. 포기해서는 안 된다는 의지가 7전 8기의 투혼을 낳는다.

꽃이 피다

괴테는 사색하는 인간의 가장 아름다운 행복은 강구할 것을 강구하고 난 다음 강구할 수 없는 것을 조용한 마음으로 숭상하는 것이라 하였다. 우리는 삶의 주인으로 스스로에게 책임을 다해야 한다. 개인이 자기 자신에게 먼저 책임을 다하고 그러한 사람들이 모인 공동체라면 그 공동체는 좋은 사회가 될 수 있다.

《성경》은 매사에 감사하라고 한다. 감사할 수 있는 여건은 주어지지는 않는다. 두 교인이 산길을 걷다가 발을 헛디뎌 넘어지는 바람에 두 사람 모두 한쪽 다리가 부러졌다. 한 사람은 재수가 없어서 변을 당했다고 하면서 하늘을 원망하였다. 반면에 다른 한 사람은 벌떡 일어나 두 다리가 아니라 한쪽 다리만 부러진 것에 대해 하늘에 감사하더란다. 감사하는 마음도 자신을 사랑하기 때문에 생겨날 수 있다.

자신을 반성하는 사람은 부딪치는 일마다 모두 약석藥石이 되고, 남을 탓하는 사람은 생각하는 것마다 자신을 해치는 무기가 된다反己者 觸事 皆成藥石 尤人者 動念 卽是戈矛고 한다. 때로는 자신을 사랑하는 것 자체가 불가능해 보이는 상황에 처할 수도 있다.

영화《쇼생크 탈출》에서 주인공은 억울하게 누명을 쓴 채 교도소에서 벌어지는 온갖 폭행과 협박에도 굴하지 않고 이를 유연하게 받아들인다. 작은 망치로 하루도 빠짐없이 벽을 쪼아서 바짓단 속에 감춘 흙을 운동장에 버리면서 삶의 의지를 불태운다. 이렇게 자유의 몸이 되기까지 20년이란 세월을 보낸다. 자신에게 또 다른 삶이 펼쳐지리라는 희망이 있었기에 가능했다.

베르나르 베르베르는 《뇌》에서 하고자 하는 마음이 있으면 성공할 수 있다고 하였다. 하고자 하는 의지만 있다면 원하는 바를 이룰 수 있다는 뜻이다. 동기는 행동의 방아쇠다. 석공이 백 번을 두드려도 끔쩍하지 않던 바위가 백한 번째 나무망치를 맞고 갈라진다. 한 번의 망치질 때문에 바위가 갈라진 것이 아니라 앞서 두드렸던 백 번의 망치질이 있었기에 가능하다. 누적된 행위가 결과를 낳는다. 무익해 보였던 무수한 동기가 없으면 결과도 없다.

사람은 걷기 위해 2천 번 이상 넘어진다고 한다. 에디슨은 축전지를 만들기 위해 2만 5천여 번이나 실패한 끝에 성공했다. 하지만 그는,

> 내 실험에는 실패가 없다. 2만 5천 번을 실패한 것이 아니라 건전지가 작동하지 않은 방법을 2만 5천 가지 안 것이므로 실패라고 할 수 없다.

고 하였다. 어떤 한 가지만을 집중해서 생각하면 그것이 실마리가 되어 더욱 깊은 곳까지 생각이 미치게 된다.

조슈아 포어Joshua Foer는 《1년 만에 기억력 천재가 된 남자》에서 새로운 일을 할 때 어려움을 겪기 마련이지만, 반복적인 연습을 통해 그 일을 자유자재로 할 수 있는 수준을 '오케이 플래토'라 하였다. 슬럼프에 빠지면 아무리 연습을 많이 해도 자신의 한계를 넘지 못하는 경우가 있다. 이때는 먼 곳에 있는 희미한 것이 아니라 가까이에 있는 명확한 것부터 행동으로 옮기는 것이 중요하다.

열매 맺다

　청나라 중국번은 수고로운 일에 습관이 되면 귀신도 존경한다는 말을 유언으로 남겼다. 또 윌리엄 폭스는 한번 실패했더라도 중단 없이 나아가기를 계속하는 사람은 자신의 희망을 달성할 수 있다고 하였다. 줄기차게 노력하는 사람에게는 성공이 따르기 마련이니 꾸준히 노력하라는 뜻이다.

　셰익스피어는 실수의 변명은 늘 그 변명 때문에 또 하나의 실수를 범하게 된다고 하였다. 실수한 사람이 거짓말로 변명하기 때문에 또 실수를 초래하게 된다. 현실은 현실 그대로 받아들이고 처리하는 것이 중요하다. 사회의 구성원이 된다는 것은 그 영향력에 대해 책임을 지겠다는 암묵적 합의다. 일상의 단순한 일에서부터 국가의 중차대한 일에 이르기까지 누군가는 책임을 져야 한다.

　사회에서 각자가 일에 책임을 진다는 것은 무엇일까? 그것은 각자 맡은 일에 최선을 다하고 그것이 모두를 행복하게 하는 일인지 생각하며 일이 잘못되었을 때, 그 일에 책임을 지는 것이다. 위치에 상관없이 책임감 있는 사회가 되기 위해 모든 개인이 가져야 할 덕목도 중요하다. 더디지만 행동은 민첩하게 하려는 자세가 하나의 덕목이 될 수 있다. 말을 앞세우기보다 바로 행동으로 옮기는 것이다.

　로욜라의 좌우명은 한 번에 한 가지 일을 잘하는 사람은 한 번에 모든 걸 하려는 사람보다 더 많은 일을 해낸다는 것이었다. 사람들은 많은 일에 노력을 분산시킴으로써 힘을 약화시키고 발전을 저해할 뿐만 아니라 일관성 없고 비효율적인 작업 습관을 몸에 익히게 된다.

북송 때 장괴애라는 관리는 하급 관리가 창고에서 엽전 한 닢을 훔쳐서 나오는 것을 보았다. 즉시 형리에게 곤장을 치라고 명했다. 그러자 하급관리는 장괴애를 바라보면서 "이건 너무하지 않습니까? 엽전 한 푼이 뭐 그리 대단합니까?"라고 소리쳤다. 이 말을 듣자 장괴애는,

> 네 이놈 티끌 모아 태산이라는 말도 못 들었느냐? 한 푼이라도 천 날이면 천 푼이요. 먹줄에 쓸려 나무가 잘리고 물방울도 끊임없이 떨어지면 돌에 구멍을 뚫는다.

하고는 칼을 빼어 목을 치고 말았다.

캐나다 우주비행사인 크리스 해드필드는 전 국제우주정거장 사령관을 역임하였다. 그는 20여 년에 걸친 우주비행사 훈련을 거쳐 4000시간에 이르는 우주 체류 경험을 《우주비행사의 지구생활 안내서》라는 책으로 기록했다. 이 책에서 그는 "나는 무중력의 우주 공간에 있다. 고작 8분 42초 만에. 하지만 이 순간이 오기까지 훈련하는 데는 얼추 수천 일이 걸렸다."고 얘기한다.

이렇듯 긴 훈련과 노력 덕에 우주비행사는 일반인들이 넘볼 수 없는 영역에서 상상을 초월한 일을 해낸다. 노자에 아름드리나무도 털끝만 한 씨앗에서 자랐고, 9층 높은 집도 한 줌 흙에서 시작하며, 천 리 길도 첫걸음부터 시작한다 合抱之木生於毫末 九層之臺起於累土 千里之行始於足下는 말은 처음 시작의 중요성을 역설하고 있다.

21
책임감은 막중하고 가야 할 길은 멀다

士可弘毅 任重道遠
사 가 홍 의   임 중 도 원

> 선비는 마음은 넓고 뜻이 굳세야 한다.
> 책임이 무겁고 갈 길이 멀기 때문이다.
>
> —《논어》

A Gentleman must be strong and resolute, for his burden is heavy and the road is long.

    신학자 스티븐 가비는 지식은 책임을 뜻하며, 책임은 보살핌을 뜻한다고 하였다. 세상을 배운다는 것은 세상에 대한 책임을 진다는 뜻이다. 넓은 마음이 아니면 무거운 임무를 감당하지 못하고, 굳센 의지가 아니면 먼 곳에 이를 수 없다.

    인仁으로 자신의 임무로 삼으니 무거울 수밖에 없다. 또 죽은 뒤에야 끝나니 멀 수밖에 없다. 너그럽기만 하고 굳세지 못하면 기준이 없어 우뚝 서기 어렵다. 반면에 굳세기만 하고 너그럽지 못하면 좁고 비루하여 인仁에 처할 수 없다.

싹이 나다

　마이클 샌델은 《정의란 무엇인가》에서 인간은 분명 그 자체로 자유롭고, 자발적으로 선택하지 않은 것에 대해 책임지지 않을 권리가 있지만, 인간은 탄생 순간부터 특정한 공동체에 속하지 않을 수가 없다고 하였다. 인간은 자신이 속한 공동체가 자신에게 준수하길 기대하는 전통이나 정체성을 충족해야 할 의무가 있다.

　태어난 순간부터 불가피하게 공동체의 혜택을 받았음에도 불구하고, 인간의 보편적이고 중립적인 자유 운운하며 공동체에 대한 일말의 책임마저 회피하는 건 정의롭지 못하다. 혼란스러운 사회를 벗어나고 시민의식, 희생, 봉사, 연대, 도덕 등 공동선의 사회를 위해서는 공동의 의무를 져야 한다.

　최근 아동학대나 버려진 아이들에 대한 뉴스가 끊이지 않는다. 부모로서 아이에 대해 져야 할 당연한 책임을 방기한 것이다. 이는 종교적·도덕적으로 막심한 죄를 범한 것이다. 성경에서 죄를 의미하는 sin은 궁술을 뜻하는 그리스어에서 유래하였다. 화살이 과녁을 빗나간 것을 죄라고 했는데, 인륜을 저버린 것은 분명 큰 죄임에 틀림없다.

　일에 대한 책임은 직업윤리로 나타난다. 직업인은 각자 자기가 맡은 일에 투철한 사명감과 책임감을 가지고 일을 충실히 수행해야 한다. 특히 사람의 생명과 직결된 업종에 종사하는 사람들에게 이러한 직업윤리는 아무리 강조해도 지나치지 않다고 할 수 있다.

꽃이 피다

 노자는 공을 세우고 일을 성취하더라도 그 공로를 이야기하지 말라고 하였다. 그 공로를 차지하지 않으려 하는 것은 그 자체만으로도 공로가 된다. 공명을 이루었더라도 물러날 줄 알아야 한다. 그 공로는 사람들이 스스로 그렇게 한 것이라 믿게 해야 한다.
 책임은 의무를 함축하면서 주체의 의지도 담고 있다. 책임지고 어떤 일을 수행하겠다는 것은 주체의 의지와 의무를 명확히 드러낸 것이다. 어떤 일을 끝마친 사람이 책임을 진다면, 의무를 제대로 수행하지 못했지만 어떤 방식으로라도 그 의무를 감당하려는 의지를 드러낸 것이다.
 책임이란 주어진 임무이자 그 결과에 의무나 부담, 제재가 뒤따르게 된다. 작위나 부작위에 대한 제재는 개인의 선택과 사회적 선택이 합쳐져 제삼자에게 영향을 줄 수 있다. 학생이 자기 발전을 위한 수양을 게을리했을 때 받는 피해는 개인의 범주에서는 꾸중을 받거나 자기가 바라는 바를 실현할 능력이 없어지는 것이지만, 이것을 사회적인 영역에서 살펴보면, 능력 있는 구성원이 줄어든다는 의미다.
 프리드리히 니체는 말한다.

> 왜 살아야 하는지 이유를 아는 사람은 어떤 어려움도 견뎌 낼 수 있다.
>
> He who has a why to live for can bear almost any how.

우리나라는 OECD 국가 중 자살률 1위라고 한다. 극단적인 선택이 많은 사람들을 슬프게 하고, 나라의 미래에 먹구름을 드리운다. 여기서 "삶이 고단하고 힘들다고 죽으려 하지 말라. 어깨에 진 짐이 오히려 인간의 목표를 달성시키는 데 도움이 될 것이다. 짐을 벗어버리는 유일한 길은 목표를 달성시킨다고 생각하며 살아가는 것이라."는 에머슨의 말을 다시 한번 되새겨볼 필요가 있다.

삶을 고뇌하면서 보내는 이들은 이상한 나라에 사는 앨리스라고 느낄 수도 있다. 《이상한 나라의 앨리스》에서는 계속 뛰는데도 옆에 있는 나무를 벗어나지 못하는 상황을 설명하고 있다. "붉은 여왕의 나라에서는 물체가 움직일 때, 주변 세계도 함께 움직이기 때문에 끊임없이 달려야 겨우 한 발 내디딜 수 있다." 살아가기가 힘든 이들에게 이런 상황에서 힘껏 달려봐야 제자리다.

고위직에 있는 사람들이 높은 지위를 이용해 충분한 시간이나 도움 없이 결과물을 재촉하는 것을 횡포라 한다. 명령을 제대로 하지 않고 기한을 독촉하는 것을 도적이라 한다. 흔히 사람들은 지위가 높아질수록 가장 근본적인 것을 망각하기 쉽다.

사회 지도층들은 배운 자 갖춘 자로서 자신들의 특권의식에 안주하지 않고, 덜 배우고 덜 갖춘 자들을 위해 손을 내밀 수 있어야 한다. 또한, 내일이 없다고 속단하여 잠재적으로 극단적 선택의 기로에 서있는 이들에게 더 가까이 다가갈 수 있어야 한다. 이는 배운 자 갖춘 자로서 타인을 나의 모습으로 반취해 봐야 할 책무이기도 하다.

열매 맺다

　셰익스피어는 운명은 별이 정하는 것이 아니라 우리 자신이 정하는 것이라고 하였다. 천하의 흥망은 모두에게 책임이 있다는 격언은 개인이 사회적 책임을 가져야 함을 강조하고 있다. 우리 사회는 구성원들의 자연적인 의지에 의해 이뤄진 결합체이다. 누구든지 사회를 벗어나서는 혼자서 일을 수행하기도 어렵고 생존하기도 힘들 수 있다.

　조화로운 사회를 위해서는 모든 구성원의 협력이 필요하다. 사회의 복리를 향유하는 만큼 당연히 사회에 대한 책임감도 가져야 한다. 모든 구성원이 합심해서 이룬 사회는 결국 구성원들 모두에게 더욱 더 많은 복지로 되돌아온다.

　양혜왕이 맹자에게 흉년을 탓하며 백성이 늘지 않는다고 푸념하자, 맹자는 "백성이 죽으면 '내가 한 것이 아니라 흉년이 들어서 그러하다.' 한다면, 이는 사람을 찔러 죽여 놓고 '내가 한 것이 아니라 칼이 죽였다.' 하는 것과 다르지 않습니다. 왕께서 흉년에다 죄를 돌리지 않으신다면, 이것이 바로 천하의 인민이 돌아오는 길이라."고 일갈한다. 이것이 바로 맹자가 말하는 왕도정치이다. 군주는 자신의 백성을 책임지며 군주다워야만 그 자리에 설 수 있는 것이다.

　공자는 하늘을 원망하지 않으며, 남들을 탓하지 않고… 나를 아는 이는 하늘일 것이라고 했다. 공자의 삶이 항상 평탄하지는 않았음에도 불구하고 그는 하늘을 탓하거나 세상을 탓하지 않았다. 탓은 책임의 반대말이다. 자신의 책임을 다른 대상에게 전가시켜 마음의 위안을 얻는 것이다. 마키아벨리가 《군주론》에서 한 말이다.

> 권력을 유지하려는 군주는 선하기만 해도 안 되고, 악인이 되는 법도 알아야 하며, 또한 그 태도를 때에 따라 행사도 하고 중지도 할 줄 알아야 한다.

권력자의 리더십은 새로운 현실을 창조하는 일이라고 한다. 남 탓하는 것은 일시적인 효과는 있을지 모르지만, 결국 언젠가는 그 책임을 져야 할 때가 온다. 그런 상황을 애초에 만들지 않기 위해 그저 주어진 길을 묵묵히 걸어가야 한다. 말없이 자신의 짐을 짊어지고 가는 자의 길이 책임의 길이고, 부끄럽지 않은 길이다.

성공한 리더들의 공통점은 무엇일까? 아마 각자의 분야에 대한 열정뿐 아니라 자신이 행한 할 일에 대해 책임을 다하는 사람들이라고 말할 수 있다. 그 일의 결과가 어떻든 조금이라도 미흡한 점이 있다면, 그것 또한 자신에게 있다고 확언할 수 있는 용기를 지니는 것이 바로 책임감 있는 리더의 자세라 할 수 있다.

재덕이나 공적 없이 높은 자리에서 녹만 받는 것을 시위소찬尸位素餐이라 한다. 예부터 자기의 직책을 다하지 않는 행동은 비난의 대상이었다. 니체는 장남이기를 희망하는 자는 적어도 막내가 되지 않도록 조심하라고 말한다. 게다가 자신들의 조상이 악덕을 범했던 곳에서 자신들이 성자인 체 하려고 해서는 안 된다고 말한다.

22
현자가 지위에 있으며 능자가 직책을 맡는다

賢者在位　能者在職
현 자 재 위　능 자 재 직

> 현명한 사람이 지위에 있으며, 능력 있는 사람이 직책을 맡는다.
>
> ―《맹자》

Wise people are in high office and capable people hold positions.

　　치욕을 싫어하면서 어질지 못한 것은 마치 습한 것을 싫어하면서 낮은 곳에 처하는 것 같다. 치욕을 멀리하기 위해서는 덕을 귀하게 여겨야 한다. 현자가 지위에 있고 능자가 직책을 맡아서 정사를 편다면 비록 강대국이라도 그 나라를 두려워할 것이다.
　　새가 둥지 만들 때, 뽕나무 가지로 촘촘히 짜는 것을 군주가 나라를 다스릴 때 화란을 생각하여 미리 방비하여야 하는 일에 비유한다. 현자는 일을 이치대로 순조롭게 하면서도 편안하게 한다. 지혜로운 사람은 다가올 일의 기미를 알고 이를 굳게 지킨다.

싹이 나다

한 개의 잎이 눈을 가리면 태산을 보지 못하고, 두 개의 콩알이 귀를 막으면 격렬한 천둥소리도 못 듣는다. 책임을 진다는 것은 행위 주체가 그 행위 속에 포함된 가치를 인정한다는 것을 의미한다. 사람들이 책임을 회피하는 것은 자신이 진정으로 그 행위를 하려는 의지가 없다는 뜻이다. 책임을 진다는 것은 행위 주체가 어떤 가치를 중시하는지를 보여준다.

엘리자베스 슈룸프는 《지나친 책임감을 벗어라》에서 단순히 욕심만 부릴 게 아니라 나의 능력이 어느 정도인지 진실의 거울을 자주 들여다볼 필요가 있다고 하였다. 남들에게 피해주고 싶지 않으려는 자세는 사람들의 보편적인 마음이다. 하지만 다른 사람의 책임감을 덜어주기 위해 그 부담을 자신에게 돌려 감당할 수 없는 책임감에 휩싸일 필요는 없다. 자신과 남이 동시에 책임지려는 자세가 필요하다.

묵자는 뛰어난 인재를 잊고서 나라를 보존할 수 있었던 지도자는 일찍이 없었다緩賢忘士 而能以其國存者 未曾有也고 하였다. 아무리 좋은 천리마도 명마를 알아볼 식견을 지닌 백낙伯樂을 만나지 못하면 그 진가를 발휘할 수 없는 것과 같다.

지도자는 단순히 나라를 대표하는 역할을 넘어서 교육, 행정, 경제, 복지, 안보 등의 다양한 영역들에 대한 깊은 통찰력과 애정 어린 마음을 지녀야 하며 올바른 방향으로 이끌고 있는지 평가받기 위해 언제나 주변의 목소리에 귀 기울여야 한다.

꽃이 피다

　중국 시가에 노련한 장수는 산으로 돌아간 후엔 병법을 논하지 않는다고 하였다. 한번 그 직위에서 물러나면 잊어야 하고 마음에 남아있는 미련도 버려야 한다. 더 이상 세상사에 관해 묻지 말고, 세상사에 관여도 하지 말 것이며, 일을 만들지도 않아야 한다는 것이다. 몸이 직위에서 물러나면 마음도 떠나야 한다.

　책임은 신뢰의 초석이다. 책임이 있어야 신뢰가 뒤따른다. 책임감 있는 사람은 가치판단이 분명한 사람이므로, 그 행동에 예측 가능성이 생기기 때문이다. 행동이 예측 가능하다는 것은 그만큼 그 개인에 대한 신뢰도가 높아지는 것을 의미한다.《돌아온 외규장각 의궤와 외교관 이야기》에 나오는 프랑스인 도서관장 마담 상송은 이런 책임감 있는 자세를 보여준 대표적인 예이다.

　마담 상송은 전문가이자 행정가로서 도서관 관련 업무 최고직에 오른 인물이다. 그녀의 투철한 직업의식과 애국심은 한국이 외규장각 의궤를 반환받는데 최고의 걸림돌이 되었다고 한다. 의궤를 반환받아야 하는 우리 입장에서 이러한 투철한 책임의식은 결코 반가운 것은 아니지만, 도서관장의 입장에서 문화재에 대한 강인한 책임의식은 프랑스라는 국가를 지탱해 온 저력이 되었다고 할 수 있다.

　신뢰는 곧 사회가 제 기능을 할 수 있게 하는 바탕이다. 건강한 사회를 만드는 신뢰는 책임감에서 나오기 때문에 지도자는 작은 일에도 책임감을 갖고 임해야 한다. 그렇지 못하면 신뢰가 무너지고, 사회가 무너진다. 작은 틈새가 큰 배를 가라앉힐 수 있기 때문이다.

요나스는 책임감은 동의하여 의지를 움직이는 감정으로 동의를 이끌어내는 데 중요한 요소는 자발성이라고 하였다. 의무와 임무를 수행하면서 자발적 의사를 통해 최선을 다하지 못했을 때, 자신의 양심이나 도덕이 스스로 제재를 가하는 것이 진정 책임감 있는 사람의 요소다. 이런 사람들이 모여서 사회를 구성할 때, 다른 사람도 나와 같이 매 순간 책임감을 느끼고 있다는 생각을 하게 된다.

폭풍우 속에서 두려움에 떤 채 자신의 책임을 다하지 못하는 선원은 엉뚱한 방향을 응시할지도 모른다. 하지만 현명하고 노련한 선장은 시선을 등대에 본다고 한다. 선원들의 목숨이 자신에게 달려있다는 막중한 책임감으로 등대에서 뿜어져 나오는 빛을 응시한다.

《한비자》에 "과오를 벌할 때는 대신도 피할 수 없으며, 착한 일에 상을 줄 때는 필부도 빠뜨리지 않아야 윗사람의 잘못을 바로잡고 신하의 사악함을 질책하며, 어지러움을 다스리고 분규를 해결하여 지나친 것을 제어하고 흐트러진 것을 가지런히 해 백성들의 행동 규범을 하나로 통일하는 데는 법만한 것이 없다. 刑過不避大臣 賞善不遺匹夫 故 矯上之失 詰下之邪 治亂決繆 絀羨齊非 一民之軌 莫如法." 고 하였다.

법은 엄정하고 흔들림이 없어야 한다. 법은 지위고하 막론하고 일정하게 적용돼야 법체계가 바로 서는 법이다. 그래서 법은 높은 고관대작에게 아부해선 안 되며 法不阿貴, 법을 집행하는 것이 공정하고 법률은 모든 사람에게 평등해야 한다.

열매 맺다

　세종대왕은 백성 중에 나보다 나은 자가 있을 테니, 그 탁월한 능력을 배우고 살려내야 한다能勝我者고 생각했다. 관리들이 그 어리석음에 가려서 보지 못했던 신명한 소리를 듣기 위해 민가로 들녘으로 돌아다니며 여염집 백성들이 진정으로 원하는 게 뭔지를 들으려 했다.

　《주역》에 덕은 박한데 지위는 높으며, 지혜는 적은데 꾀하는 것은 크고, 힘은 적은데 책임이 무거우면 화가 미치지 않을 이가 없다고 하였다. 개가 잘 짖는다고 좋은 개가 되는 것이 아니듯, 사람이 말을 잘한다고 해서 현명한 사람이 되는 것은 아니라는 뜻이다.

　또한 나라에 백성이 있는 것은 마치 나무에 뿌리가 있는 것과 같다. 뿌리가 흔들리면 나무가 뽑히듯이, 백성의 마음이 떠나면 나라가 위태로워진다. 위에 있는 자들은 여섯 마리 말을 썩은 동아줄로 부리듯이 조심스럽고 어려워해야 한다고 하였다.

　맹자는 왕도정치를 말하면서 불능不能과 불위不爲 중 불위를 주의하라고 하였다. 이 역시 책임감의 의미가 내포되어 있다. 불능은 태산을 옆에 끼고 북해를 넘는 것과 같이 불가능한 것을 의미하고, 불위는 할 수 있는 능력이 있음에도 불구하고 하지 않는 것을 말한다.

　백성을 보호하지 못하는 것은 은혜를 쓰지 않는 것으로 왕이 그저 하지 않는 불위에 해당한다. 불위는 왕이 왕의 책임을 다하지 않는 것이기 때문에 불위를 위로 바꾸는 것이 왕의 역할이자 책임이라고 할 수 있다. 정치인들이 공약을 남발하고 이행하지 않는 것도 책임을 회피하는 불위에 해당한다.

《정관정요貞觀政要》에서는 인재등용의 원칙을 밝히고 있다.

> 지금 현량한 인재를 선발하려는 것은 기본적으로 백성들이 평안히 생업에 종사할 수 있도록 하려는 취지이다. 사람을 쓸 때는 그 사람이 그 직책을 감당할 수 있는지 여부가 중요하다. 어찌 처음 보는 사람인지 아니면 자신이 잘 아는 사람인지 여부에 따라 선발기준을 달리할 수 있겠는가?

책임감 있는 사람은 무엇보다 사람을 중요하게 여긴다. 다른 사람과의 신뢰를 소중하게 여기면서도 인간미가 넘치는 사람이다.

GE의 CEO로 20년 동안 회사의 가치를 무려 4,000% 이상 성장시키며 승승장구했던 잭 웰치Jack Welch는 만 65세가 된 해 미련 없이 전문경영인에게 회사를 맡기고 물러났다. 그는 성공한 CEO로 은퇴함으로써 원칙에 충실한 책임 있는 면모를 보여줬다. 한 사람이 조직을 20년 동안 이끌어왔다면 새로운 리더가 새로운 방식으로 조직을 이끌 때가 됐다는 확신이 들어서 물러나기로 했다는 것이다.

작가 사이먼 사이넥은 《리더는 마지막에 먹는다》에서 당신의 행동이 상대로 하여금 더 많이 꿈꾸고, 더 많이 배우고, 더 많이 일하고, 더 나은 사람이 되게끔 영감을 불어넣는다면, 당신은 분명 지도자라 할 수 있다고 하였다. 리더 스스로가 명분을 지키지 못하면서 사람들에게 직책에 맡는 책임감을 지니라고 말하는 것은 어불성설이다.

23
지도자는 어려운 상황에서 무한책임을 진다

王臣蹇蹇 匪躬之故
왕 신 건 건 비 궁 지 고

왕과 신하가 어려운 상황에 처한 것이 자신들 때문이 아니다.

―《주역》

The king's servant is beset by obstruction upon obstruction.
But it is not his own fault.

중국 속담에, 관리는 일을 성사시키려면 이미 이루어진 일을 보라不習爲吏 示已成事는 말이 있다. 선행자의 치적을 본받으라는 뜻이다. 묵자는 정치가는 말한 것을 반드시 실천해야 한다고 하였다. 달콤한 말과 약속만으로 끝내지 말고 실천에 옮길 것을 강조하였다.

퇴계 이황은 왕에게 행한 경연에서 차츰차츰 몸을 망치고 나라를 망치기에 이르는 것은, 모두 임금이 마음속에 사심私心을 버리지 못하기 때문이라고 하였다. 일이 작든 크든 지도자의 책임 아닌 것이 없지만, 그는 지도자의 중요 덕목으로 사심私心을 없애야 한다고 믿었다.

싹이 나다

 일본의 나카지마 다카시가 3만 명의 기업가를 만나서 쓴 책《리더의 그릇》에 리더의 자질을 언급하는 부분이 나온다. 그는 리더가 사람을 다스리려면 내적으로 먼저 자기 그릇을 넓히라고 주문한다. 특히 무게와 깊이를 갖추는 것을 리더가 지닐 최고의 자질이라 하였다.
 고려의 최승로는 〈시무 28조〉에서 작은 혜택에는 보편성이 결여되어 있다고 하였다. 지도자의 마음은 낮은 곳으로 임하되, 이상은 저 높은 곳에 두어야 한다. 멀리 보고 크고 높은 곳을 지향하되 사람들을 많이 품고 순리대로 이끌어가야 한다. 사사로운 정리에 매몰되어서도 안 된다. 보다 많은 사람들이 골고루 지속적인 혜택을 입도록 숭고한 정치를 펼쳐야 한다.
 사회의 그늘진 곳에서 답답한 현실에 암담한 미래까지 떠안고 살아가는 사람들의 마음을 똑같은 마음으로 이해할 수 있어야 한다. 살아가는 길에 결코 혼자가 아님을 확인시키고, 때론 등을 다독이고 눈물을 닦아줄 수 있어야 한다. 고달픈 삶의 기로에서 기꺼이 2인 3각의 동행자가 될 용의가 있어야 한다.
 천하를 얻으려거든 먼저 인재를 영입해야 한다夫爭天下者 必先爭人. 지도자가 어리석고 무책임하면 사람들의 삶이 어려워지는 것은 자명하다. 세상이 어지러워지는 것은 모두 지도자의 책임이다. 나폴레옹이 세인트헬레나 섬에서 오늘 나의 불행은 언젠가 잘못 보낸 나의 시간에 대한 업보라고 했던 말과 통한다.

꽃이 피다

전광용의 소설 《꺼삐딴 리》에 나오는 이인국은 의사로서 세상이야 어떻든 오로지 자신의 이익만을 추구하는 이기주의자이자 기회주의자의 전형이다. 저자는 배운 사람들이 역사 발전을 저해하면서도 주도해 나가는 참담한 현실을 풍자하고 비판하였다. 그는 지식인들에게 그에 맞는 도덕적 책임의식을 요구한 것이다.

모든 사람들이 자신의 행동에 대한 책임을 지려고 하고, 또 그런 책임감을 바탕으로 다른 사람들에게 나쁜 영향을 주지 않아야 한다. 지도자는 단순히 영향력이 큰 것을 넘어, 자신이 거느린 사람들의 집단지성에 대해서도 책임감을 통감해야 한다. 자세히 살펴 알지 못한 것도 지도자의 책임이다.

높은 사회적 신분에 상응하는 도덕적 책임을 뜻하는 노블레스 오블리주Noblesse Oblige는 프랑스 정치가 가스통 피에르 마르크가 1808년에 처음 사용한 말이다. 신분제가 사라지면서 이 '말이 함축한 성격과 대상은 조금 바뀠다. 현대사회에서 노블레스 오블리주는 정치, 사회, 경제적으로 우위를 점하고 있는 사회 지도층이 마땅히 지녀야 할 정신적, 도덕적 의무를 뜻하는 말'이 되었다.

좋은 지도자라면 사람들을 따뜻하게 보듬고 필요할 때는 꾸짖어가면서 좋은 방향으로 함께 나아가려 해야 한다. 이때 필요한 것이 아랫사람에 대한 책임감이다. 책임감은 단순히 아랫사람의 과오에 대해서 대신 비난받고 보상하겠다는 것을 넘어서서, 주어진 일을 잘해낼 것이라는 믿음과 애정이자 잘못된 행동이 있다면 바로잡겠다는 마음자세이기도 하다.

책임에 대한 기준이 모호하거나 책임을 졌을 때 자신의 피해가 우선적 고려대상이 되기 때문에 사람들은 대개 책임을 전가한다. 추악함은 책임 기준의 모호함을 악용하고, 일에 대한 자신의 영향을 조작하는 것이다. 책임의 회피는 아주 사소한 개인 간의 일이나, 사회적인 큰 사건에서도 나타난다.

무책임한 사회는 성의 없는 사과와 책임전가로 대표된다. 필요한 것은 바로 현재, 자신만을 우선시하는 사고에서 벗어나 깊고 넓게 아우르는 총체적 사고다. 일의 전개 과정을 생각하는 것도 필요하지만, 그것에 관련된 모든 것들의 맥락도 고려하는 사고가 필요하다.

한스 요나스는 《기술 의학 윤리》에서 성공적이고 영향력 있는 과학자는 진리의 발견이라는 일이 세상에 끼치는 영향력에 대해 책임질 수 있어야 한다고 하였다. 그는 과학자, 연구자, 개발자들은 미래의 의도하지 않은 결과에 대해서까지 사람뿐만 아니라 자연에 대해서도 책임지는 책임윤리를 강조하였다.

과학기술에 대한 책임이 더욱 중요해지고 있다. 히로시마에 떨어뜨린 핵폭탄을 만든 후 로버트 오펜하이머는 핵물리학자는 죄를 짓고 말았다는 말을 남겼다. 폴 티비츠 조종사는 원자폭탄을 싣고 갈 전투기 동체에 이놀라 게이라고 새겼다. 이는 그의 모친 이름에서 따온 것이었다. 대량 살상용 무기를 싣고 가는 전투기에 생명을 잉태한 어머니의 이름을 붙였던 것을 평생 후회했다는 후일담도 있다.

열매 맺다

프랑스의 한 화가는 무엇이든 행할 가치가 있는 일은 잘할 가치도 있다고 하였다. 그의 친구가 화가로서 명성을 떨치게 된 비결을 물었을 때, 그는 아무리 작은 일이라도 소홀히 하지 않았기 때문이라고 하였다. 책임이란 사람과의 관계에서는 내가 그만큼 당신을 인정한다는 뜻이 되기도 한다. 자신의 역량을 제대로 파악하고 제 자리와 자기 분수를 알고 자신의 자리에 맞는 일을 자각하고 실천하는 것, 그것이 바로 책임이다.

맹자는 제나라 선왕에게 다른 사람들이 책임을 제대로 지지 못하는 경우를 묻는다. 왕은 책임을 지지 못하는 사람에게 벌을 줄 것이라는 답을 한다. 맹자가 "왕이 나라를 다스리지 못하면 그 책임은 어떻게 해야 합니까?"라고 묻자, 왕이 제대로 대답을 하지 못했다. 남의 책임은 지적하고 비난하기 쉬워도, 자신의 책임에 대해서는 제대로 책임을 지지 않으려 한다.

오래전 일이다. 모 대학 약대 교수의 생동실험 결과가 조작된 것으로 드러나자, 관계기관이 소송을 제기하여 대학은 수십억 원의 배상금을 물게 되었다. 이에 대학은 해당 교수와 실험에 참여한 대학원생들을 상대로 배상금 청구소송에서 승소해서 이들에게 구상권을 행사했다. 궁지에 몰리자 책임 교수는 비겁하게 외국으로 도망갔고 그의 무책임한 행동으로 그를 따르던 학생들만 곤경에 처하고 피해를 입게 된 일이 있었다.

한 사회의 지도층 인사들이 각자의 이득만을 생각하면 구성원들도 자신의 이익을 좇는 데에만 열중하게 된다. 그렇게 되면 나라가 어지러워지는 것은 자명하다. 지도자가 먼저 책임을 다하지 않고 자신의 욕심만을 채운다면, 국민들도 욕심을 앞세워 나라의 질서가 무너지게 된다.

책임감은 지도자에게 필수요건이다. 그래서 생각을 참되게 한 후에 움직여야 하고, 행동은 그 상황에 맞아야 한다. 크고 작은 단체를 이끌어가는 지도자의 행동은, 곧 사회 전체에 심대한 영향을 끼칠 수 있기 때문이다.

삼국지에서 조조는 자신의 군대가 적을 정벌하러 이동하는 것을 보고 약탈에 시달려온 백성들이 겁을 먹고 수확기의 보리를 베지 못하는 것을 목격한다. 그는 백성들이 걱정 없이 보리 수확에 전념할 수 있도록 군사들에게 보리밭을 밟기만 해도 목을 베겠다고 명령을 내려 백성들에게 칭송을 받는다. 하지만 자신이 탄 말이 비둘기에 놀라자, 조조는 중심을 잃고 보리밭 한쪽을 짓밟았다. 하지만 그는 군법을 어긴 자신의 목을 베지 않고, 머리카락을 베는 것으로 대신한다.

과도한 선택의 자유가 지나치게 많은 책임감을 부여해서 의사결정을 마비시킬 수도 있다. 좋은 영향력을 행사할 수도 있지만, 정말 최악의 결과가 부를 수도 있기 때문에 지도자의 언행은 책임감에서 시작하되 신중에 신중을 거듭해야 한다. 책임감은 그 사람을 평가하는 잣대로 지도자에게는 중요한 덕목이기 때문이다.

24
남과 나에게 똑같이 책임을 묻는다

責上責下　中自恕己
책 상 책 하　중 자 서 기

> 윗사람과 아랫사람에게 책임을 물으면서 가운데의 자신은 용서하다.
> —《근사록》

How can a person who criticizes the mistakes of his superiors and inferiors but excuses himself be qualified to do what his position and lot require him to do?

윗사람의 무례함만을 알고 아랫사람들의 불충함을 꾸짖으며 중간에 있는 자신은 잘하지 못한 것을 용서한다면, 남을 꾸짖기만 하고 자신을 꾸짖을 줄 모르는 것이 된다. 이는 자신의 직분을 방기한 무책임한 자세의 전형이다. 자신도 남과 똑같이 책임질 수 있어야 한다.

《한비자》는 서로 남을 위한다고 여기면 책망을 하게 되나, 자신을 위한다고 생각하면 일이 잘 되어간다고 하였다. 자아에 중독되면 균형을 잡아주는 영혼이 잠들게 되어 사람은 못 하는 일이 없게 된다.

싹이 나다

　미국 대통령 오바마는 《버락 오바마, 새로운 꿈과 희망》에서 가장 중요하게 생각하는 것으로 책임감을 꼽았다. 일을 행하는 사람은 그 책임을 다해야 함을 말하고 있다. 하지만 사람은 혼자 살아가는 것이 아닌데도, 그런 책임감을 가지고 살아가는 이는 그리 많지 않다.
　현대사회의 책임감과 관련한 세태를 한 단어로 표현하자면, 자신을 속이고 남을 속인다는 자기기인自欺欺人이라고 할 수 있다. 자신이 책임져야 하는 일을 부인함으로써 자신을 속이고, 그 책임을 다른 이에게 미룸으로써 남을 속인다. 책임감 넘치는 사회의 선례를 따라 현재 무책인한 세태를 스스로 깨닫고 결심을 넘어서 직접 움직이는 사회가 그리워진다.
　자신에게 너그러워지지 말고 누구든지 자신의 업무에 충실하고 내뱉은 말에 책임을 지며, 상대방을 탓하는 것이 아니라 자신의 문제점을 바꾸어 나가는 태도를 가질 때 사회가 잘 돌아가고 서로를 위해주는 신뢰 사회가 될 것이다. 개인적 역량은 자신의 감정을 자각하는 자아인식과 자기조절을 아우르는 것이라면, 사회적 역량은 사회적 인식과 관계적 윤리를 통섭하는 개념이다.
　지도자는 자신의 자질을 살피고 스스로 함양하여 부족함이 없도록 사회적 역량을 확충해야 한다. 다른 사람보다 높은 지위에 있다는 생각이 자부심이 아닌 책임감으로 드러나야 한다. 이것은 성찰을 깊게 한다면 자기반성을 넘어 자신의 가능성까지 열어준다는 말이다.

꽃이 피다

　남에게 손가락질할 때마다 세 개의 손가락은 항상 자기 자신을 가리키고 있음을 잊지 말라는 말이 있다. 직무상 책임질 일을 교묘한 방법으로 면하려 해서는 안 된다. 직무상 마땅히 해야 하는데, 교묘한 방법으로 눈치 보며 회피할 방법을 찾는 것은 사사롭게 일을 처리하려고 짧은 지혜를 쓰는 행위이다.
　사람들은 자신이 저지른 잘못은 남이 저지른 잘못보다 작은 것이라고 판단하거나 심지어 잘못에 대한 최소한의 책임마저 받아들이지 않으려 한다. 어두운 죄는 밝은 곳에 나와 정당한 책임을 지려 하지 않기 때문이다. 《성경》에서는 그 손의 열매가 그에게로 돌아갈 것이요, 그 행한 일로 말미암아 성문에서 칭찬을 받으리라고 하였다. 당장 책임을 회피해도 언젠가는 그 짐을 지게 될 것임을 시사하고 있다.
　현대사회는 기술 발전으로 인해 많은 부작용이 나타나고 있으나 복잡한 사회구조로 인해 책임소재를 규정하는 것이 점점 더 어려워지고 있다. 하지만 책임의 본질은 인간성에 있다. 책임은 나 자신이 추구하는 가치를 명확하게 인식하는 것이다. 그 가치에 기반을 두고 인간과 인간 사이의 신뢰는 형성된다. 따라서 책임은 본질적으로 인간을 인간답게 만드는 인간성에 있다고 할 수 있다.
　인간성에는 지위의 높고 낮음도 빈부도 귀천도 있을 수 없다. 인간으로서 저마다 책임감이 있을 뿐이다. 오늘날 책임감이 곧 인간성이라는 사실은 사회의 다양한 분야에서 드러나는 사건들을 통해서도 알 수 있다. 맷값 폭행 사건, 항공사 관계자의 땅콩 회항 사건, 백화점에서 부유한 모녀의 횡포 등 다양한 갑질 행위는 우리 사회에서 빼놓을 수 없는 하나의 현상으로 자리매김하고 있는 듯하다.

사람들은 흙수저 자체보다 개천에서 용이 나오지 못하는 현실에 대해 상대적 박탈감과 분노를 느낄 수 있다. 중국 한나라의 소광疏廣은 부자가 남의 어려운 처지를 모른 체하면 사람들의 원망을 살 수밖에 없다는 뜻에서 부자중원富者衆怨이라 했다. 성호 이익의 견해도 이와 일치함을 알 수 있다.

> 남은 잃는데 나만 얻으면 성내는 자가 있게 되고, 남들이 우러러보는데 내가 인색하면 서운해하는 자가 반드시 있으며, 혼자만 부를 누리면 원망이 모여들게 마련이다.

사람은 누구나 서있으면 앉고 싶고, 앉으면 눕고 싶으며, 누우면 자고 싶어 한다. 또 배부르고 등이 따뜻하면 자고 싶어 하는 것도 인지상정이다. 그렇다고 속담처럼 내 배부르니 종에게 밥 짓지 말라고 해서는 곤란하다. 속담의 참뜻을 되새겨야 한다.

미첼 쿠지Mitchell Kusy는 《당신과 조직을 미치게 만드는 썩은 사과》에서 썩은 나무와 같은 사람들은 감성지능 요소가 부족하기 때문에 조직의 성공을 어렵게 한다고 하였다. 누구나 조직의 일원이 되는 순간 책임을 지는 존재이자 타인에게 책임을 요구할 수 있는 존재가 된다. 자신이 구성원들의 이야기에 속하듯이 그들도 자신의 이야기에 속한다는 사실을 직시할 필요가 있다.

열매 맺다

작은 일에 부지런하기가 가장 어렵다. 작은 일을 소홀히 하지 않는다는 것은 매우 신중하다는 뜻이다. 작은 일은 작은 행실이란 말과 같다. 작은 행실에도 부지런함을 말한다. 그래서 큰 임무를 담당하려면 먼저 독실해야 한다. 독실하면 역량이 깊고 후하며 계책과 생각이 자세하고 확고하게 되어 큰일을 맡을 수 있다.

책임이 없는 자유는 자유가 아니라 방종이다. 책임을 진다는 것은 자유가 선행되었기 때문이다. 세상에 책임이 없는 자유는 없다. 자유 없는 책임도 없다. 아이리스 M. 영은 《정치적 책임에 관하여》에서 보통 고통과 불이익이 부당하다고 판단하는 것은 특정한 상황에 기인했기 때문이지만, 반면 자유와 책임의 관계는 일종의 사회적 합의라고 하였다.

책임질 일이라는 것은 그 일에 대한 권리도 있었다는 것을 의미한다. 책임과 자유는 결코 떼려야 뗄 수 없는 불가분의 관계이다. 책임지지 못한다면 누릴 자유도 없듯이 막중한 권력에는 또한 막중한 책임이 따른다. 자유가 선행된 책임에도 책임을 수반하는 자유와 마찬가지로 동일한 가치를 지닌다.

자유와 책임의 원리를 이중성이라 부른다. 자유는 결코 책임 없이는 성립될 수 없고, 책임 또한 자유 없이는 성립될 수 없다. 우리는 자유라는 권리를 누리는 것에 대한 제약으로 책임이라는 의무를 지닌다. 흔히 자유는 좋은 것이고, 책임은 싫고 귀찮은 것이라고 한다. 자유를 누릴 때는 책임을 져야 할 때를 생각하고, 책임져야 할 때는 자유를 생각한다면 세상이 달라 보일 것이다.

존 G. 밀러는 《QBQ 바보들은 항상 남의 탓만 한다》에서 사람을 변화시키는 것은 그 사람 자체만이 할 수 있는 일이며, 변화란 개인의 결정에 따라 내부에서 형성된다고 하였다. 상황을 개선시키기 위해서 변화해야 한다는 것은 바로 자기 책임임을 말하고 있다.

제롬 데이비드 샐린저의 《호밀밭의 파수꾼》에서 현자인 선생님이 심리적으로 방황하는 제자에게 내린 처방은 "미성숙한 인간의 특징이 어떤 이유를 위해 고귀하게 죽기를 바라는 반면, 성숙한 인간의 특징은 동일한 상황에서 묵묵히 살아가기를 원한다."는 말이었다.

문제의 원인을 외부에서 찾을 것이 아니라 자신에게 돌려 자신이 무책임하지는 않았는지, 상황을 해결하기 위해 할 수 있는 일이 무엇인지를 파악하는 것이 중요하다. 이를 위해 헨리 데이비드 소로 H. D. Thoreau가 제시한 방법은 의외로 간단해 보인다.

> 당신의 눈을 안으로 향하게 하라. 그렇게 하면 당신의 마음 속에 아직 발견되지 못한 천 개의 지역을 발견할 수 있을 것이다. 그곳을 여행하라.

가장 **빠져나오기** 힘든 곳은 마음의 감옥이다. 악마들은 인간들이 더 이상 찾을 수 없도록 가장 찾기 힘든 곳에 행복을 감춰둔다고 한다. 그곳이 다름 아닌 인간의 마음속이다. 눈으로 찬찬히 들여다보고 손으로 만져도 보고, 그리고 귀를 기울여 나지막한 소리도 들어야 한다. 그래야만 다소나마 마음을 여행했다고 할 수 있다.

제2부

타인들도 안아주기 成物

사람은 누구나 참된 사랑을 받으면 성장하는 법이다. 누군가를 치유하고 싶다면 그저 조건 없이 사랑하면 된다.

People grow when they are loved well, If you want to help others heal, love them without an agenda.

제5장

존중 尊重(Respect)

존경과 존중은 엄연히 구분된다. 존경은 남의 인격, 사상, 행위 따위를 받들고 공경하여 높인 후에 상대와 자신과의 합일을 지향하는 것이다. 존중은 높이어 귀중하게 대하는 것으로, 상대와 나 사이를 구분하여 유지하는 것이다.

칸트는 존중은 행위가 아니라 인격을 대상으로 해야 하며, 사람들에게 언제나 적용해야 하는 도의적인 감정이라 하였다. 사람들은 진정한 사랑을 보였는데도 그 뜻이 존중받지 못하면 사랑의 숭고한 가치가 존중받지 못한 것으로 여기게 된다.

한때 '취향이니까 존중해 주시죠'를 줄인 '취존'이라는 말이 공공연히 쓰이기도 했다. 그만큼 존중이 부족하다는 것을 단적으로 보여준다. 자신의 취향과 다르다는 이유로 타인을 이상한 사람 취급을 하거나 혹은 평범하다는 이유만으로 괄시하고 무시한다.

공손한 자는 남을 업신여기지 않고, 검소한 자는 남의 것을 빼앗지 않는다. 온유하고 애정 어린 사람의 마음을 아프게 해서는 안 된다. 그들은 잠 못 이룬 밤을 보낼게 분명하기 Don't hurt a soft hearted person. They can't sleep at night because of over-thinking. 때문이다.

  틀림이 아닌 다름을 존중하자는 말처럼 사람들은 누구나 타인을 존중해 주고 자신도 타인들로부터 존중받길 원한다. 각자 자신만의 독특한 개성을 뽐내고 그것이 주목받는 세상에서 자신과 다른 취향, 생각, 그리고 발언과 행동에 대해 비판하지 않고 존중해 주길 바란다.

  사회는 다양한 문화와 배경을 가진 사람들이 어우러져 갈수록 다양성이 강조되고 있다. 특히 SNS의 발달로 사람들은 전보다 더 쉽게 자신의 의견을 솔직하게 표현하는 사회적 분위기가 형성되고 있다. 반면에 타인을 존중하지 않고 비난하는 사람들도 많아졌다.

25
다른 사람이 지닌 재능을 존중하라

人之有技　若己有之
인 지 유 기　약 기 유 지

남이 가지고 있는 기예를 자신이 소유한 것처럼 여긴다.

—《대학》

The superior man regards the talents of others as though he himself possessed them.

특출한 재능은 없더라도 그 마음이 바르고 포용력이 있어 다른 사람의 재능을 자신이 지닌 것처럼 여기는 사람, 다른 사람의 훌륭한 면과 성실한 모습을 진심으로 좋아하여 자신보다 더 높게 존중하는 사람이라면, 가히 남을 포용할 줄 아는 사람이라 할 수 있다.

이는《서경書痙》에서 제시하고 있는 포용력 있는 사람의 기준이다. 남이 지닌 기술이나 재능을 시기하고 질투하며 존중하지 않는 사람은 포용력이 없다. 이런 사람은 만민과 나라를 보전할 능력이 없기 때문에 집단이 작든 크든 지도자로서는 위험할 수밖에 없다.

싹이 나다

영화 〈스타 이즈 본〉에서 레이디 가가가 부른 노랫말의 가사다.

내 영혼에 깊이 묻혀있는 캘리포니아 금광 같은, 내가 찾지 못했던 내 안의 빛을 넌 찾아냈지. It's buried in my soul like California gold. You found the light in me that I couldn't find.

남을 존중하는 것이 결코 자신을 낮추는 것이 아니다. 참된 인품의 소유자라면 다른 사람의 장점을 높여주고 남의 단점을 바로잡아준다. 자신을 존중하는 만큼 남도 존중해야 한다. 《성경》에 나오는 황금률은 남에게 대접을 받고자 하는 대로 대접하라는 것이다. 황금처럼 고귀한 윤리적 지침을 내포한 말이자 예수가 가르친 존중의 가치를 요약한 말이다.

각자의 성격과 기질이 다르지만 같은 인간이기 때문에 자신을 존중하는 법을 알지 못하면, 다른 사람을 존중하는 일에도 미흡해진다. 자신을 존중하는 것은 자신의 가치를 인식하고 높이는 것이다. 그렇게 하기 위해서는 남들의 의견에 따라 흔들리지 않는 자존감을 가져야 한다.

칸트는 소년은 반드시 스스로 자신을 평가하도록 해야지 타인의 평가로 자신의 가치를 정하지 않도록 해야 한다고 하였다. 자신을 존중하는 것은 자신이 아닌 다른 대상을 존중하기 위한 출발점이다.

꽃이 피다

　누구나 사회 구성원으로서 타인을 존중하는 행위는 인간미가 넘치는 사회의 초석이다. T.S. 엘리엇은 자신이 중요하게 생각되길 바라는 사람 때문에 세상 말썽의 대부분이 야기된다고 하였다. 존중은 타인을 있는 그대로 인정하고 나와 다른 사람이라는 것을 받아들이는 것이다. 타인이 나와 다르다고 해서 그 사람을 내가 생각하고 행동하는 방식으로 바꾸려 해서는 안 된다.

　내가 나를 존중하고 있는 만큼 타인도 그 자신을 존중하고 있기 때문에 그에 대한 간섭을 하는 것으로 인해 서로 간에 불화가 일어날 수밖에 없다. 쇼펜하우어는 사람의 행위에 화를 내는 것은 지나가는 길 앞에 굴러온 돌에 화를 내는 것과 같이 어리석은 일이라고 하였다. 다른 사람을 존중하는 태도를 가지려면 타인을 세심하게 고려해야 한다.

　존중에는 상대를 직접 높이는 데는 직접적인 방법도 있지만, 자신을 낮추는 간접적인 방법도 있다. 《장자》는 옛 성인은 스스로 낮아지도록 교화했다고 하였다. 즉, 다른 사람에 대하여 어떤 의도를 갖지 않고 스스로를 드러내지 않으며 선입견을 갖지 않는 것이다.

　타인에 대한 존중은 타인과 자신 사이의 차이를 인정하는 데서 나온다. 차이로 인한 개인 간의 갈등이 모이고 모이면 거대한 집단 간의 갈등요인이 된다. 국가 간, 문화권 간, 문명 간, 그리고 종교 간의 충돌은 자칫하면 전쟁으로 돌변할 위험성이 있기 때문에 그들 사이의 차이를 이해하는 것이 중요하다.

누군가가 매력적인 재능을 지녔다는 것은 그만큼 근사한 이유도 있게 마련이다. Behind every attractive room there should be a very good reason.

《예기》에서는 누군가를 사랑하되 그 사람의 단점을 볼 수 있어야 하고, 미워하되 그 사람의 장점을 볼 수 있어야 한다愛而知其惡 憎而知其고 말하고 있다. 사람은 누구나 자기 시야의 한계를 세계의 한계로 간주하는 경향이 있다고 한다.

내 속에 내가 너무 많으면 타인이 내 안에 머물 공간이 없게 된다. 빈 배에는 사람도 탈 수 있고, 동물도 탈 수 있고 물건도 실을 수 있다. 하지만 가득찬 배는 위태롭게 흔들릴 뿐이다.

조너선 색스는《차이의 존중-문명의 충돌을 넘어서》에서 타인 존중, 나아가 인류 전체 간 존중을 위해서는 관용, 자선, 협동, 그리고 화해의 자세가 필요하다고 역설했다. 우리가 살아나가면서 만나는 사람이나 사물 모두 숨은 의미를 지니고 있다.

우리가 함께 살거나 만나는 사람들, 농사를 돕는 짐승들, 우리가 일구는 땅, 사용하는 도구, 이 모든 것이 우리 삶의 구성요소들이다. 모두 저마다 담지하고 있는 신비로운 본성이 완성에 이르도록 돕는 일은 우리에게 달렸다. 하물며 사람은 어떻겠는가?

열매 맺다

　소식蘇軾은 하늘이 낳은 만물은 기질이 같지 않다고 하였다. 그래서 중간 자질 이하는 그런 덕이 있으면 그런 병폐가 있고, 그런 병폐가 있으면 그런 덕이 있게 된다는 것이다. 마치 뒷발질하고 잘 무는 말은 잘 달리지만, 그렇지 않은 말은 순종적이다. 이렇듯 병폐만 있고 그와 관련된 덕이 없으면, 그것은 천하의 폐물이 된다.

　C.S.루이스는 교만한 이는 항상 내려다보는 사람을 말하는데, 내려다보는 자는 위의 것을 볼 수 없다고 말한다. 존중은 원활한 소통을 가져다준다. 존중하게 되면 상대에게 관심을 갖고 좋게 대할 가능성이 높다. 상대와 접촉하고 말할 기회가 늘어나 소통을 쉽게 할 수 있다. 소통하기 위해서는 대상의 마음을 열어야 한다.

　상대방의 마음을 열려면 그의 장점을 부각하거나 인정받는 존재임을 인식하게 한다. 이 과정에 상대방과 생각이 다르면, 상대방의 생각에 대해 공감을 표하고 자신의 의견을 제시하여 마음의 상처를 받지 않도록 해야 한다. 자신의 선입견과 편견에만 사로잡혀 다른 사람의 생각을 무시하면서 존중받기를 바라는 것은 탐욕에 불과하다. 이런 태도는 인간관계를 제대로 정립하는데 방해가 된다.

　공자는 '자기 자신을 존중하는 것처럼 남을 존중하라. 남이 자기에게 친하게 다가오는 것을 받아줄 수 있다면 그는 진정 사랑을 아는 사람이라.'고 했다. 즉, 자신을 소중히 여기듯이 남도 생각하고, 자신과 친해지고자 하는 타인을 받아들일 줄 알아야 한다는 것이다.

존중은 인간을 성장시키고 독려하는데 큰 힘이 된다. 대부분 의식하지 못하고 있지만, 언제나 존중받고자 하는 바람이 있다. 또한, 누군가가 차별적인 인식에서 벗어나 자신이 가지고 있는 가치를 진심으로 인정해준다는 것은 인간의 존엄성과도 직결된다. 존중을 받으면 자아가 성장하게 되고 자신감과 확신, 용기, 그리고 위기에 맞설 대응력도 커진다.

르네 보르보누스는 《존중력 연습》에서 행복하고 성공적인 삶을 영위하는 데 필요한 것들은 존중하는 마음과 같이한다고 하였다. 존중받는 환경에서 개인은 자신이 가진 최대한의 능력을 발휘할 수 있다. 자신을 있는 그대로 받아들이는 환경에서는 다른 사람이 나를 어떻게 생각할지를 걱정하며 시간을 허비하기보다 계속 인정받을 수 있도록 자기 발전에 모든 신경을 집중할 수 있게 된다.

《명심보감》에 좋은 밭 만 이랑이 하찮은 재능을 지니는 것만 못하다고 하였다. 재능이란, 어떤 일을 해내는 힘을 일컫는다. 그 힘은 그 일을 해낼 수 있는 사람의 정신과 육체 속에 무한정으로 숨어있다. 그것은 계발하기에 달려있으며 경우에 따라서는 선천적이라고 할 수 있을 만큼 뛰어난 사람도 있다.

생텍쥐페리의 《어린왕자》에서 조종사는 어린 왕자를 처음에는 아이처럼 대하지만, 점차 그의 맑은 시선과 순수한 통찰력에 감동받아 그를 존중하게 된다. 인간관계에서 나이나 지위에 상관없이 다른 사람이 지닌 특별한 지혜와 재능을 존중힐 때, 진징한 관계는 설정된다.

26
내게 싫은 것을 타인에게 강요하지 말라

施己不願 勿施於人
시기불원 물시어인

> 자기에게 베풀어 보아 원치 않는 것은 남에게도 베풀지 말라.
>
> —《중용》

What you don't like when done to yourself, don't do to others.

나로 인하여 슬퍼하거나 우는 가슴이 없게 하는 것은 존중의 시작이다. 자기 마음을 다하는 것을 충忠이라 하고, 자기 마음을 미루어 남에게 미치는 것을 서恕라 한다. 자기 몸에 베풀어 보아 원하지 않는 것을 나 또한 남에게 베풀지 말라는 것이 충서忠恕이다.

이는 "내가 지닌 가장 상처받기 쉬운 곳을 향해 그들은 화살을 쏘았다."고 한 니체의 말과도 통한다. 자기 마음으로 남의 마음을 헤아려 보면 똑같다. 그래서 자신이 싫은 것을 남에게 베풀지 말아야 한다. 다만 자신을 사랑하는 마음으로 남을 사랑하면 인仁을 행하는 것이다.

싹이 나다

존 롤스는 《정의론》에서 우리의 자존감은 보통 타인들의 존경에 달려있다고 하였다. 자신의 노력이 타인에게 존중받지 못한다면 자기 일이 실현될 만한 가치가 있다는 신념을 유지하기 어렵다.

친절하게 하되 상대방의 요구를 거절할 때도 존중하는 자세가 필수다. 스스로 존중하는 사람은 상대방도 존중하려한다. 상대방을 존중하는 순간 자신도 존중받게 된다는 사실을 알기 때문이다. 존 그린 J. Greene의 말이다.

> 당신이 얼마나 중요한지는 당신이 중요하다고 생각하는 것들에 의해 정의된다. 당신은 스스로 중요하다고 생각하는 것들의 가치만큼 중요하다. How you matter is defined by things that matter to you. You matter as much as the things that matter to you do.

자신을 중요한 존재로 인식하는 것은 자존감을 높이는 행위다. 자신이 상대방을 존중하는 것은 결국 자신의 자존감과도 관계가 있다. 상대방을 중요한 존재로 여길 때, 자신도 상대에게 존중받고 있음을 알게 된다. 상대를 존중하지도 않으면서, 자신이 존중받기를 바라는 것은 어불성설이다. 오는 말이 곱기 위해서는 가는 말이 고와야 한다. 편견과 가식 없이 상대방이 있는 그대로 받아들이는 것이 중요하다. 존중받기 위해서는 상대방을 먼저 존중해야 한다는 것은 존중의 진정한 정신이다.

꽃이 피다

언론인 엘른 굿맨은 자신이 바라는 것과 남이 자신에게 해주기를 바라는 것 사이에는 팽팽한 장력이 존재한다고 말한다. 주말에도 일해야 하고 새벽 두 시에도 왕진을 가야 하는 의사와 결혼하려는 사람은 아무도 없다. 그러나 환자 입장에서는 그를 찾기에 바쁘다.

요즘 사람들은 혐오의 홍수 속에 살고 있다. 여성·남성 혐오와 급식충, 틀딱충 등으로 대표되는 세대별 혐오는 물론 인종, 사회계층, 직업 등 혐오의 갈래는 다종다양하다. 어떠한 주제에도 씌울 수 있는 만능 프레임이 되어가고 있다.

좀처럼 상대방의 입장에서 문제를 바라보려고 하지 않는다. 그들이 겪는 나름의 고통과 어려움을 마음으로 받아들이지 못한다. 모두 상대를 이해하려는 노력이 부족해서 생긴 고질병이다. 이에 대한 달라이 라마의 혜안은 간단하면서도 울림이 있다.

> 사람들은 저마다 다양한 방식으로 성취감과 행복을 추구한다. 나와 다른 길을 간다고 해서 그들이 길을 잃은 것은 아니다. People take different roads seeking fulfillment and happiness. Just because that they're not on your road doesn't mean they've gotten lost.

성공과 행복을 찾는데, 사람들은 저마다 서로 다른 길을 선택한다. 누구나 남다른 장점이 있고 자신만의 방식으로 삶을 살아간다.

이를 마음으로 인식하고 존중해야 한다. 자신의 입장에서만 상대를 바라보면 상대에 대한 혐오 감정이 촉발될 수 있다. 만연한 혐오의 근본적 문제는 공감의 결여에서 비롯된다. 공감은 결코 쉬운 일이 아니다. 당장 나의 가장 친한 친구나 가족들과도 공감하기 쉽지 않은데, 전혀 다른 문화와 사회의 사람을 공감하는 일은 훨씬 더 어려운 일이다. 존중이 공감 사회로 가는 길라잡이가 된다.

서로의 다름을 이해하고 인정하여 자신이 받고자 하는 대우를 해주는 것이 존중이다. 심리치료사 척스페차노Chuck Spezzano는 상대보다 우리를 두드러지게 하는 것은 뭔가 특별한 존재가 되고자 하는 우리의 바람에서 성장한다고 하였다. 우리가 상대보다 두드러진다면, 우리는 고독하게 될 수밖에 없다는 조용한 경고이다.

타인에 대한 접근법의 전환을 심각하게 고민할 때다. 먼저 상대를 마음을 담아 주목하고, 서로에게 다가가려고 노력하며 상대에게 시간을 할애할 용의가 있어야 한다. 우리는 주변이 있기에 존재할 수 있다. 나무 한 그루가 자라는 데는 물, 햇빛, 공기, 그리고 바람 등 다양한 환경적 요소가 된다.

상대방이 자신의 마음을 상하게 했다면, 왜 그렇게 했는지 파악하려고 노력해야 한다. 전에 자신이 했던 행동이 그런 결과를 초래했을지도 모르고, 상대가 너무도 좋지 않은 환경에 처해있어서 옳은 판단을 내릴 수 없었을 수도 있다. 이러한 맥락을 따지지 않는다면 우리는 존중이라는 의미와는 갈수록 멀어진다.

열매 맺다

아파트에 사는 한 지인이 직접 경험했던 일화다. 위층에 새로 이사 온 사람이 초등학생 자녀 세 명을 데리고 인사하러 왔던 이야기다. 부모가 아이들을 일렬로 세우더니 지인에게 90도 폴더 인사를 시키더란다. 찾아온 이유가 차라리 멋있다. 부모로 보이는 여자가 말하기를, 이 개구쟁이들을 단단히 교육을 시켰지만 언제 층간소음을 낼지 모르니 미리 양해를 구한다는 것이었다. 지인은 이에 감동하여 맘껏 뛰어 놀라고 오히려 격려했다고 한다.

층간소음으로 인한 불편한 상황을 피하기 위해서는 서로를 배려할 필요가 있다. 상대방을 존중해서 텔레비전 소리도 줄이거나 밤에는 악기 연주도 자제한다. 또 자녀들에게 집에서 뛰지 않도록 주의시키는 것도 중요하다. 한편으로는 다른 집에서 약간의 소음이 발생하더라도 급하게 악기 연습을 해야 하나보다, 혹은 아직 어려서 부모님 말씀을 안 듣는 말썽꾸러기가 있나 보다 등등 이와 같이 이웃을 한 번 더 배려한다면 층간소음으로 인한 분쟁은 줄어들 것이다.

갑의 횡포나 슈퍼 을과 같은 용어는 서로 존중하려는 마음이 있었다면 존재하지 않았을 말들이다. 서로 존중하려는 생각을 실천에 옮긴다면, 인간관계에서 발생하는 대부분의 충동적인 범죄는 막을 수 있을 것이다. 존중은 사람들로 하여금 따뜻한 마음을 갖게 하는 힘을 지녔기 때문이다.

대상과의 거리가 가까울수록 존중의 중요성도 커진다. 인간관계에서 친하면 친해질수록 상대방과의 거리감은 사라지고 나와 상대방은 동등한 입장에 서게 된다. 상대방과 친해져 자신과 동등한 입장에서 바라보는 시점이 오면, 상대방을 쉽게 여겨 점차 자신만 우선시하는 태도가 나타나게 된다.

그러나 나와 상대방은 다르기에 아무리 친하더라도 상대방의 입장과 나의 입장이 항상 일치할 수는 없고, 이런 상황에서 상대방을 가볍게 여기고 자신을 중시한다면 존중이 있어야 할 자리에 반목과 질시만 남게 된다.

안데르스 에릭슨Anders Ericsson은《1만 시간의 재발견》에서 익숙해져 친숙해진comfort zone 지점에서는 더 이상의 발전이 없다고 하였다. 자기 일을 발전시키기 위해선 일을 가볍게 여기지 않고 경계하는 상태를 유지해야 한다. 이처럼 사람과 사물에 있어서 친한 관계에서 거리감은 중요하며, 대상을 존중하는 태도는 적당한 거리감 유지에 핵심적이라고 할 수 있다.

상대방의 의견을 듣고 내 생각을 표현하는 것도 나와 상대방의 관계가 안정되고 신뢰가 쌓였을 때 가능하다. 신뢰관계를 존중하는 것은 타인뿐만 아니라 나 자신도 존중하는 방법이다. 자신의 생각과 다르다고 해서 상대의 생각이 틀렸다고 하거나, 자기를 반대한다고 하여 미워하는 것은 불통의 전형이다. '다름'이 '다른 옳음'이 될 수도 있다는 것을 인정하고 받아들인다면 상대와 화합할 수 있다.

27
오래 사귀더라도 공경하는 자세를 지녀라

善與人交　久而敬之
선여인교　구이경지

> 남과 사귀기를 잘하며 오래되어도 공경한다.
>
> —《논어》

The gentleman excels in friendship: even if long acquaintance he treated his friends with reverence.

　　사람이 오래 사귀더라도 서로 공경하는 마음이 변하지 않기가 어렵다. 다른 사람에 대한 존경과 사랑은 변하지 않는 것이 도리나, 다른 사람을 대하는 배려와 자신에 대한 성숙함은 변해야 한다. 변해야 할 것과 변해서는 안 되는 것이 분명하다.
　　지도자는 헤어진 지 3일만 지나도 눈에 띌 정도로 변해야 한다. 또한, 변화된 상대방을 인식하는 것도 공감이다. 공감은 내 안에서 상대방의 메아리를 발견하는 정감으로 Empathy is about finding echoes of another person in yourself. 내 안에 그대 있음을 확인하는 길이다.

싹이 나다

공자는 벗에 대하여 진심으로 말해주고 잘 인도하다가 안 되면 그만두어 스스로를 욕되지 않게 해야 한다고 하였다. 벗을 대하는 태도에도 존중하는 태도가 바탕이 되어야 한다. 이처럼 상대를 존중한다는 것은 상대를 높이 여겨서 함부로 대하지 않는 마음가짐이라 할 수 있다.

친숙한 관계인데도 상대에게 공경하는 자세를 취한다는 것이 때로는 자신과 상대방 사이에 거리감이 느껴지는 생경한 표현으로 생각될 수도 있다. 하지만 가까운 관계일수록 가볍게 인사하고, 편한 마음으로 마주하면서도 존중해야 한다. 친할수록 대상을 함부로 대하는 것은 참으로 주의해야 할 지점이다.

호주 총리를 3번 연임했던 말콤 프레이저Malcom Fraser는 우리가 가장 먼저 해야 할 것은 사람을 존중하며 대하는 것이라고 하였다. '고학력자니까', '부자니까', 그리고 '월등한 능력과 지위가 높으니까' 내 방식대로 다른 사람을 적당히 대해도 괜찮다는 생각은 자기의 세계에 갇힌 고루한 사고다.

이 세상 어디에도 무시해도 괜찮은 사람은 없다. 우리는 길을 걷다 만난 꽃이나 지나가는 강아지한테 인사하지는 않는다. 전에 만난 사람이나 처음 마주하는 사람일지라도 공경하는 자세로 인사를 하며 관계를 쌓아간다. 인사에는 존중의 의미가 담겨있기 때문이다.

꽃이 피다

　니콜라 윤의 소설 《에브리씽 에브리씽》에 나오는 주인공 메들린은 선천성 면역결핍증에 걸려 집 밖으로는 한 발짝도 내디딜 수 없는 소녀다. 하지만 이웃에 사는 올리는 그 점까지 받아들여 메들린을 사랑한다. 메들린도 자신이 집 밖으로는 못 나간다는 점과 자신의 치명적인 병을 숨기지 않는다. 온전한 자신을 보여주지 않는 사랑은 진정한 사랑이라고 할 수 없다. 진정한 자신을 보여주는 것이 다른 사람들과 교감을 할 수 있는 유일한 열쇠이자 공경하는 자세다.
　조선 중기 상촌 신흠申欽은, 오동나무는 천년의 세월을 늙어가면서 항상 거문고의 가락을 간직하고, 매화는 한평생을 춥게 살아가더라도 결코 그 향기를 팔아 안락을 추구하지 않는다고 하였다. 상대방에 대한 존중은 실제로 자신에 대한 존중으로부터 시작된다.
　자기 자신의 의견이 소중하다는 것을 알고 존중받아야겠다고 생각한다면, 남들의 의견 또한 중요하다는 것도 알아야 한다. 자신의 의견만 소중하다고 주장하는 것은 진실로 자기 자신에 대한 존중이 결여되어 있다. 자신을 이기적으로 존중하고 있는 것에 불과한데도, 정작 자신은 그렇게 느끼지 못하기에 타인을 존중하지 못하게 된다.
　물론 자기 자신을 존중하는 것이 상대를 존중하는 것보다도 더 어려운 일일 수도 있다. 자기 자신을 진심으로 존중하는 것과 이기적으로 자기 자신만을 위하는 것은 엄연히 다르다. 하지만 보통은 익숙함에 젖어 이기적으로 자신만 위하는 쪽으로 생각을 펼치게 된다.

자기 자신을 진정으로 존중하는 것은 깊은 성찰이 있지 않은 한 어려운 일이다. 에리히 프롬Erich Fromm은 《사랑의 기술》에서 사랑의 4대 구성 요소는 관심, 책임, 존중 그리고 이해이며, 그중에서도 사랑은 상대를 존중하는 것이라고 하였다. 사랑한다는 것은 상대방을 공경하여 소중히 여기는 것이다.

사랑하는 마음은 공경하는 마음의 결실이며, 공경하는 마음은 사랑하는 마음의 바탕이다. 진심으로 공경한다면 상대방의 생명, 재산, 권리, 자유, 개성, 그리고 그의 모든 것을 공경할 수 있어야 한다. 사랑은 상호 존중하는 가운데 주고받는 마음이다.

만일 내가 다른 사람을 사랑한다면, 나는 상대와 일체감을 느끼지만 이는 있는 그대로의 상대와 일체가 되는 것이지, 내가 이용할 대상으로서 나에게 필요한 상대와 일체가 되는 것은 아니다.

사해동포란 세상의 모든 사람들이 형제같이 친하게 지낸다는 뜻이다. 전 인류적 단계까지 존중해야 가능한 말이다. 세상 사람들까지 모두 나의 형제로 볼 수 있으려면 보통의 눈으로는 곤란하다. 새로운 눈뜸인 마음의 눈으로 바라봐야 열리는 새로운 세상이다. 그곳에서는 처음으로 마주하는 모든 사람들이 손을 내밀어 격이 없이 마주잡는 내 안의 그대로서 형제이자 동포로 하나가 된다.

이쯤 되면 사람들 사이의 존중을 사람이 아닌 존재와의 존중으로까지 발전시켜 나가게 된다. 정의로운 사회를 만들기 위해서 격조 있는 삶의 의미를 함께 고민하고 그 과정에서 생길 수밖에 없는 이견까지도 기꺼이 수용하여 공경하려는 문화가 자리하게 된다.

열매 맺다

대중교통을 이용하다 보면 종종 불편한 상황을 마주하게 된다. 나이 든 사람이 "어른이 서있는데 어떻게 그리 뻔뻔스럽게 앉아 있을 수 있나?"라고 하면, 이 말을 들은 젊은이는 "어른이 어른다워야 존중하고 대우해주지 않겠나?"로 응수한다. 만약 어른 입장에서 감정이 실린 격한 용어를 사용하지 않고 존중하는 어투로 말한다면 어땠을까?

어른들은 젊은 사람들이 자신들을 먼저 존중하지 않는다고 여겨 목소리를 높이고, 젊은 사람들은 결국 자신들도 이토록 존중받지 못하는데, 왜 그들을 존중해야 하는지 모르겠다고 볼멘소리를 낸다.

존중은 공감의 첫걸음이다. 공감이 진심으로 타인의 처지를 이해하고 헤아려주는 마음 그 자체를 가리킨다면, 존중은 지금 당장 상대가 이해가 되지 않더라도 나와 다를 수 있음을 인정하는 마음가짐이자 태도다. 게다가 내가 조금 더 열린 생각을 할 수 있도록 만들어주는 도구이기도 하다.

공감 능력을 갖추기 위해 먼저 갖춰야 하는 태도가 존중이라고 할 수 있다. 존중은 내가 진정으로 상대를 사랑하고 이해하지는 못하더라도 상대를 나와 동등한 존재로 인정해주고, 그의 생각과 마음을 헤아리지는 못할지언정 부정하지 않으려는 태도이다.

지하철이나 버스와 같은 대중교통을 이용하는 경우 조용히 대화하거나 주위 사람을 생각해서 낮은 목소리로 통화하기, 또 영화관에서 조용히 관람하기 등은 모두 다른 사람들을 존중하는 행위이다. 많은 사람이 이용하는 건물에서 뒷사람을 배려해서 잠시 문을 잡아준다든지 승강기를 이용할 때 맨 뒤로 들어가는 행위 등도 다른 사람들을 배려하고 존중하는 행위들이다. 이렇듯 존중은 우리가 생활 속에서 행하고 있는 기본 덕목에 해당한다.

수업 시간에 선생님 강의에 집중하는 것은 선생님을 존중하는 모습이다. 여기에 발표하는 친구를 위해 박수를 보내면서 내용을 두고 함부로 폄훼하지 않는 것은 친구를 존중하는 자세다. 우리는 과연 상대를 제대로 존중하고 있을까 스스로 자문해 볼 필요가 있다. 주변에서 야기되는 문제들 중에는 존중의 부재로 인한 경우가 많기 때문이다.

어린이집에서 몰래 자행되는 아동학대 사건이나 가정에서 부모가 어린 자녀에게 행하는 아동학대 등은 아이를 존중하지 않기 때문에 발생한다. 이런 행위가 비단 어린이에게만 자행되는 것은 아니다. 대학 선후배 간의 가혹한 행위 역시 후배에 대한 존중의 부재에서 비롯된다. 모두 존중이 있어야 할 곳에 존중이 없기 때문이다.

사람 간에는 높고 낮음이 있을 수 없지만, 오직 마음에만 높고 낮음이 있을 뿐이다. 존중으로 형성된 거리는 상대의 입장을 이해하고 기꺼이 배려하는 마음을 기반으로 한다. 존중에 기반을 두지 않은 일방적인 거리는 상대와의 친숙한 관계를 해칠 수 있다.

28
인품이 고상하고 어진 사람을 높여라

貴貴尊賢　其義一也
귀 귀 존 현　기 의 일 야

귀한 이를 귀하게 여기고 어진 이를 높이는 것은 그 의가 똑같다.

―《맹자》

Honoring the honored and Honoring the good and wise derive from the same principle.

아랫사람으로서 윗사람을 공경하는 것을 귀한 사람을 귀하게 여긴다는 뜻으로 귀귀貴貴라 한다. 반면에 윗사람으로서 아랫사람을 공경하는 것을 어진 이를 높인다는 뜻으로 존현尊賢이라 한다.

존중은 사랑의 가장 아름다운 형식이다. Respect is the most beautiful form of love. 친구 간에는 상대방의 나쁜 상태를 얘기해 주는 것이 좋다. 나쁜 상태는 좋은 상태가 발전하면 저절로 자취를 감추는 법이다. 사람에 따라서는 충고받고 애써 고치기도 하지만, 대부분은 반발심 때문에 나쁜 상태가 심해지는 경우가 많다.

싹이 나다

 존중하는 태도의 표본이 될 만한 사람으로 제齊나라 안평중을 들 수 있다. 그는 재상의 신분에도 밥상에 고기반찬을 두 가지 이상 놓지 못하게 하였고, 부인에게는 비단옷을 입지 못하게 하였다. 또한, 조정에 나아가서는 임금이 물으면 바른말로 대답하고, 묻지 않을 때는 몸가짐을 곧고 바르게 하였다.
 그는 나라에 도가 있으면 명령을 따랐지만, 도가 없으면 또한 명령도 따르지 않았다. 이런 강직함으로 그는 제나라 영공, 장공, 경공 세 왕들을 보필한 훌륭한 재상으로 남을 수 있었다. 안평중은 사람을 존중하였지만, 재물과 권력은 적당한 거리를 두었기 때문에 그는 누구보다 자유로울 수 있었다.
 안평중이 상대를 존중하는 태도에 대한 일화가 있다. 하루는 안평중의 마부가 마차를 모는 모습을 보고, 그의 아내가 마부에게 이혼을 선언한다. 당황한 마부가 아내에게 이유를 묻자, 안평중은 몸짓은 왜소하나 늘 그 뜻이 깊고 겸손한 태도를 유지하는 데 반해, 마부는 몸짓은 크나 고작 그의 마차를 모는 주제에 그 태도가 의기양양하더라는 것이었다.
 마부는 자신이 처한 상황에 익숙해져 존중하는 태도를 잃었던 것에 반성하고 태도를 고쳤다. 이를 본 안평중이 그를 대부로 삼았다. 상대를 존중하는 태도의 중요성을 잘 보여주고 있다.

꽃이 피다

 국어학의 화법 중에 상대방에게 정중하지 않은 표현을 최소화하고 정중한 표현을 최대화하는 공손한 어법을 공손성의 원리 또는 정중어법이라고 한다. 공손성의 원리에는 요령의 격률, 관용의 격률, 찬동의 격률, 겸양의 격률, 동의의 격률이 있다.

 이 중 찬동의 격률은 상대방에게 손해가 될 수 있는 비방 등 부정적 언행들을 최소화하고, 상대방에 대한 칭찬을 극대화시켜 긍정적 대화를 이끌어 나갈 수 있도록 만들어주는 화법이다. 칭찬은 고래도 춤추게 한다는 말처럼, 칭찬은 사람과 사람 사이의 인간다움을 쌓는 데 도움을 준다. 이는 인품에서 흘러나오는 선언善言이다.

 괴테J.W. Goethe는 인간의 가장 고귀한 행복은 바로 그 인품이라고 하였다.

> 다른 사람들이 한 사람에게 말하는 것보다도 그 한 사람이 다른 사람들에 대해 말하는 것으로 그의 인품을 더 잘 알 수 있다. you can tell more about a person by what he says about others than you can by what others say about him.

 대중들의 사랑을 받는 방송인 유재석 씨가 게스트를 대하는 면모는 상대방을 존중하는 태도의 전형이라 할 수 있다. 그는 먼저 방송이 익숙하지 않은 게스트를 위해 편안한 상황을 만들어주면서 그들이 곤란해할 만한 질문은 하지 않는다. 그들의 개성을 존중하며 시청자들이 그들의 다양한 모습을 받아들일 수 있도록 한다.

대화할 때 자신이 하고 싶은 말보다 상대방이 듣고 싶은 말을 하는 것도 상대방을 존중하는 태도이다. 한편으로, 상대방이 하고 싶어 하지 않을 만한 이야기는 하지 않는 것도 상대방을 존중하는 태도이다. 이러한 태도는 상대방을 진심으로 이해하고 존중했을 때 말하지 않아도 행동으로 나타난다.

작가 알랭드 보통Alain de Botton은 《불안》에서 세상의 눈으로 본 사람의 가치나 중요성을 지위로 규정하고 이로 인해 불안을 느낀다고 주장한다. 즉, 사회에서 제시한 성공의 이상에 부응하지 못해 존중받지 못할지도 모른다는 걱정이 불안을 만들어낸다는 것이다.

사람들이 지위에 관심 가지는 이유는 다른 사람들의 시선이 우리의 자아상을 결정한다고 믿기 때문이다. 즉, 세상이 자신을 존중한다는 사실을 확인하지 못하면 불안을 느끼게 된다는 것이다. 중요한 점은 다른 사람들이 어떻게 판단하든 스스로 자신을 존중한다면 불안이 줄어든다는 것이다.

사랑은 일종의 존중으로 자신이 타인의 존재에 민감하게 반응한다. 누군가가 우리에게 사랑을 보여주면, 우리는 관심의 대상이 되었다는 느낌을 받는다. 자신의 존재를 인정해주고, 자신의 의견에 귀 기울여주기 때문이다. 사랑의 결핍은 다른 사람의 관심을 필요로 한다는 점에서 인정욕구와도 통한다. 인정욕구를 인정하는 것 자체가 존중의 시작이다.

열매 맺다

　독일 영문학자 도리스 메르틴Doris Märtin은 모든 것이 돈으로 결정되는 건 아니지만, 인간의 가치와 품격을 결정하는 것은 자본이라고 하였다. 그녀는 심리자본, 문화자본, 지식자본, 경제자본, 신체자본, 언어자본, 그리고 사회자본 등을 소개하고 이 7가지 자본을 아비투스habitus로 함축했다.

　타인과 자신을 구분하는 취향, 습관, 아우라 등은 사회문화적 환경에 의해 결정되는 제2의 본성이다. 7가지 자본은 상호작용을 통해 융합되고 정신과 육체에 스며들어 자신을 드러내게 된다. 어떻게 내 몸과 마음을 가꿀 것인가. 진지하게 생각해 볼 일이다.

　존중이란 우선 타인을 있는 그대로 바라보려는 마음가짐에서 시작된다. 주위에서 흔히 언급되는 금수저나 흙수저라는 말은 돈을 기준으로 평등사회를 계급사회로 만들었고 구성원들을 계급화한 것이다. 가진 자와 가지지 못한 자를 학벌과 배경, 그리고 금전을 척도 삼아 구분하고 있다. 이미 많은 사람은 돈이라는 절대적 위력 앞에 굴복한 채 많은 것들을 놓치고 있다.

　데보라 노빌Deborah Norville은 《리스펙트》에서 존중의 의미를 말하고 있다.

　　존중이란 다른 사람의 가치와 고유성을 인정하고, 그들의 목소리에 귀를 기울이며, 그 사람의 입장이 되어 생각해보는 것이라고 하였다.

사람의 가치와 본성에는 높고 낮음이 존재하지 않는다. 사람의 본질적인 부분을 높고 낮음으로 구분 짓는 사회라면 적어도 그런 사회에서 존중은 죽어가고 있다고 할 수 있다.

조선시대 지체 높은 사람을 수행하며 "쉬~ 물렀거라"라는 권마성勸馬聲을 외치는 사람을 '거덜'이라고 했다. 거덜은 길거리에서 온갖 악행을 다 저질렀다. 지체 높은 사람의 말馬을 피避한다는 데서 '피맛길'이란 말이 생겨났다. 지체 높은 사람에게 예를 표하는 것이 힘들었다기보다 그 옆에 따르는 '거덜먹거리'는 거덜을 피하는 것이 목적이었다. 누구나 완장 찼다고 거덜대지는 않는다. 사람 나름이다.

안타깝게도 현대는 인간이기 때문에 마땅히 가져야 할 불가침의 존엄성과 가치가 사회적 지위나 경제적 지위, 인종, 성별 등 셀 수 없을 정도로 많은 외부적 요인으로 재단되는 시대다. 그렇다고 인류의 보편적 가치에 어긋나는 사고방식을 지니고 있는 상대까지도 존중하고 공감해야 한다는 것은 존중의 본래 의미를 과대포장한 말이 된다. 그것은 존중이 아닌 방관자의 입장을 취한 것이거나 고상한 말을 무책임하게 남발한 것이 되기 때문이다.

존중은 사회에 필수적인 인간 가치의 바탕으로 자리매김되야 한다. 상호 존중이 전제된 상태에서야 비로소 인간이 인간답게 산다고 할 수 있다. 타인에 대한 존중이 없다면 진정한 의미에서의 사랑도 존재할 수 없다. 즉, 인仁의 기저에 존중이 있고, 우리 사회의 가장 커다란 가치로 꼽히는 사랑은 존중을 바탕으로 생겨난다.

29
기쁜 마음으로 타인을 먼저 배려하라

說以先民　民忘其勞
열 이 선 민　민 망 기 로

> 기뻐하며 타인보다 먼저 하면, 사람들은 그 수고로움을 잊는다.
>
> —《주역》

When one leads the way for people joyously, they forget their drudgery.

　자기 자신에 대한 존중은 타인에 대한 존중으로 이어진다. 존중받고 싶거든 먼저 상대방을 존중하라는 말은, 존중은 자신으로부터 시작됨을 일깨워 준다. 즉, 타인의 구름 속에서 무지개를 발견할 수 있는 Be a rainbow in somebody else's cloud. 사람이 되어야 한다.
　《논어》에서는 마구간에 불이 났을 때, 말을 언급하기 전에 사람이 다쳤는지를 먼저 묻는다. 당시 말은 매우 귀했으며 일부 계급이 낮은 사람들은 말보다 못한 대접을 받을 때였다는 것을 생각해본다면, 어떤 상황에서도 어떤 것보다도 사람만큼 소중한 것은 없다.

싹이 나다

　마음이 크면 온갖 일이 다 통하고, 마음이 적으면 온갖 일이 모두 병이 된다. 자아 존중감self-esteem이 높은 사람은 스스로의 능력이나 가치에 대해 긍정적으로 평가하며, 이런 자세는 삶의 가치와 행복 그리고 정신에 영향을 끼치게 된다.
　성호 이익은《성호사설》에서 간언하는 신하를 말하고 있다.

　　진정 훌륭한 임금은 간언하는 신하를 곁에 둔다고 하였다. 왕이 자기 생각을 고집하지 않고 생각의 교류를 통해 절충점을 찾고, 보다 나은 방향으로 나아가는 것이 나라의 발전에 도움이 된다.

　혐오주의를 근절하기 위해서는 타인을 먼저 존중하려는 문화가 확산돼야 한다.
　슈바이처는 사람은 살아있는 여러 생명 중의 하나로, 이 세상에 존재한다고 하였다. 어느 생명체나 모두 사람과 똑같이 살고자 하는 욕망이 있다. 다른 모든 생명도 나의 생명과 같이 신비한 가치를 지녔으므로 존중해야 할 의무감을 느껴야 한다. 중요한 것은 생명을 존중하고 사랑하고 보호하고 보존하는 것이다. 존재를 존재하게 하는 것은 저 높은 차원의 배려다. 반면에 생명을 해치고 증오하며 바른 성장을 막는 것은 존중의 의의를 저버리는 극단적인 행태이다.

꽃이 피다

제나라 사람으로 금을 탐낸 자가 있었다. 시장에서 금 장사에게 다가가더니 대뜸 금을 훔쳐 달아나다가 포졸에게 붙잡혔다. 사람이 많은 데서 겁도 없이 무슨 짓이냐고 포졸이 묻자 도둑은 말하기를, '금이 탐나 사람은 안 보고 금만 보았다'고 하였다.

자신이 가진 사회적, 경제적 지위를 이용하여 다른 사람에게 함부로 대하는 것을 '갑의 횡포'라 한다. 또한 그에 대응하여 폭력적인 시위를 하는 노동자들이나, 자신이 사회적 약자인 점을 악용하는 이들을 일컬어 '슈퍼 을'이라 한다. 이러한 기이한 사회 현상들이 나타나는 것은 존중이 부재하기 때문이다.

상대방을 존중하지 않는 개인의 태도는 집합적으로 모였을 때 어느 한 단체의 태도로 이어질 수 있다. 조너선 색스 Jonathan Sacks 는 《차이의 존중─문명의 충돌을 넘어서》에서 테러를 일으킨 자들은 알라의 지시에 따른 성전이라는 이름하에 테러를 정당화하려고 하는데, 이를 해결하기 위해서는 나와 다른 타자를 위해 공간을 내어주려는 노력이 필요하다고 하였다.

아랍 세력과 서양 세력은 서로 너무나도 다른 자연환경, 종교적 배경과 문화적 배경을 가지고 있고, 그만큼 생각이나 문화는 여러 측면에서 다른 점이 많다. 중요한 것은 이해하지 못한다는 사실이 아니라 그 자체로 인정해야 하는 순간도 분명히 존재한다는 것이다.

타인에 대한 존중이 완전히 분리된 존재로 여기는 무관심이 아니라 인간 가치의 소중함을 일깨우는 방향으로 행해져야 한다. 금수저나 흙수저라는 말에는 부의 재분배가 정당하게 이뤄지지 않고 가난이 대물림 된다고 느끼는 청년세대의 자조가 담겨있다.

먼저 존중하는 것은 일종의 유인誘因이다. 스티븐 코슬린Stephen Kosslyn은, 유인이란 인간을 포함하여 동물로 하여금 보상이 예상되는 특정 목표를 성취하도록 유도하는 자극이나 사건을 의미한다고 하였다. 먼저 타인을 존중하여 베푸는 행위는 타인 역시 자신을 존중하여 베풀게 하는 마중물인 유인이 된다.

노약자에게 자리를 양보하는 것도 존중에서 비롯된다. 하지만 당연한 일이라는 듯 젊은 세대에게 자리를 양보하라고 독촉하는 것은 진심으로 존중하는 마음이 없기 때문이다. 이는 젊은 세대로 하여금 노인 세대에 대해 존중하기를 꺼리게 하는 요인이 될 수도 있다.

젊은이가 자리를 양보할 수 없을 정도로 특별한 사정이 있을 수 있다고 생각하는 것은 젊은이를 존중하는 것이다. 인간미와 덕성으로 상대를 설득한다면, 상대방의 입장에서 생각할 수 있고 갈등을 해결할 수 있다. 갈등의 골이 깊어져 영원히 해결되지 않을 것처럼 보이는 것은 각자 자신의 입장만 옳다고 믿기 때문이다.

자신이 먼저 상대방의 생각과 의견을 존중하고 이해하려 해야 한다. 상대방 입장을 생각하지 않고 자신의 주장만 내세운다면 갈등을 해결할 수 있는 길은 멀고도 험할 뿐이다. 먼저 이해하려하면서 잠시 내 주장을 내려놓는 것은 상대를 존중하는 행위다.

열매 맺다

프란츠 파농Frantz Fanon은 《대지의 저주받은 자들》에서 두 가지 유형의 폭력을 제시하였다. 하나는 수직적 폭력이고, 또 하나는 수평적 폭력이다. 전자는 위에서 아래로 발생하는 폭력의 한 유형이고, 후자는 동등한 사람들 간에 발생하는 폭력의 또 다른 유형이다. 자신의 생각을 자유롭게 표현할 수 있는 환경은 서로 다른 의견들을 비교함으로써, 현안 문제에 대해 폭넓은 관점을 가질 수 있다.

자신과 생각이 다르다는 이유로 타인을 업신여기는 독선적인 태도는 상대를 대등한 존재로 존중하지 않는 것이다. 직장인들의 애환을 그린 드라마 『미생』에서 회의할 때마다 상사는 자기 생각과 다르다는 이유로 부하직원의 의견을 묵살하고 질책과 비난을 퍼붓는다. 부하직원은 자존심이 짓밟혀 마음에 큰 상처를 입는다. 이는 일종의 수직적 폭력이다.

수평적 폭력은 혐오주의가 근본적인 원인으로 꼽힌다. 기득권과 권력층에 대한 불만과 그들의 행태에 대한 불신이 주변인으로 책임이 전가된다. 잘못된 입법 활동을 하고 그릇된 정책을 추진하는 정부에 대한 불만과 불신을 시민을 지키는 경찰에게 책임을 전가하는 일련의 행위 등을 들 수 있다.

자신과 생각이 다르거나 종교가 다르기 때문에 또는 성 정체성이 다르다는 이유로 누군가를 배척하는 행위를 넘어서 심지어 폭력으로까지 이어진다. 중국에서는 농촌을 떠나 도시에서 일하는 빈곤층 노동자인 농민공들이 혐오의 대상이 되고 있다. 2008년 성화 봉송할 때, 중국 유학생들이 티베트인들을 무차별 폭행한 사건 등은 일종의 수평적 폭력이다.

수평적 폭력을 방지하고 혐오주의를 예방하기 위해선 사람으로서 동등한 사람에게 지켜야 할 최소한의 원칙인 존중이 자리해야 한다. 여기에 준법정신을 함양하여 상대를 대대 관계로서 존중하는 문화를 확산시킬 필요가 있다. 자기 생각뿐만 아니라 다른 사람의 뜻을 존중하는 태도가 필요하다.

사람은 살아온 환경이 다르기 때문에 생각의 옳고 그름을 떠나서 상대방이 가질 수 있는 또 다른 생각의 배경을 인정해야 한다. 그리고 토론을 통해 잘못된 점은 보완하고 옳은 점은 입장을 강화하는 태도를 견지해야 한다. 이렇게 하는 것이 존중의 정신을 따르는 것이고 정도를 밟는 것임을 주지할 필요가 있다.

몇 해 전 보도되었던 염전노예는 현대의 물질만능주의의 단면을 보여준다. 빚진 사람들이 돈을 갚기 위해 자신의 장기를 파는 사례들도 심심찮게 뉴스거리가 되고 있다. 이런 사례들은 돈이나 물질이 인간보다 더 중요한 가치로 여겨지는 사회가 되었음을 보여준다.

인간은 평등한 존재로서 상대를 배려하고 배려를 받을 가치가 있다. 인간은 자연인 하늘로부터 본성을 부여받았기에 인간은 누구나 자연인인 셈이다. 《장자》에 소나 말에 다리가 넷인 것을 자연적이라 하고, 말의 머리를 묶거나 소에 코뚜레를 하는 것을 인위적이라 했다. 상대를 먼저 배려하는 것은 자연적임을 인정하는 것이다.

30
지극한 덕으로 실행해야 공평해진다

造德忠恕　其致公平
조 덕 충 서　기 치 공 평

> 지극한 덕으로 실행해야 공평해진다.
>
> ―《근사록》

If one advances in virtue, he will naturally be conscientious and altruistic. When these virtues are fully developed, he will be impartial and just.

충서忠恕는 공평하게 하는 것이다. 진심에서 발하는 것을 충忠이라 하고, 미루어 남에게 미치는 것을 서恕라 한다. 남을 자기와 같게 여기면 크게 공정하고 지극히 균평하게 된다. 공정함은 어진 마음의 이치이다. 공公이란 글자는 본래 사私를 나눈다는 뜻이다.

넬슨 만델라는 남아공의 인종차별 정책을 철폐하는 데 중요한 역할을 했다. 하지만 약자였던 흑인의 입장에만 섰던 것은 아니다. 그는 오랜 수감생활에서도 흑인만을 위하여 여기 있는 것이 아니고, 백인만을 위하여 여기 있는 것도 아니다. 남아공에 필요한 것은 두 인종 모두에 대한 공정한 대우라고 하였다.

싹이 나다

이탈리아 속담에 모든 사람이 대저택에서 살 수는 없지만, 태양빛은 모든 사람에게 공평하게 미친다는 말이 있다. 사사로운 은혜나 작은 이익을 베푸는 것을 혜택惠澤이라 한다. 이 작은 혜택이 일회성으로 끝나지 않고 제도적으로 완비되어 안정적으로 행해질 수 있게 하는 것을 정책政策이라 한다.

정책은 공평하고 정대하게 이뤄져야 하고, 원칙과 법도에 맞게 베풀어져야 한다. 공은 개인적인 욕심을 버리고 여러 사람과 같이 나누는 공의로운 행동이다. 공정하다고 해서 어질다고 할 수는 없으나, 공정하면서 사람을 근본으로 삼으면 어질다 할 수 있다.

포용력 있는 사람은 화합하되 같게 하려 아니하고, 포용력이 없는 사람은 같게 하려 하되 화합하지 못한다. 우리 사회는 학연, 지연, 혈연을 기준으로 판단되는 경향이 있다. 단순 학벌이나 인맥으로 사람을 뽑거나 직장에서 승진 기준을 단순히 출신을 따지기 때문에 능력 있는 사람이 역차별당하는 경우도 많다.

학벌이 성실함의 척도일 수는 있지만, 유능한 사람이 학벌이 낮다는 이유로 기회를 박탈당하는 것은 결코 공평하지 않은 것이다. 가시적인 학벌과 폐쇄적인 인맥으로 사람을 판단하지 않고 그 사람의 고유한 본성과 능력이 고려되어야 한다. 《장자》는 인위적인 것을 펼치지 말고 자연적인 것을 펼치라고 하였다. 자연적인 것을 펼치면 덕이 생기지만, 인위적인 것을 앞세우면 재앙이 생기기 때문이다.

꽃이 피다

《채근담》에 덕을 베풀어야 하는 이유를 잘 묘사하고 있다.

> 큰 업적을 이루고도 덕을 베풂에 인색하면, 눈앞에 핀 한때의 꽃에 지나지 않는다. 立業不思種德 爲眼前花.

중국 북송의 사마광은 덕행을 가장 값진 유산이라고 하였다. 돈을 모아 자손에게 물려주더라도, 자손이 반드시 그것을 지킬 것이라고 장담할 수 없다. 또 책을 모아 자손에게 물려주더라도, 자손이 반드시 다 읽는다고 볼 수도 없다. 하지만 아버지의 덕행은 자식에게 남겨진 최선의 유산이 될 수 있다.

중증 외상치료의 최고 권위자인 이국종 교수는 한 언론과의 인터뷰에서 환자는 돈을 낸 만큼 치료받는 것이 아니라 아픈 만큼 치료받는 것이라고 하였다. 그는 어렸을 때부터 자신이 크면 아픈 사람에게만큼은 함부로 하지 않겠다고 다짐했다고 한다. 그리고 자신이 최고의 롤 모델로 여기는 사람들은 멀리 있는 것이 아니라 각자의 자리에서 최선을 다하는 청소부, 간호사, 수련의 등등 같이 일하는 동료들이라고 하였다.

마음을 바르고 곱게 쓰는 사람의 자식은 언젠가는 그 은혜를 받아 누릴 수 있다는 얘기다. 그것이 바로 덕행의 힘이다. 마음이 크면 온갖 일이 다 통하고, 마음이 작으면 온갖 일이 모두 병이 된다.

마음이 크면 관대하고 공평하므로 자기와 남을 대처함에 가는 곳마다 통달하게 된다. 반면에 마음이 작으면 치우치고 고루해져 하는 일이 병이 된다.

전 세계적으로 불공평은 점점 심해져 가고 있다. 가진 자는 더욱 나은 우위를 가져오고 열위는 더 못한 열위를 가져옴으로써, 가진 자와 못 가진 자의 차이가 계속 벌어지고 있다. 저명한 사회학자 로버트 머튼R.Merton은 이러한 현상을 마태 효과라 불렀다. 이는 《성경》〈마태복음〉에 나오는 "있는 자는 넉넉하게 돼도 없는 자는 그 있는 것도 빼앗긴다"는 구절을 빌려온 것이다.

한때 헬 조선이라는 말이 크게 유행한 적이 있다. 조선시대의 '조선'에 지옥이란 뜻의 접두어 '헬Hell'을 붙인 합성어로, 지옥 같은 한국 사회라는 뜻이다. 이러한 자조적이면서도 현실을 부정하는 말이 유행하게 된 이유는 명확하다. 우리 사회에서 사회구성원 간의 부의 격차가 시간이 갈수록 커지고 있으며, 그에 따른 서민들의 불안감이 고조되고 있기 때문이다.

조선 후기 수운업으로 큰 부자가 된 김세만이 만든 김가수운金哥水運에는 4가지 경영원칙이 있었다. 첫 번째 이익은 반드시 손님과 함께 나눈다는 것, 두 번째 약속은 반드시 지킨다는 것, 세 번째 모든 사람을 반드시 공경한다는 것, 네 번째 물건을 반드시 정직하게 운반한다는 것 등이었다. 고객의 신뢰를 얻어 이익을 함께 나누면 고객이 만족하고 자신의 사업도 잘 된다는 것이다.

열매 맺다

　에리히 프롬은 《사랑의 기술》에서 우리는 모두 하나님의 자식이며, 우리는 모두 사람으로서 신성한 자질을 나누어 가졌다는 것은 우리 모두가 하나라는 것을 의미한다고 하였다. 사람들 간의 차이는 존중받아야 하며 우리 모두가 하나이지만, 우리 개개인은 독특한 실체이고 그 자체로서 하나의 조화로운 우주라는 사실을 의미한다.

　자신과 다르다고 해서 상대방을 '틀리다' 혹은 '실패자'라고 생각하기보다 '다르다'라고 바라보는 것은 존중을 나타내는 또 다른 표현이다. 알프레드 아들러는 《미움받을 용기》에서 누군가의 칭찬을 받고 싶어 하는 것 아니면 누군가를 칭찬하는 것은 그 배후에 수직적 관계가 내재되어 있는 것이며, 그는 온갖 수직관계를 반대하고 같지는 않지만 대등한 관계 즉, 수평관계로 바꿔야 한다고 하였다.

　사람들은 흔히 누군가와 대화할 때, 자신은 옳은 생각을 하고 있고, 상대는 틀린 판단을 하고 있기 때문에 조정해준다고 생각한다. 하지만 대화는 대등한 관계에 있는 사람들이라면 대등하게 이뤄져야 한다는 것과는 사뭇 달라 보인다. 이것은 대화가 아니라 일방적으로 명령하는 것과 다름없다. 대화가 사라진 자리를 채우는 명령은 타인의 정신을 폭력적으로 훈육하려는 어긋난 착각이다.

　돈을 많이 버는 사람이 능력 있다고 할 수는 있다. 하지만 돈이 사람의 모든 것을 판단해 주지는 않는다. 남을 설득할 때에는 힘이 아닌 덕으로 해야 상대의 마음속 깊이까지 설득할 수 있다.

공평은 노력의 많고 적음에 따라 보상에 차등이 있을 수 있지만, 누구든 능력의 많고 적음으로 차별될 수 없다. 인간은 평등한 존재라는 의미한다. 만일 인간을 능력의 많고 적음으로 구별한다면 인간은 상대적으로 능력이 부족한 사람들이 능력이 많은 사람들보다 훨씬 많기에 사회는 다수가 경시되거나 차별대우를 받는 냉혹한 사회Cold Society가 될 것이다.

하퍼 리의《앵무새 죽이기》는 미국에서 인종차별이 심했던 남부 앨라배마 주에서 실제로 있었던 일을 토대로 누명을 쓴 한 흑인 청년을 백인 변호사가 법정에서 변호하는 이야기를 담고 있다. 억울한 누명을 썼지만 흑인이란 이유로 유죄가 되는 미국 남부 사회 어른들의 편견에 대한 비판과 타자와의 대화 가능성을 아이의 순수한 눈을 통해 그려냈다. 소설은 정의와 양심, 용기와 신념이 무엇인지, 나아가 사회로 하여금 스스로 돌아볼 기회까지 제시한다.

자신이 먼저 선한 본성에서 나오는 덕성으로 타인을 존중하려는 마음가짐이 필요하다. 존중은 앞뒤로 열리는 문과 같다. 문이 열리기는 하지만 닫히지 않거나, 반대로 한번 닫히면 열리지 않는 문은 문으로서의 덕성을 잃은 것이다.

존중도 마찬가지다. 이쪽에서 먼저 상대방을 존중해 주지 않으면 저쪽도 존중하지 않는다. 자신이 먼저 나서서 존중의 문을 활짝 여는 순간, 타인을 귀한 존재로 여겨 있는 그대로 받아들일 수 있다. 그래서 동양에서는 공평公平하다고 할 때의 공公을 평분平分으로 해석하였고, 반면에 사私는 간사奸邪한 뜻으로 해석하였다.

제6장
배려配慮(Consideration)

《시경》에 "공전에 비를 내려서 마침내 우리 사전에도 (그 혜택이) 미치게 한다."는 말이 있다. 윗사람이 되기는 쉽지만, 아랫사람이 되기는 어렵다. 그러나 아랫사람이 되어 보지 않은 사람은 또한 아랫사람을 부리지 못한다. 이는 그 실정과 거짓을 다 알지 못하기 때문이다. 타인이 변화되길 바라기 전에 우리가 변해야 한다.

자신이 아랫사람이 되어 그 일을 해본 적이 있는 사람만이 제대로 아랫사람을 부릴 수 있다. 사람 부리기를 좋아하고 사람 섬기기를 꺼려하는 것은 사람들의 보편적인 정서다. 그러나 사람을 섬기는 도리를 안 뒤에야 사람을 부리는 이치를 알 수 있기 때문에 다른 사람을 섬겨본 적이 없는 사람은 그 실정을 다 알지 못하는 것은 당연하다.

배려는 타인에게 선행으로 베풀어지지만, 자신에겐 내면에 행복감으로 다가온다. 사람들에게 재물을 나눠주는 것을 혜惠라 하고, 선善을 베푸는 것을 충忠이라 한다. 막대한 부를 이룬 사람들은 부를 좋은 일에 베풀 때 행복을 느낀다고 한다.

밀란 쿤데라Milan Kundera는 《참을 수 없는 존재의 가벼움》에서 배려의 부재로 우리는 공기보다 가벼운 존재가 되었는데도, 그것이 대수롭지 않은 듯 자유롭다고 하였다. 진정한 우리가 되기 위해서는 먼저 타인을 위해 배려하려는 헌신적인 자세를 갖춰야 한다.

배려는 약간의 불편함과 손해가 있더라도 남을 위하려는 마음에서 우러나온다. 중요한 것은 배려하되, 그 대가를 기대하는 것은 곤란하다. 내가 이렇게 배려해주었으니 상대도 나에게 그 정도 혹은 그 이상 하겠지?'라는 생각이 스스로를 옥죄게 된다.

히포크라테스Hippcrates는 남에게 도움을 주든지 그렇지 않으면 최소한 해를 끼치지 않아야 한다는 두 가지 습관을 지니라고 하였다. 또한 니체는 《인간적인 너무나 인간적인》에서 하루를 즐겁게 시작하고 싶다면, 아침에 눈 떴을 때, 오늘 하루에 적어도 한 사람에게 한 가지라도 기쁨을 줄 수 없을까를 생각하라고 하였다. 배려가 자연스러운 삶의 일부가 되도록 하라는 뜻이다.

31
같은 사례를 유추해서 타인을 헤아린다

因其所同 推以度物
인 기 소 동 추 이 탁 물

> 그 같은 사례를 유추해서 타인을 헤아린다.
>
> —《대학주》

This is what is called 'The Principle with which, as with a measuring-square, to regulate one's conduct.'

윗사람이 행하면 아랫사람은 본받는다. 사람은 상대를 보고 자신이 할 바를 헤아린다. 난국에 부딪쳤을 때 취할 수 있는 자세는 햄릿의 독백인 '사느냐 아니면 죽느냐To be or not to be'를 떠올리게 한다. 과거, 현재, 미래는 직선상에 있어 과거를 알면 미래를 헤아릴 수다.

영화 〈라이언 킹〉에서 주술사는 라이언 킹 심바Simba에게 과거로부터 도망칠 것인지, 아니면 과거에서 배울 것인지Run from it or learn from it 선택하라고 한다. 심바는 과거에서 배울 것을 선택한다. 과거는 현재의 뿌리이자 미래의 푯대이다.

싹이 나다

 타인에 대한 존중은 바로 배려라는 덕목을 통하여 실현될 수 있다. 배려하는 마음과 행동의 중요성은 예로부터 중요한 가치로 여겨져 왔다. 현재 사회구성원들 간 불화는 대부분 타인에 대한 존중 부재에서 비롯된다. 이는 배려의 중요성과 그 가치가 얼마나 희미해졌는가를 단적으로 보여준다.

 《한비자》에 수레 만드는 사람은 사람들이 부유하기를 바라고, 관을 만드는 사람은 사람들이 일찍 죽기를 원한다輿人成輿則欲人之富貴 匠人成棺 則欲人之夭死也고 하였다. 사람은 누구나 자신의 이익을 추구한다.

 개인주의가 만연한 현대사회에서 과연 얼마만큼 배려를 하고 그 기준을 어디에 두는지 생각해 볼 일이다. 손해 볼 정도는 아닌 자신이 할 수 있는 선에서 배려하려고 노력할 필요가 있다. 이는 내가 잃게 되는 손해보다 내게 더 큰 배려로 돌아오기 때문이다.

 배려는 상대의 입장을 고려하고 이를 실천하는 것이며 상대방이 나와 다르다는 걸 항상 잊지 않는 폭넓은 이해심이다. 친구와 두루마기를 같이 입겠다는 말은 출세하지 못한 친구를 위해 자기의 관복을 함께 입게 했던 친구의 배려를 함축한 표현이다.

 힌두교 속담에, 형제의 배가 항구에 도착하도록 도와주고 살펴보라. 그러면 당신의 배도 무사히 항구에 도착해 있다는 사실을 알게 될 것이라는 말이 있다. 자신이 배려 받고, 사랑받고 싶다면 먼저 다른 사람을 배려할 줄도 알아야 한다.

꽃이 피다

 미국에서 사회현상으로 빈번하게 발생하는 지역 이기주의의 대명사 격인 NIMBYNot in my backyard와 PIMBYPlease in my backyard 현상은 배려가 결여된 단적인 사례들이다. 자신의 집 근처에 쓰레기 매립지를 건설한다는 소식에 빨간 머리띠를 두르고 나와서 농성을 하는 주민들의 모습을 종종 볼 수 있다. 반대로 거주지에 대기업이나 정부의 협찬 사업을 유치하기 위해 부지런히 발품을 파는 사람들도 있다. 이익에 따라 이중적이고 이기적인 모습을 보인다.

 이러한 사람들의 모습은 배려가 사라진 현대사회의 자화상이라고 할 수 있다. 그렇다면 배려란 과연 어떤 의미를 지니고 있을까? 배려란 일반적으로 '도와주거나 보살펴주려고 마음 씀'이라는 의미를 갖는다. 거절도 분명 필요한 배려의 예 중 하나이다.

 현대사회에서는 개인과 개인의 삶이 긴밀해지면서 서로 부탁하는 일이 많아졌다. 전에는 거절하는 것이 상대방에게 무례한 것이라고 암묵적으로 정의가 되었었다. 하지만 현대사회에서 거절은 무례한 것이 아니라 오히려 상대방에 대한 배려인 경우도 있다.

 상대방의 제안을 거절함으로써 그가 제3자에게 제안할 기회를 마련해 주기 때문이다. 오히려 '애매한 거절' 혹은 '거절도 아니고 거절하지 않은 것도 아닌 애매한 것'은 서로에 대한 배려가 아니다.

 자신 외에는 무관심한 장애는 아스퍼거 증후군의 일종이다. 이 세상에서는 상대방을 헤아리는 능력이 없거나 그 시도조차 하지 않으면 환자의 증후군으로 일컬어질 만큼 '나'를 넘어서 모두를 아우르는 마음씨, 즉 배려가 건전한 사람을 구성하는 불가결한 요소로 인정되고 있다. 그러나 '나'와 관련된 것 외의 모든 것들을 무심하게 지나치는 현대인들에게 아스퍼거 증후군과 비슷한 성향이 강해지고 있다. 배려에 인색하고 익숙하지 않다 보니 사람과의 관계를 이어나가지 못하고 외로움과 삭막함 속으로 몰아붙이는 것이다.

배려가 정의하기 힘든 가장 근원적인 이유는 '너무나 당연하기 때문에' 일지도 모른다. 어떻게 해야 상대방이 나만큼 편안할까, 어떻게 해야 상대방이 상처받지 않은가를 생각하는 순간부터 우리는 서로를 배려하는 것으로 생각한다. 배려가 긍정적인 속성을 지닌다지만, 현대사회에서 서로를 배려하는 모습을 찾아보기가 쉽지 않다. 사회가 다양화, 개인화되면서 모바일 메신저를 통한 사이버 폭력이나 무차별적인 다문화 혐오 범죄 등 현대사회의 많은 문제의 원인을 타인에 대한 이해와 배려가 부족한 것에서 찾아볼 수 있다.

중국 사회의 어두운 면을 적나라하게 고발하는 종주캉의 《다시는 중국인으로 태어나지 않겠다》에서는 배려가 결여된 사회와 이에 대한 인민의 불만이 드러난다. 중국 인민들은 '내 가족이 굶는데도 정부가 나를 도와주지 않고, 내 상사가 배려는 고사하고 나를 이용하는데, 왜 내가 남을 위한 배려를 해야 하지?'라고 불만을 표출한다. 자신만을 위해 이기적으로 살아왔고 풍족한 생활환경을 제공받지 못하였는데 남을 배려할 용기가 어디 있겠느냐는 말이다.

열매 맺다

《이솝 우화》에는 여우와 두루미 이야기가 나온다. 여우가 두루미를 식사에 초대하여 같이 식사할 때, 음식이 접시에 담겨져 나와서 주둥이가 긴 두루미는 음식을 먹을 수 없었다. 반대로 두루미가 여우를 초대했을 때, 음식이 호리병에 담겨 나와 주둥이가 닿지 않는 여우는 음식을 먹지 못했다. 상대를 전혀 배려하지 않고 자신 입장만을 생각한 초대다. 배려하지 않은 쪽이 배려 받을 수 없는 것은 자명한 이치다.

함부로 참견하지 않는 것도 하나의 배려가 될 수 있다. 그 일을 처리해야 하는 직위에 있지 않다면 주제넘게 옆에서 참견해서는 안 된다. 개인과 개인이 빈번히 접촉하게 되는 현대사회에서 자연히 타인의 일에 관심을 가질 기회가 많다. 기회가 많은 만큼 출처가 불분명한 타인의 이야기도 많다. 일례로, SNS 상에서 어떤 연예인이 성매매와 관련하여 법규를 어겼다는 등 실제로 그 행동을 한 것처럼 안 좋은 이야기를 퍼뜨리는 사람들을 상대로 연예인들이 고소하는 사건이 종종 기사에 등장한다.

처음부터 타인에게 나쁜 의도를 갖고 참견하거나 좋은 의도를 갖고 참견을 하는 경우도 있다. 공자는 "군주를 섬김에 있어 번거로우면 욕될 것이고, 벗을 사귈 때 번거로우면 멀어질 것이라."고 하였다. 충고도 잦으면 잔소리라는 뜻이다. 자신은 타인을 위해 충고하려는 의도에서 참견한 것일 수 있으나 오히려 도를 넘어서 타인과 자신의 의가 상하게 되는 역효과를 낼 수도 있다.

정치에서의 배려의 핵심은 주민참여라고 설명할 수 있다. 다시 말해, 정부가 일방적으로 국가 정책을 결정하여 시행하는 것이 아닌 주민참여를 확대하여 서로에게 상호이득이 될 수 있도록 배려를 하는 것이다. 아울러 주민 또한 정책 결정에 참여하여 국익을 위해 한발 양보를 하는 배려의 자세를 보인다는 것이다.

예를 들어, 2008년 5월 16일 전남 영암군은 주민들의 반대로 7년여를 끌어온 생활 쓰레기 매립시설 건립사업을 주민참여를 통하여 최종 확정지었다. 주민들이 피해를 감수하는 만큼 매립장 주변에 마을 공동창고, 상하수도, 도로포장 등 인프라를 제공하였다. 서로 배려를 통하여 전남 영암군은 골칫거리였던 쓰레기 매립시설 문제를 해결할 수 있었고 주민 또한 이익을 얻을 수 있었다.

배려는 도덕의 영역에 속하는 것으로 강제성을 띤 법과는 구분된다. 배려의 동기에 대해 부케티츠F.M. Wuketits는《도덕의 두 얼굴》에서 상호 간의 이타주의(배려)는 어떤 이가 자신의 에너지와 주의력을 때때로 타인에게 제공하고, 그 대가로 언젠가는 반대급부를 기대하는 것을 의미한다고 하였다. 누군가에게 배려를 행하면 개인적인 만족감을 얻고, 사회적인 인정을 받는 등의 반대급부가 있다.

어느 구름에 비가 숨어 있는지 모른다. 구름의 색깔에 따라 비의 색깔이 달라지는 것도 아니다. 다만 헤아릴 뿐이다. 선한 사람은 내 마음을, 타인을 헤아리는 척도로 삼는다. 이를 혈구지도絜矩之道라 한다. 혈絜은 헤아림이고 구矩는 네모난 물건을 만드는 기구이다. 내 마음으로 상대방의 마음을 헤아리는 것은 배려의 첫걸음이다.

32
남을 이루어주는 것은 지혜로움이다

成己仁也　成物智也
성 기 인 야　성 물 지 야

> 자신을 이룸은 仁이고, 남을 이루어주는 것은 智이다.
> —《중용》

The completing himself shows his perfect. The completing others and things shows his knowledge.

　　월리엄 블레이크W. Blake는 지혜로운 삶에는 날개가 달려있다 Knowledge is Life with wings.고 하였다. 진실함은 스스로 자신을 이룰 뿐만 아니라 남도 이루어준다. 자신을 이루는 것은 인간다움이지만, 남을 이루어주는 것은 지혜로움이 된다.
　　삶의 의미가 자신의 천부적인 재능을 찾는 데 있다면, 삶의 목적은 그 재능을 타인에게 배려하는 데 있다. The meaning of life is to find your gift. The purpose of life is to give it away. 여유가 생긴 뒤에 남을 구제하려 한다면, 결코 남을 구제할 날이 없을지도 모른다.

싹이 나다

넬슨 만델라Nelson Mandela는 인생의 참된 의미는 자신이 나무 그늘 아래 쉴 것을 기대하지 않으면서도 나무를 심는 데 있다The true meaning of life is to plant trees, under whose shade you do not expect to sit고 하였다. 자기중심적인 사람들에게 배려는 타인의 이목을 의식한 행동의 결과일 뿐이다.

타인의 일은 주변적인 관심사에 지나지 않는다고 믿는 사람들도 행동할 때 타인의 시선을 의식한다. 자신의 이미지를 관리하기 위해서 남이 보기에 좋은 행동을 하는 것을 배려라 여긴 것이다.

인간관계에서 배려는 선택이 아닌 필수다. 자신을 존중하며 남과 조화를 이루는 삶이 좋은 세상을 만들 수 있다. 결국, 배려하는 삶은 나의 행복과 타인의 행복을 동시에 달성하는 삶이 된다.

자기 존중을 저버리면서까지 타인을 배려하며 살아야 한다는 것은 아니다. 철학자 자크 마리탱Jacques Maritain은 삶의 의미는 타인을 위해 스스로 희생하기 위한 자기제어라고 하였다. 자신을 제어하여 타인을 위해 기꺼이 배려하려는 것이 인생의 과제라고 본 것이다.

《명심보감》에 남의 흉한 일을 보면 민망하게 여기고, 좋은 일을 보면 즐거워하며悶人之凶 樂人之善, 남의 위급함을 보면 도와주고, 위험을 보면 구해준다濟人之急 救人之危고 하였다. 이렇듯 자신을 사랑하고 타인을 존중하며 상대를 이해하려는 배려 정신이 인간다움의 근본이라 할 수 있다.

꽃이 피다

티베트 속담에 인생을 향해 미소를 지으면 미소의 반은 당신의 얼굴에, 나머지 반은 다른 사람의 얼굴에 나타난다고 하였다. 자신이 누군가에게 배려하면 상대도 되돌려주게 될 테니, 인생은 부메랑Life is like boomerang; what you give, you get back임에 틀림없다.

배려하는 마음에는 스스로를 존중하는 마음, 그리고 타인을 진심으로 위하는 마음이 포함되어 있어야 한다. 이상적인 친구를 대하듯이 항상 자신을 대하는 것이 중요하다. 이런 식으로 자신을 대함으로써 자신과 주변 사람들에게 행복의 선물을 끊임없이 가져다줄 것이다.

자신을 돌아보고 타인 존중을 실천에 옮김으로써 나날이 그 능력을 키우고 더욱 오래 지속시키면서 행복감을 만끽할 수 있다. 타인을 존중하고 배려하려면 먼저 그들을 자신과 동등한 존재로 인식해야 한다. 그러기 위해서는 자신이 누군지 아는 것이 먼저 선행되어야 한다.

진정한 배려란, 배려하는 주체의 고유성과 배려받는 타자의 고유성의 굴절 없는 만남을 가능하게 할 수 있다. 스스로를 존중할 줄 아는 사람은 자연스럽게 타인을 존중하고 배려할 줄 안다는 뜻이다. 타인을 존중할 때, 그 사람이 원하는 것을 해주고 싶을 때 하는 배려야말로 나와 타자 모두 즐겁고 행복하게 만들 수 있다.

배려의 조건은 자신에 대한 존중과 사랑이며 배려의 표출 역시 타인에 대한 존중과 사랑이 기본적으로 전제돼야 한다. 남을 위하는 것은 나를 위한 것으로 되돌아오는데, 이것이 곧 나를 위한 배려가 된다.

중국 영화 〈낙엽귀근Going Home〉에서는 어려운 상황에 처한 사람에게 마음에서 우러나오는 배려를 행동으로 보여주는 장면이 나온다. 죽은 친구를 산 사람처럼 위장해 고향으로 데려가는 나그네에게 돈 많은 노인이 다가와 냄새 없애는 약을 시체의 코와 입에 넣어주고 자신의 수레까지 빌려준다.

사실 노인은 자신이 죽기 전에 미리 장례식을 치렀는데, 여기에 참석자들 중 친척은 한 명도 없고 모두 돈 주고 데려온 사람들이었다. 노인이 관에 누워있을 때, 모두 형식적으로 슬퍼하는데 유독 나그네만 구슬피 울더란다. 그는 자기 신세를 한탄하며 슬피 울었건만, 노인에게는 자기 죽음을 슬퍼하여 우는 것으로 들렸다.

오 헨리의 《마지막 잎새》에서 주인공 존시는 폐렴에 걸리자 창밖에 떨어지는 나뭇잎을 세며 죽음을 기다린다. 그녀의 친구가 그 사실을 아래층 화가에게 전하자, 화가 버먼은 희망을 잃어가는 존시가 안타까워 희망을 주기로 하였다. 그는 마지막 잎사귀가 떨어지던 날, 어떤 비바람에도 떨어지지 않는 나뭇잎을 벽에 그린다. 마지막 잎사귀가 그림인 줄 모르고 떨어지지 않는 잎사귀를 본 존시는 병이 점점 호전되며 삶의 희망도 품게 된다. 그녀는 결국 병에서 완쾌하게 된다.

리아루프트Lya Luft는 《잃는 것과 얻는 것》에서 존재한다는 것은 당신이 아닌 사람, 당신이 될 수 없는 사람, 당신이 원하지도 않는 사람이 되기 위해 스스로를 소모하기에는 너무나 귀중한 사람이라는 의식, 바로 그 의식을 가다듬는다는 뜻이라고 하였다.

열매 맺다

배려라는 말에는 나누고자 하는 생각이 전제되어 있다. 그 예로, 가난할 빈貧자는 조개 패貝자 위에 나눌 분分자가 얹혀있다. 옛날 조개는 돈을 상징했다. 자신이 가진 돈을 나누면 가난해질 수 있다. 그래도 나누겠다는 자세가 배려다. 임산부 배려에 대한 일환으로 지하철 내 임산부석이 생겼다. 임산부 배려 엠블럼을 만들어 티가 나지 않는 초기 임산부를 공공장소인 지하철, 버스 등에서 배려할 수 있게 되었다.

공공장소에서 다른 사람들에 대한 배려의 일환으로 '노 키즈 존'이 거론되고 있다. '노 키즈 존'이란 안전과 다른 손님에 대한 배려 등을 위해 영유아나 어린이의 출입을 제한하는 음식점을 말한다. '노 키즈 존'에 대한 찬반은 분분하다. 찬성하는 쪽은 시끄러운 아이들로 인해 가게가 산만해지고 뛰어다니는 아이들을 부모가 제지하지 않아 사고가 날 수 있다고 주장한다. 반면 반대하는 쪽은 일부 배려를 하지 않는 부모와 아이들 문제로 인해 그렇지 않은 부모들과 아이들에게 기회가 없을 수 있다는 우려를 표한다.

배려할 때는 누군가가 자신에게 배려해주기를 기대하지 말아야 한다는 점이다. '주고받다'라는 말처럼 어감도 어색하지 않고 익숙하다. 세상은 주고받는 것이다. 자신이 받은 다음에 주려고 하면 받기를 기다리는 사람은 없다. 자신이 먼저 남을 위하는 마음을 가지게 되면 그 마음은 언젠가 자신에게 다시 돌아오기 마련이다. 남을 위하는 마음은 궁극적으로 나를 위한 것이기 때문이다.

사람들은 작은 배려에도 감동하지만, 그 속에 얼마나 커다란 마음이 들어있는지 알게 된다. 작은 배려를 하기까지 상대방이 얼마나 고심했는지 알아봐 주는 것도 또 하나의 배려다. 사소한 배려 하나하나가 자신의 생활이 되고, 그 생활이 모여 인생의 큰 물줄기가 되기 때문이다.

타인과 지혜롭게 공존하는 방법으로 배려를 꼽을 수 있다. 배려를 타인과 깊고 특별한 관계로 만들어주는 열쇠에 비유할 수 있다. 배려받는 대상에 관한 관심과 더 행복할 수 있도록 이끌어주는 힘이 배려의 참모습이다. 더 나아가 사회구성원들에 대한 배려의 힘은 사랑과 열정에서 나오는 다함이 없는 감정이라 할 수 있다.

보다 능동적인 의미로, 자신이 원하는 것을 다른 사람을 위해 먼저 해주는 것이다. 이러한 배려의 기본적인 취지에는 대가를 바라지 않는 무보수성이 내재되어 있다.

법정 스님은 《무소유》에서 무엇인가를 갖는다는 것은 다른 한편으론 무엇인가에 얽매이는 것이라 하였다. 우리는 필요에 의해 물건을 갖지만, 물건으로 인해 물건에 신경 쓰게 된다. 결국, 소유욕에 의해 물건에 주도권을 뺏기는 삶을 살게 된다.

나눔을 실천할 때도 마찬가지다. 대가를 바라게 되면, 대가에 신경을 쓰다 보면 주도권을 빼앗기고 지배당하는 삶을 살게 된다. 결국 소유욕에서 해방되는 것만이, 진정으로 마음의 자유를 얻을 수 있는 방법이다. 대가를 신경 씀으로 인해 서로 마음 상하는 일 없이, 나눔을 베푸는 행위 자체만을 생각한다면, 참된 나눔을 실천할 수 있다.

33
은혜를 베풀어 어려운 사람을 구제한다

博施於民 而能濟衆
박시어민　이능제중

> 사람들에게 은혜를 널리 베풀어 많은 사람을 구제한다.
> —《논어》

There is a man who gave extensively to the common people and brought help to the multitude.

《플로베르 수상록》에서 마음은 팔 수도 살 수도 없지만, 줄 수 있는 보물이라 하였다. 은혜를 베풀어 많은 사람을 구제하는 행위는 단순히 어짊을 넘어 성인이라 할 수 있다. 인仁이란 자신이 서고자 하면 남도 서게 하고, 자신이 통달하고자 하면 남도 통달하게 하기 때문이다.

가까이 자신에게서 취하여 자기가 하고자 하는 것을 가지고 타인에게 비유하면, 그가 하고자 하는 것도 나와 같음을 알 수 있다. 그런 뒤에 자기가 하고자 하는 바를 미루어 남에게 미친다면, 이는 서恕의 일로 인仁을 행하는 방법이다.

싹이 나다

찰스 디킨슨Charles Dickens은 세상에 타인의 짐을 덜어주는 사람치고 무익한 사람은 없다No one is useless in this world who lightens the burden of another고 하였다. 배려란 '더 나은 삶을 위해 타인에게 나를 내어주는 마음 씀'이다. 그래서 배려를 뜻하는 수화手話는 자신의 배를 갈라 모든 것을 꺼내줄 수 있다는 행위로 표현된다.

톨스토이는《세 가지 의문》에서 가장 중요한 것은 지금 이 순간이고, 가장 중요한 사람은 지금 자신이 만나고 있는 사람이며, 가장 중요한 일은 다른 사람에게 선행을 베풀면서 하루를 의미 있게 보내는 것이라고 하였다. 누구에게나 시간과 사람이 소중한 것은 당연하다.

《명심보감》에서는 남의 재앙을 민망하게 여기고, 이웃의 잘됨을 즐겁게 여기며, 남의 급함을 도와주고, 이웃의 위태로움을 구해주라悶人之凶 樂人之善 濟人之急 救人之危고 가르친다. 의미 있는 삶을 살아가는 한 가지 방법은, 자신이 마주하는 사람들에게 선행을 베풀고 배려하는 마음을 갖는 것이다.

로셀 로버츠Russell Roberts는《내 안에서 나를 만드는 것들》에서 고급스러운 문화를 만들어 나가는 품위 있는 사람의 요건으로 돈을 많이 버는 것은 좋지만, 약속을 지키고 공경에 처한 사람들을 이용하지 않는 것이라고 하였다. 반면에 1분마다 바보가 태어나므로, 빨리 바보를 찾아 이용해 먹으려는 의식이 지배하는 사회에는 저급한 문화가 널리 퍼져있음을 경고하였다.

꽃이 피다

선을 행하면 꽃다운 향기를 백 세에 흐르게 하고, 악을 행하면 나쁜 냄새를 만년에 남긴다고 한다. 인간다움의 향기를 풍기기 위해서는 조건 없이 사랑하고, 악의 없이 대화하며, 아무런 이유 없이 주고, 무엇보다도 기대감 없이 상대를 배려하는 방법을 배워야 한다. Learn to love without condition, talk without bad intention, give without any reason, and most of all, care for people without any expectation.

심리학 용어인 제노비스 신드롬Genovese Syndrome은 주위에 사람들이 많을수록 어려움에 처한 사람을 돕지 않게 되는 현상으로 방관자 효과bystander effect라고도 한다. 1964년 키티 제노비스Kitty Genovese라는 여인이 뉴욕의 자기 집 근처에서 새벽 3시 30분경 강도에게 살해당했다. 그녀가 격렬하게 30분 이상 반항하는 동안 40여 가구의 주민들이 그녀의 비명소리 들렸는데도 누구 하나 경찰에 신고조차 하지 않았다. 도시의 비정함을 적나라하게 드러내고 있다. 우리나라에서 이런 상황이 벌어졌다면, 도움의 손길을 내밀어야겠다고 생각하는 사람이 과연 얼마나 있을까?

착한 사마리아인 법은 성서의 착한 사마리아인으로부터 유래되었다. 어떤 유대인이 예루살렘에서 여리고로 가다 강도를 만나 상처를 입고 길가에 버려졌는데, 동족인 유대인 제사장과 레위인은 이를 못 본 척 지나가버린 반면, 유대인에게 멸시받던 사마리아인이 이를 보고 측은한 마음에서 유대인을 구조해 주었다.

착한 사마리아인 법은 이런 착한 사마라인의 행동을 바탕으로 자신에게 특별한 위험을 발생시키지 않는데도 불구하고 곤경에 처한 사람을 구해주지 않은 행위를 처벌하는 법이다.

미나토 가나에의 《야행관람차》에서도 비슷한 사건이 소개된다. 이웃에서 사건이 발생하여 한밤중에 구급차가 달려오고 경찰이 폴리스라인을 쳐도 이웃 간의 대화가 아니라 뉴스로 사건을 파악하는 무관심한 이웃의 모습이 그려진다. 이러한 무관심은 더 나은 사회로 나아가는 길을 가로막는 가림막이 될 것이다.

진심 어린 배려는 '나 자신이 바로 서고 상대방을 위하는 마음'이다. 내가 항상 먼저 우선시되고 상대방에 대한 마음이 도달한다면 이기적인 사랑이 될 수 있다. 하지만 '내가 바로 선다는 것'은 이기주의적이 아닌 자존적 의미이다. 배려를 현대사회에 걸맞은 창조적인 배려에 대한 관심은 '더 나은 사회'를 향한 밑거름이 될 수 있다.

일례로, 기초수급자임에도 불구하고 틈틈이 돈을 아껴 매년 100만 원을 기부하는 할머니를 들 수 있다. 그녀의 선행은 비록 물질적 사정이 좋지 못하더라도 따뜻한 마음 하나로 배려를 실천할 수 있다는 것을 몸소 보여주었다.

이처럼 배려가 널리 보편화한 사회를 바란다면, 우선 혼자만의 이익을 추구하는 것이 아니라 사회구성원들에 대한 배려심을 바탕으로 그들과 이타적인 관계를 유지하려는 자세를 지녀야 한다. 이것이 상생의 상징이자 상대방을 죽이면 결국 함께 죽는다는 공명지조共命之鳥의 운명공동체를 뜻한다.

열매 맺다

《탈무드》에 선행의 문을 닫는 자는, 곧 의사를 위해 문을 열게 될 것이라고 하였다. 베풂은, 베푸는 사람의 마음에 기쁨으로 돌아오기 때문에 아프지 않는다는 것이다. 비슷한 예로, 데일 카네기도 행복을 발견하는 유일한 방법은 감사를 기대하지 말고, 주는 기쁨을 위해 베푸는 것이 것이라고 하였다.

SPASpecialty store retailer of Private label Apparel Brand 기업인 유니클로는 소비자들이 더 이상 입지 않는 의류를 매장에 기부하면 이를 개발도상국의 난민촌 등 꼭 필요한 곳에 전달하는 리사이클 캠페인을 진행하였다. 자원을 재활용하는 동시에 난민에 대해 도움을 제공하는 지속 가능한 경제를 실천하고 있는 것이다.

배려는 인간의 어짊을 베푸는 방법 중 하나이다. 배려의 결과가 항상 생각했던 방향으로 나오지 않는다고 하여, 배려하는 행위 자체에 회의감을 품을 필요는 없다. 배려를 할 때 배려자의 마음가짐만큼이나 상대방이 처한 상황이나 시기를 살펴보는 것도 중요하다. 상대가 어떤 어려움에 처해있는지, 현재의 심리상태 등을 이해한다면, 상대방이 필요로 하는 바에 근접할 수 있을 것이다.

상대방의 해결 의사도 존중해야 한다. 상대가 스스로 해결하고자 하는 의지와 바람이 있다면, 그런 자세를 존중해야 한다. 임의적인 판단으로 상대를 도와주려 하는 것은, 그 사람의 해결 능력과 의사를 무시하게 되는 일이 될 수도 있다.

배려하는 방법도 간과해서는 안 된다. 일단 잘 살펴보고, 잘 들어주는 것이다. 사람들은 대부분 자신의 가치를 높이기를 원하고 더 나아가면 오직 자신만의 가치가 높아지기를 원한다. 모두가 자신의 이야기를 들어주길 바라며, 모두가 자신의 모습을 봐주기를 바란다. 우선 경청하라는 것이다.

자신에게는 무한히 관대하고 남에게는 매의 눈으로 약점만을 찾아 무자비할 정도로 공격하는 태도로는 상대방의 상황을 이해할 수 없다. 이러한 행동은 일종의 질환으로 '남을 이해하지 못하는 장애'라고도 불린다. 배려는 정신적인 면과 관계된 경우가 많다. 그래서 배려는 행위 자체보다도 그 행위의 바탕이 되는 생각과 마음가짐이 중요하다.

배려는 도와주거나 보살펴주려는 마음 씀씀이지만, 진정한 배려는 단순히 상대에게 마음을 쓰는 것을 넘어서 이해와 존중이 바탕이 되었을 때 나타난다. 이해는 상대의 입장을 고려하는 데서 시작한다.

요즘은 혼자 거울을 보면서도 이해가 필요한 세상이라고 한다. 분명한 것은 사람은 둘 이상이 모이면 서로를 위해 배려해야 할 것이 있다. 나를 내려놓고 상대를 거울에 비친 또 다른 나라는 생각에서 칭찬하고 조용히 상대의 말에 귀 기울일 수 있는 잔잔하면서도 온화한 인간다움이다.

새가 알을 가슴에 품는 것을 포란抱卵이라 한다. 포란을 오래하면 가슴 털만 탈모되기 때문에 새 입장에서는 엄청난 스트레스임이 틀림없다. 하지만 생명을 품는다는 관점에서 보면, 이는 분명 지고지순한 배려임에 틀림없다.

34
타인의 마음을 나의 마음으로 헤아린다

他人有心 予忖度之
타 인 유 심   여 촌 탁 지

> 다른 사람의 마음을 나의 마음으로 헤아린다.
>
> —《맹자》

One understands others' feelings with one' own mind & heart.

《시경》에 나오는 말을 맹자가 인용한 것이다. 내 마음으로 헤아려서 타인의 마음을 알 수 있다는 뜻이다. 아무리 빠르고 교활한 토끼라 하더라도 개를 만나면 잡히고 만다. 남에게 해를 입히려는 사람이 아무리 마음을 감추려고 해도 완전히 감출 수는 없다.

이는 마음만 헤아려도 그 전모를 파악할 수 있다는 뜻이다. 예를 들어, 제사 지내기 위해 소를 죽이는 행위는 차마 하지 못할 일이다. 그렇다고 제사를 폐지할 수도 없다. 우는 소를 보면 측은지심惻隱之心이 발동해서 이를 막을 수 있다. 하지만 양羊은 아직 보지 않았기에 마음이 동하지 않아서 해로운 바가 없게 된다.

싹이 나다

중화민국의 국부인 손문孫文은 인생은 봉사하는 것으로 목적을 삼는다고 했다. 누구나 봉사할 수 있다. 누구나 봉사하려는 작은 배려에도 깊은 의미가 담겨져 있다. 타인의 마음을 생각하는 힘은 나를 넘어서는 도약대며 세상과 조화를 이루는 연결고리다. 상대방을 생각하는 작은 힘이 마음을 움직이고 세상을 움직인다.

배려에는 타인에게 피해를 주지 않으려는 마음이 담겨 있다. SNS를 통해 사진이나 남긴 말 등이 친구들뿐만 아니라 친구의 친구까지, 혹은 모르는 사람들에게도 알려질 수 있다. 더욱 상대를 위한 각별한 배려가 요구되는 세상이다. 자신이 듣기 싫은 말, 혹은 남이 내게 시켰을 때 하기 싫은 것 등을 하지 않으려는 노력이 배려의 첫걸음이다.

사람은 항상 자신을 칭찬해주는 사람을 사랑하지만, 반드시 자신이 칭찬하는 사람을 사랑하지는 않는다. 자신을 용서하는 마음으로 남을 용서하고, 남을 꾸짖는 마음으로 자기도 꾸짖을 수 있어야 한다. 자신에게 적용한 잣대를 남에게도 똑같이 적용해야 한다.

배려는 어떤 이득을 추구하는 행위가 아닌, 타인을 돕고자 하는 마음에서 우러나온 인간다움의 발현이다. 상대를 이해하고 그의 입장을 헤아리려는 마음이 중요하다. 있고 없음과 길고 짧음은 모두 상대적이다. 학의 다리가 길다고 잘라서도 안 되고, 오리 다리가 짧다고 늘려서도 안 된다. 길고 짧음은 타고난 본성이다. 상대의 품성도 타고난 것이므로 자신의 잣대로 예단해선 곤란하다.

꽃이 피다

달이 두 번 바뀔 동안 당신 이웃의 모카신(굽이 없는 부드러운 가죽 신발)을 신고 걸어보기 전에는 그 이웃에 대해 이러쿵저러쿵 말하지 말라는 말이 있다. 상대방의 입장이 되어보지 않고서는 상대의 사정을 제대로 알 수 없는 노릇이다.

상대를 편안하게 해주려는 마음가짐이 중요하다. 만나서 불편한 사람은 상대가 있음을 의식하지 않기 때문이다. 반면에 만나서 편안한 사람은 상대를 의식하고 배려해주기 때문이다. 자신과 상대를 고려하여 상대에게 배려를 실천하였는가를 스스로 반성할 필요가 있다.

자신에게 편안하게 느껴지는 상대와의 관계는 필요조건이다. 하지만 자신이 상대방에게 편안한 존재로 인식되는 것은 충분조건이다. 자신과 상대가 서로 편안하게 느껴서 부분으로 혹은 전체로 받아들일 수 있을 때 두 조건은 성취된다. 인간관계는 완전 조건이기 때문이다.

배려는 상대를 대등한 존재로 생각하고 의식적으로 양보하려는 마음에서 나오는 헌신적인 자세다. 강요된 배려는 진정성이 빠져있다. 형이 가지고 있는 사탕을 동생에게 양보하라는 부모님의 강요에는 사랑이 존재하지 않는다. 친애의 정, 가족에 대한 사랑은 존재하더라도 사탕을 양보하는 순간 제 것을 빼앗겼다는 원망이 자리하게 된다.

타인을 배려하면서 자신이 하는 행위가 어떤 방식으로든 자신에게 복으로 돌아오기를 바라고 기대한다. 《왜 사랑에 빠지면 착해지는가》에서는 북아메리카 북서 해안 원주민들의 포틀래치라는 문화가 소개되어 있다. 포틀래치는 일종의 선물을 나누는 의식이다. 이 의식과 일방적으로 선물을 주는 것의 차이는 바로 선물에 대한 값을 치러야 한다는 점이다.

이들은 선물에 영혼이 있다고 믿고 선물 받은 자는 선물을 준 자에게 언젠가 반드시 보답해야 할 의무를 느끼게 된다고 믿는다. 남이 자신을 배려해주었다면 수혜자는 아무리 사소한 은혜라도 갚아야겠다고 생각한다. 배려의 행위는 타인이 책임의식을 갖고 무언가 혜택을 되돌려줄 것이라는 기대 심리에서 촉발될 수도 있다.

조세희 작가는 《난장이가 쏘아 올린 작은 공》에서 산업화와 재개발이 한창이던 1970년대 후반기를 배경으로 도시 빈민층의 가난한 삶을 그렸다. 난쟁이 김불이는 아내와 큰아들 영수, 둘째 아들 영화와 막내인 딸 영희와 행복동에 산다. 이들은 온갖 어려움을 극복하며 하루하루를 힘겹게 살아가는 도시의 소외계층이다.

그들에게 철거 계고장이 날아오고 입주권이 있어도 입주비가 없는 주민들은 반강제로 거간꾼들에게 입주권을 판다. 난쟁이 가족이 개발업자에게 입주권을 넘기고 받은 돈은 25만 원이다. 그중 15만 원은 명희네 빚 갚는 데 쓰고, 남은 돈으로 이들이 갈 수 있는 곳은 없다.

배려를 행동으로 옮길 때 개인의 힘으로는 한계에 부딪힐 때도 있다. 이때는 지역사회와 정부가 나서서 개인이 느낀 도움의 필요성을 해결할 필요가 있다. 그것을 점차 체계적으로 행하게 되면, 개인적 차원보다는 큰 규모의 사회적 배려가 될 것이고, 사회 전체의 형평을 맞추는 활동이 행해진 만큼 우리는 보다 나은 사회에 살게 되는 것이다.

열매 맺다

자기의 마음으로 남의 마음을 헤아려라! 배려의 가치는 상대방의 관점에서 생각하는 것에 있다. 일방통행인 골목에 자신의 용무를 위해서 주차를 하는 것은 그 골목을 통행하는 사람들의 불편을 고려하지 않은 행동이다. '내가 여기에 주차하면 다른 사람들에게 방해가 되겠지'라고 생각은 할 수 있지만, 당장 자신의 편리함만을 앞세우다 보니 타인에 대한 배려는 뒷전으로 밀려난 것이다.

《성경》에 너희 중에 누구든지 크고자 하는 자는 너희를 섬기는 자가 되고, 너희 중에 누구든지 으뜸이 되려고 하는 자는 너희의 종이 되어야 한다는 말이 나온다. 결론적으로 다른 사람에게 대접받고 싶다면 먼저 그 사람을 대접하라는 의미이다. 사람을 대접한다는 것은, 상대방의 관점에서 보려고 노력하고 상대방과 같은 눈으로 세상을 바라보는 것이다.

자신과 상대가 어떤 관계에 있든지 함께 어울리는 것 자체가 항상 편안하고 즐겁게 느끼도록 해주려는 배려가 된다. 우울해하는 여성에게 장미꽃 한 송이와 메모를 전달하는 젊은 청년의 행위가 여성으로 하여금 감동의 눈물을 흐르게 한다. 메모에는 당신이 말 못 할 일들로부터 치유되길 바랍니다. I hope you heal from the things you don't talk. 라고 쓰여있다.

돕는 자와 도움을 받는 자의 처지가 다름에도 불구하고 누군가를 돕는다는 것은 매우 어려운 일이다. 사람들은 모두 처지가 다르며 각자의 사연이 있다. 지하철에서 나보다 어른인 사람에게 자리를 양보할 때, 상대방은 자신이 그 정도로 나이 들지 않았다고 생각하여 오히려 자리를 양보해 준 사람에게 미안하고 눈치가 보일 수도 있다.

몸이 불편한 사람에게 배려하는 행동을 하기 전에는 반드시 먼저 당사자에게 도와줘도 되는지 허락을 받아야 한다. 그렇지 않으면 오히려 그들을 배려하지 않고 상처를 주는 행동이 될 수도 있기 때문이다. 상대에게 마음 쓰고자 하는 순수한 동기임에도 불구하고 '실패'할 수도 있다는 것이다.

언제부터인가 호의나 배려를 베풀어도 호감으로 의심받는 사회가 되어버렸다. 단순히 친절을 베풀어도, "저 사람이 나를 좋아하나?"라고 생각하는 오해를 낳기도 한다. 사람들의 순수한 마음을 그대로 받아들이지 못하고 사회적인, 혹은 개인적인 시선으로 왜곡해서 받아들이는 경우가 많아졌다. 그만큼 상대의 순수한 마음을 있는 그대로 받아들이는 것이 힘들다는 반증이다.

배려는 미래사회에 요구될 다양한 선택들이 합리적일 수 있도록 도움이 되기도 한다. 배려도 공부나 일처럼 할수록 실력이 늘어 더욱 잘할 수 있게 된다. 우리는 어렸을 때부터 학교에서 배려의 중요성을 배우고 성인이 될 때까지 배려를 실천하면서 점점 성숙해진다. 성숙하게 배려를 행하는 사회에서는 다양한 사람들과 불협화음을 일으키지 않으며 살아길 수 있다.

35
바람처럼 움직이고 물처럼 받아들인다

中孚之象 議獄緩死
중 부 지 상 의 옥 완 사

> 바람이 움직이면 물이 받아들이듯, 옥사를 의논해 죽임을 늦춘다.
> —《주역》

If the wind moves, the water conforms to it. A superior man deliberates about cases of litigation to delay the infliction of death.

    죄인의 옥사를 의논할 때는 마음으로 그 정성을 다해야 한다. 더더욱 사람의 목숨을 거두는 일을 결단할 땐, 지극히 측은한 마음으로 판단해야 한다. 천하의 일에 정성을 다하지 않을 것이 없지만, 옥사를 의논하는 일과 사형을 늦추는 일은 그중에 가장 큰 것이다.
    옥사를 의논할 때는 온 마음을 다하는 것은 법의 잣대로만 판단하면 간과할 수 있는 부분이 있기 때문이다. 판단하되 곡진하게 살펴서, 차마하지 못하는 마음을 지니는 것이 생명을 지극히 존중하는 자세다.

싹이 나다

　사람들은 일상생활에서 자신들이 알게 모르게 배려를 행하고 있다. 배려를 행했을 때, 받은 사람뿐 아니라 행한 사람에게도 좋은 점은 스스로 뿌듯함을 느낄 수 있다는 것이다. 배려를 통해 얻는 자기만족도 충분히 가치가 있다.

　인간관계에서 만남이 지속되면서 배려의 중요성과 가치는 더욱 커진다. 두 사람 사이에 호감이 생기고 서로 존중과 신뢰를 쌓아 세상과 사람 사이에 원만한 관계를 유지하게 된다.

　항상 작은 것이 큰 것을 변화시키는 시발점이 되듯이, 배려는 아주 사소한 것에서 시작되기 때문에 지나치기가 쉽다. 배려의 사소한 시작은 쌓이고 쌓여서 큰 사랑으로 나타난다. 이 사랑은 스노우볼snow ball처럼 나아갈 때마다 커져서 자신과 상대와의 범위를 진솔성과 진정성으로 다지고 넓히는 위력을 발휘하게 된다.

　타인을 존중하는 마음엔 자연히 배려하는 행동이 수반된다. 마라톤 경기에서 3위로 달리던 영국 선수가 결승선을 앞두고 진로를 놓친 일이 있었다. 이때 4위로 달리던 스페인 선수가 결승선 앞에서 3위 선수가 제 위치에 올 때까지 기다렸다가 나중에 결승선을 통과했다.

　그는 메달을 포기하고 진정한 스포츠 정신을 택했다. 상대의 실수로 딴 메달은 공정하지 않다고 판단했기에 용기 있는 행동을 보여주었다. 배려는 자연처럼 그렇게 저절로 행해질 때 그 진면목이 드러난다. 배려도 순리에 따라야 한다.

꽃이 피다

조선시대 정호鄭澔는 촛불로 어두운 밤을 비추더라도 어두움이 밝아지니, 계속해서 비추기만 하면 밝음을 이어갈 수 있다고 하였다. 누군가를 배려한다는 것은 촛불로 어둠을 비추듯 내가 줄 수 있는 가장 소중한 것을 그에게 내어주는 것이다. 혹시 상대의 행동이 마음에 들지 않더라도, 이를 무시하거나 짓밟지 않고 정중하게 받아들이되 스스로 바로잡을 시간을 줄 수 있어야 한다.

생텍쥐페리는 《어린왕자》에서 세상에 가장 어려운 일은 사람이 사람의 마음을 얻는 일이라고 하였다. 하지만 《기니피그 이야기》에 나오는 나대로 사장은 스스로 돈의 신이라 부르며, 오직 돈의 힘에만 의지하는 오만한 사람이다. 사장에게 인간미를 느끼지 못하는 직원들은 사장이 볼 때만 마지못해 일하는 척한다.

결국, 회사는 누적된 적자로 인해 망하게 된다. 나 사장은 자신이 속한 곳을 사랑하라는 원칙을 지키는 봉 주임을 만나면서 타인에 대한 사랑하는 마음과 배려, 그리고 섬기는 태도를 배워 실천하면서 변화되는 모습을 보인다.

유비가 제갈공명을 세 차례 찾아가 자신과 뜻을 함께할 것을 청한 것을 삼고초려三顧草廬라 한다. 그는 자신이 원하는 인재를 영입하기 위해서는 비록 신분이 낮은 사람일지라도 직접 찾아간 것이다. 그의 정성에 감동한 제갈량은 유비가 천하의 일부분을 차지하는 데 기여하게 된다. 유비가 인재를 얻기 위한 특별한 배려였다.

세상은 물질적으로 풍요롭지만, 개개인의 삶은 오히려 각박해지고 있다. 현대인은 자신과 동료, 그리고 사회로부터 소외되고 있다. 그들은 상품으로 변하고, 시장에서 최대의 이익을 가져다주는 투자 대상으로 존재를 증명할 수 있을 뿐이다.

에리히 프롬 Erich.S. Fromm은 《사랑의 기술》에서 모든 사람이 되도록 타인들과 함께 있으려고 하지만, 모든 사람은 아주 고독하며 분리 상태가 극복되지 못했을 때 필연적 결과로 생기는 깊은 확실성과 불안, 죄책감의 지배를 받는다고 하였다.

배려가 절실하게 필요한 세상이다. 고독을 달래주고, 분리가 아닌 하나 됨을 위해서, 그리고 삶의 질곡에서 드러나는 불안과 수많은 죄책감에서 벗어나기 위해서 배려가 필요하다. 배려는 자신을 달래주고, 상대를 위로하며, 그리고 모두를 위해 축원하는 그런 넉넉한 마음을 지니고 있기 때문이다.

자신을 사랑하는 것은 이기적인 것이 아니라 자기 배려다. 여기에 익숙한 사람들은 행복한 세상에 살고 있는 이들이다. Self-love is not selfish, it's self-care. A world of people committed to self-care is a happy world. 누구나 자신이 소유한 것들을 헤아려 볼 때, 자기 자신은 과연 몇 번째에 해당하는 지 따져볼 필요가 있다.

누구나 낮은 곳에 몸을 두는 것은 싫어하지만, 물은 낮은 곳으로 흘러간다. 하지만 그 물은 바위를 차츰 자갈로도, 모래로도 만드는 힘을 지니고 있나. 부드러우면서도 강하고 낮은 곳으로 흐르면서 언제든 저 높은 곳 구름에 이르기도 한다.

열매 맺다

　에머슨은 자연이 우리에게 주는 그 영향의 진정한 의미와 특성을 자연은 어느 것 하나만을 위해서, 또는 몇 가지 특정한 목적들을 위해서 존재하는 것이 아니라 헤아릴 수 없이 많은 무한한 혜택을 위해 존재한다고 하였다. 배려는 자신을 넘어 세상과 조화를 이루게 해주는 연결고리다. 예의범절, 법질서, 제도 등도 서로를 위한 배려에서 시작되었다고 할 수 있다. 일상 속에서 수천 가지, 수만 가지의 배려를 경험할 수 있다.

　친구들을 만날 때, 혼자 핸드폰을 보지 않는 행동이나 다른 사람 말이 끝날 때까지 끼어들지 않고 기다려주고 들어주는 것 등 모든 사소한 행동들이 잔잔하게 '배려하는 마음 씀'들이다. 이처럼 행동으로 따지고 보면 배려는 너무나 간단한 개념이 된다. 그저 나 아닌 다른 사람을 조금이라도 신경 써주는 행동이 곧 배려가 되는 것이다. 그러나 배려하는 행동과 진정한 배려심을 같다고 할 수는 없다.

　흔히 말하는 '매너'라는 것은 주로 행동으로 설명되기 때문에 배려심 없이도 매너, 즉 배려하는 행동을 하는 것이 가능하다. 진정한 배려심이 무엇인지 아는 데는 약간의 수고로움이 요구된다. 배려하는 마음은 억지로 마음속에서 만들어내고, 행동으로 짜내야만 하는 부자연스러운 마음이 아니다. 일종에 사랑하는 사람들에 대하여 자연스럽게 가지고 있는 바람 같은 것이다.

사람은 다른 사람과 더불어 살아간다. 사람은 본래적으로 사회적 동물일 수밖에 없다는 점에서 관계적 존재이다. 인간은 본래적으로 타인과 관계를 맺으며 살아간다. 이는 우리가 사람과 사람간의 진정한 관계를 맺기 위한 마음가짐으로 이미 내면에 지니고 있으며, 그것을 배려로 밖으로 표현되는 지극히 자연스러운 것이다.

배려하지 않는 삶에 익숙해져 그 가치를 망각한 채 사람다움을 잃어버리는 것을 경계해야 한다. 자유시장의 무한경쟁은 인류에게 풍요로움을 가져다주었지만, 우리의 정서를 무디게 한 측면도 있다. 서로를 배려하지 않는 경쟁은 개개인에게는 불행을 안겨주고, 대중들에게는 소외감을 심어준다. 배려 정신은 현대인들에게, 현대사회에, 더 나아가 세계에 하나 됨을 위한 명약이 될 수 있다.

어느 연못에 붕어 두 마리가 살고 있었다. 그중 한 마리가 연못을 혼자서 차지하고 싶어서 다른 한 마리와 싸움을 벌인다. 싸움에서 이긴 붕어는 자신이 죽인 상대 붕어의 사체로 인해 연못이 썩어 끝내 자신도 죽고 만다. 진정으로 혼자가 아닌 같이 살아가는 사회를 위한다면 탐욕으로 가득한 공간에 배려의 씨앗을 뿌릴 필요가 있다.

괴테는 등불이 타면 기름의 흔적이 있기 마련이고, 초가 타는 곳에는 타고 남은 심지가 있기 마련이다. 하지만 하늘에서 비추는 빛들만이 순수하게 빛나고 얼룩을 남기지 않는다고 하였다. 인간의 마음을 하늘의 마음이라고 한다. 지고지순한 하늘 마음에서 흐르는 배려심도 타인의 가슴에 빛은 남기되 얼룩은 남기지 않는다.

36
사랑은 타인을 위해 베푸는 마음이다

愛施於人 欲本乎己
애 시 어 인 욕 본 호 기

> 사랑은 남에게 베풀고, 욕심은 자신을 본보기로 삼는다.
>
> —《근사록》

Love manifests in the act of giving to others; greed centers the self as the measure of all things.

리처드 니스벳은 《생각의 지도》에서 동양 사회는 서구 사회에 비해 타인과 더불어 삶을 추구하고 집단과 조화로운 어울림을 좋아하고, 타인의 감정을 더 잘 읽어내고 상대방을 배려하려고 노력한다고 하였다. 배려는 다른 사람의 지시가 아닌 자발적으로 헌신하는 것을 의미하기 때문에 적극적인 관심의 표현이자 잔잔한 사랑의 울림이다.

배불러도 남의 주림을 알고, 따뜻해도 남의 추움을 알며, 편안해도 남의 수고로움을 알아야 한다. 사랑은 완전한 사람을 찾는 것이 아니라 불완전한 사람을 완전하게 바라보는 것Love is not to find the perfect person, but to see an imperfect person perfectly이기 때문이다.

싹이 나다

　포드 자동차의 창설자인 헨리 포드는 성공 비결이 하나 있다면, 그것은 타인의 입장을 이해하고 자신뿐만 아니라 타인의 관점에서 사물을 보는 능력이라 하였다. 배려는 자발적인 마음에서 우러나오는 것이다. 배려는 공경하는 자세다. 공경이 지극해지면 고요한 가운데 마음을 비우고, 움직일 때는 곧아서 상대에게 베푸는 것이 모두 이치에 맞게 된다.

　사람은 사랑을 받으면 성장하는 법이다. 누군가를 치유하고 싶거든 조건 없이 사랑하면 된다. People grow when they are loved well. If you want to help others heal, love them without an agenda. 배려는 남을 사랑하고 어질게 베풀려는 성정이다. 또한, 사람 둘만 모여도 서로를 정성껏 예우하면서 상대의 입장에서 생각하려는 마음씨이다. 줬으니 꼭 받아야 한다는 무거운 기대심은 버려야 한다.

　사람은 사랑할 수 있되, AI는 사랑할 수 없다. 첨단기술 덕분에 눈부신 발전을 이뤘지만, 그 대가로 사람들이 잃어가고 있는 것이 바로 배려하는 마음이다. 서로 분리된 현대인들은 더 이상 타인을 고려할 이유도 없고, 그럴 능력도 없다고 단정하고 차이를 두려 한다.

　지금 당당하게 과거보다 더 행복해지고 있다고 믿으려면 배려의 의미를 곱씹어 볼 때다. 사사로운 은혜에 얽매여 사랑하는 것은 소인과 여자를 감싸주는 작은 배려라고 한다. 소소하고 작은 선행을 하고서 대단한 배려를 한 것처럼 포장하지 말라는 뜻이다.

꽃이 피다

토인비 A. J. Toynbe는 사랑은 모두 욕망이지만, 욕망에는 두 가지 종류가 있다고 하였다. 하나는 자기를 몰각시켜 다른 사람들이나 세계 혹은 우주의 배후에 있는 것에 자기 자신을 투여하려는 욕망이다. 다른 하나는 우주를 착취하여 자기 자신의 내부에 집어넣고 자기 목적을 위하여 쓰려고 하는 것이다.

"신문 대신 던져주는 시간 6초, 어르신과 함께 횡단보도 건너는 시간 23초, 후배에게 커피 타주는 시간 27초, 버스 벨 대신 눌러주는 시간 4초. 세상을 아름답게 하는 시간, 하루 1분이면 충분합니다." 이는 몇 해 전 한 공익광고의 카피다. 몇 초의 시간을 내가 아닌 남을 위한 배려에 사용하면, 훨씬 이타심 가득하고 따뜻한 사회를 만들 수 있다는 교훈을 사람들에게 심어준다. 동시에 나도 한번 실천해 볼까?라는 동기부여도 심어주는 명구다.

인간은 관계 속에서 의미를 찾아가는 존재이다. 포도밭의 여우처럼 포도가 떨어지기를 기다리기보단 먼저 상대방을 배려하는 자세가 중요하다. 배려는 공존의 원칙이다. 사람은 능력이 아니라 배려로 자신을 지키며, 사회는 경쟁이 아니라 배려로 유지된다.

남을 위한 배려가, 곧 나를 위한 배려를 구성한다는 것을 알 수 있다. 그러나 나를 잊은 채 타인만을 배려하는 것은 경계해야 한다. 이는 인仁의 정신에도 어긋난다. 어질고 타인을 사랑하는 마음이 배려를 하는 데 있어서 가장 큰 역할을 한다.

생텍쥐페리의 《어린왕자》에 나오는 어린왕자는 별을 떠나 도착한 다섯 번째 별에서 가로등 켜는 사람을 만난다. 그곳은 가로등 하나와 불 켜는 사람이 있을 자리밖에 없는 작은 별이다. 거기서 가로등 켜는 사람은 잠도 자지 않고 1분에 한 번씩 가로등을 켜고 끄기를 반복한다. 그를 본 어린왕자는 "왕과 허영쟁이, 술꾼, 장사꾼과 같은 사람들은 가로등 켜는 사람을 무시하겠지만, 나는 저 사람이 어리석다고 생각하지 않아. 아마 자신이 아닌 남을 위해 무언가를 하고 있기 때문일 것이라."고 말한다.

가로등 켜는 사람에게서 배울 수 있는 배려의 마음은 불을 켜면서 별 하나를 탄생시키고 불을 끄면서 별을 잠들게 하는, 남을 도와주고 보살펴주는 마음이다. 바로 배려의 마음인 것이다. 이처럼 가로등 켜는 사람에게서 배울 수 있는 남을 도와주고 보살펴주려는 마음의 배려 역시 인仁을 실천하는 리더의 참된 자세이다.

세종대왕은 신체장애와 상관없이 능력 위주로 채용하였다. 명통시를 만들어 시각장애인들을 뽑았고, 이들은 국가의 공식행사를 담당하였다. 장애인에 대한 편견과 차별 없이 선출했던 선정 결과로 우의정과 좌의정을 지낸 허조, 우의정을 지낸 권균, 좌의정을 지낸 심희수, 대제학과 형조판서를 지낸 이덕수 등 역사를 빛낸 수많은 장애인이 나오게 되었다. 또 박연이 "옛날의 제왕은 모두 시각장애인에게 거문고를 타며 시를 읊는 임무를 맡겼으니, 이는 세상에 버릴 사람은 아무도 없기 때문이라."고 하였듯이, 세상에 쓸모없는 사람이란 없다.

열매 맺다

자신에 대해 집착할수록 다른 이에 대한 관심은 줄어든다. 사소하고 작은 배려도 우리 사회의 모습을 훨씬 보기 좋게 만들 수 있다. 뒤에 따라 들어오는 사람을 위해 문을 잡아준다든지, 대중교통에서 사회적 약자에게 자리를 양보해준다든지 등등, 이런 배려들은 작지만 사회를 바꿀 수 있는 원동력이 될 수 있다.

최근에도 중학교 앞에서 앵두를 팔던 할머니에게 여학생들이 너도나도 모여들어 그 자리에 있던 앵두를 모두 사갔기에 할머니께서 일찍 집에 돌아갈 수 있었다는 미담도 있었다. 사회가 빠르게 발달하며 분업화됨에 따라 복잡해졌고, 한 개인 혼자만의 능력으로는 결코 삶을 영위할 수 없게 되었다.

스콧 피츠제럴드F. Scott Fitzgerald는 《위대한 개츠비》에서 어린 시절 아버지에게 들었던 충고를 회상한다.

> 누군가를 비판하고 싶을 때는 세상의 모든 사람이 다 너처럼 유리한 위치에 서있지는 않다는 점을 기억해 두는 것이 좋을 것이다.

인간은 사회적 동물이기에 혼자 세상을 살아가기 힘들다. 자연히 남과의 관계에서 불협화음을 일으키지 않을 수 있는 행동과 생각이 중요하다. 그런 역할을 해줄 수 있는 것이 상대 입장에서 상대를 생각하는 배려이다.

사람들은 도움을 준다는 생각이 앞서 상대방을 고려하지 않고 행동하다 보면 의도와 다른 결과를 낳기도 한다. 배려는 기본적으로 누군가를 돕는다는 마음을 가지고 하는 행동이지만, 반드시 좋은 결과만을 가져오지는 않는다. 좋은 행동이 반드시 타인이 원하는 행동은 아닐 수도 있기 때문이다.

배려는 나 자신을 자연히 겸손하게 만들며 더불어 즐거움을 느끼게 한다. 배려란 삶에서 외로움을 몰아내는 강력한 힘이다. 배려해주는 건 딱히 이유가 있어서라기보다 배려하고 양보했을 때 해준 사람은 뿌듯하고, 받은 사람은 후에 또 다른 사람에게 베풀어주는 훈훈한 정의 순환이라고 할 수 있다.

아이스버킷 챌린지는 루게릭병에 대한 관심을 갖고 기부를 활성화하기 위해 미국에서 시작된 이벤트이다. 얼음물을 뒤집어쓰는 동영상을 올리거나 100달러를 기부한 뒤, 다음 참가자 3명을 지목하는 방식이다. 빌 게이츠, 마크 주커버그, 조지 W. 부시, 타이거 우즈, 톰 크루즈 등 미국 사회 각계의 유명 인사들이 대거 참여했고, SNS을 통해 일반인들도 많이 참여하였다.

국내에서도 많은 정치인, 연예인 등이 이 열풍에 동참하면서 2억 원이 넘는 기부금이 한국루게릭병협회에 전달되었다. 2014년 8월 기준으로 전 세계적으로 아이스버킷 챌린지 모금액이 1억 달러를 돌파하였다고 한다. 이를 생각해보면, 우리는 사회적으로 약자들을 향한 나눔과 배려가 끊임없이 행해지고 있음을 알 수 있다.

제7장

소통 疏通(Communication)

소통을 의미하는 communication은 '함께'를 의미하는 'comm'과 '하나'를 의미하는 'uni'가 합쳐져, 통하여 오해가 없이 함께 하나가 된다는 의미를 지니고 있다. 개인주의가 팽배해지면서 '우리'라는 공동체 개념보다는, '나'라는 개인적 개념이 더 중요하게 되었다.

이는 인간관계에 초점을 맞추기보다는 개인의 행복에 더 많은 초점을 맞추게 됨으로써 소통의 부재를 낳았다고 할 수 있다. 프란츠 카프카F.Kafka의《변신》에서 주인공 그레고리는 가장으로서 열심히 일한다. 하지만 가족들은 그를 돈을 벌어오는 기계로 생각할 뿐 별 관심을 주지 않는다. 가족이 서로 소통하지 못하는 상황이 전개된다.

다른 사람을 자신의 욕심을 채우는 도구로 생각하는 세태는 단절이란 말로 표현될 수 있다. 사소한 일로 의좋은 형제들이 서로 의절하거나, 윗집과 아랫집이 서로의 상황을 모른 채 층간소음이란 이름하에 싸우는 일이 다반사다. 모두 소통이 실종된 모습들이다.

조지 버나드 쇼G. B Shaw는 두 사람이 각자 사과 한 개를 가지고 있다가 서로 교환하더라도 두 사람은 여전히 사과를 한 개씩만 가지게 된다. 하지만 두 사람이 각자 아이디어 한 개씩 가지고 있다가 서로 교환하면 두 사람은 각각 두 개의 아이디어를 갖게 된다If you have an idea and I have an idea, and we exchange ideas, we each now have two ideas고 하였다. 소통의 효과를 가장 간결하게 표현하고 있다.

헤르만 헤세H. K. Hesse는 《데미안》에서 자기 자신의 의미를 해석할 수 있는 건 누구나 자기 자신뿐이라고 하였다. 강렬한 느낌을 주는 이 말은 자기 자신과의 소통이 얼마나 중요한가를 암시하고 있다.

우리 속에는 모든 것을 알고, 모든 것을 하고자 하고, 모든 것을 우리 자신보다 더 잘해내는 어떤 사람이 있다는 것을 알아야 한다는 데미안의 말 역시 우리가 우리 내면에 있는 본질적 자아와 소통을 해야 한다는 것을 의미한다.

37
말은 항상 이치에 맞게 해야 한다

言悖而出者 亦悖而入
언 패 이 출 자 역 패 이 입

> 말이 도리에 어긋나게 나가면, 또한 도리에 어긋나 돌아온다.
> ―《대학》

The ruler's words going forth contrary to right, will come back to him in the same way. Wealth, gotten by improper ways, will take its departure by the same.

바이런L Byron은 한 방울의 잉크가 백만 명의 사람들에게 많은 생각을 하게 한다A drop of ink may make a million think고 하였다. 말도 마찬가지다. 도리에 어긋난 말은 도리에 어긋나 돌아온다. 또한, 도리에 어긋나게 들어온 재물은 도리에 어긋나게 나가게 된다.

아라비아의 속담에 무화과나무는 다른 무화과나무를 바라보며 열매를 맺는다는 말처럼, 먼저 상대방의 말을 잘 들어야 조리 있게 말을 잘할 수 있다. 꽃이 많이 피면 열매가 작게 열리는 것이 당연한 이치이듯, 말이 많으면 실행이 적은 것은 인간의 실상이다.

싹이 나다

알프레드 아들러Alfred Adler는 사적인 의미는 사실상 아무런 의미가 없으며, 진정한 의미는 소통에서만 가능하다고 하였다. 자신의 의견과 다르다 하여 고집을 부리거나 자기중심적인 태도를 보여선 안 된다. 소통을 통해 의미를 만들어가야 한다는 뜻이다.

소통은 서로 통해서 쌍방이 오해가 없어진 상태다. 오해는 필연적으로 상상력을 자극하게 되고, 상상력이 가미된 오해는 결국 좋은 쪽이든 나쁜 쪽이든 극단으로 치닫게 된다.

관계에서 호감이 만들어지고, 그 호감이 친밀감으로 돈독해질 때 그 관계는 문제나 갈등 상황에서도 굳건할 수 있다. 마크 트웨인M. Twain은 사람의 인성은 대화 중에 그가 습관적으로 사용하는 형용사를 보면 알 수 있다A man's character may be learned from the adjectives which he habitually uses in conversation고 하였다. 소통은 어느 한쪽의 마음을 전달하는 일방적 병목현상이 아니라, 서로의 마음이 왕래하는 쌍방의 원활한 흐름이다.

상호 신뢰를 높이는 것은 지속적이며 원활한 소통을 가능하게 한다. 혀를 다스리는 건 나이지만, 내뱉어진 말은 나를 다스리므로 내뱉은 말은 자신이 책임져야 한다. 입술의 30초가 마음의 30년이 된다는 말이 있다. 소통도 중요하지만, 내가 뱉은 말에 책임지는 자세가 중요하다. 내 말은 곧 나의 그릇과 인격을 나타낸다. 나의 말로 인해 타인의 인생을 바꿔놓을 수도 있다.

꽃이 피다

　사람이 모이는 의미를 지닌 회會자는 이치가 모인다는 것을 뜻하고, 서로 소통한다고 할 때의 통通은 일의 마땅함으로 뜻한다. 회會는 이치가 모여 있어 빠뜨릴 수 없는 곳에 이르고, 통通은 이치가 행할 만하여 막히는 곳이 없음을 말한다.

　사람들은 모든 수단을 활용해 소박한 거래와 검소한 소비를 존중하면서 세상이 들려주는 이야기를 경청하고, 상호 작용을 통해 자신의 사고를 키우며 지혜롭게 살아간다. 그러면서 사람들은 언어로 생각을 표현하지만, 언어의 한계로 인해 모든 상황을 정확하게 다 표현할 수는 없다. 이는 근본적인 소통의 한계이기도 하다.

　세상의 모든 갈등이나 심지어 전쟁의 원인도 소통 부족에서 찾을 수 있다. '말을 해야 할 때'와 '침묵을 지켜야 할 때'를 구분해야 한다지만, 흔히들 소통 부재의 시대에 살고 있다고 한다. 톨스토이는 말을 제대로 못 했던 것을 유감으로 생각한다면, 침묵을 지키지 못했던 것에는 백 번이라도 후회를 해야 한다고 말한다.

　또한, 사람이 알고 모르는 것을 솔직하게 말하는 것은 지혜로운 소통 방법이다. 노자老子는 속임수를 쓰는 것은 분명 있는 그대로 행동하는 것보다 믿음이 덜하다고 하여 사람을 대할 때 기교를 부리기보다는, 솔직한 태도로 대화에 임하는 것이 올바른 소통의 길이라고 하였다. 소통의 시작, 그것은 솔직함으로부터 나오는 것이다.

　최대한 상대의 입장을 헤아려서 소통해야 한다. 자신이 보내는 메시지가 때로는 상대에게 곤란한 소리로 들리지는 않을까 생각해서 상대에게 멜로디로 들려줘야 한다. 상대와 소통에 어려움을 겪을 때는 자신에게 문제가 있을 수 있다. 소통에 있어서 자신을 독불장군으로 만드는 자승자박의 상황을 스스로 만들 수 있기 때문이다.

심리학자 메라비안Mehrabian는 대화를 이렇게 분석했다.

> 대화할 때 단어, 목소리 톤, 표정의 상대적 중요도에 대한 비율이 7:38:55로 구성된다. The 7%-38%-55% Rule, for the relative impact of words, tone of voice, and body language when speaking.

그는 소통이 단순한 대화로만 이뤄지는 것이 아니라 여러 요소가 포함된 종합예술임을 보여주고 있다.

몇 해 전, 지방의 한 단체장이 다문화 가족 600여 명이 모인 자리에서 축사를 하며 잡종 강세라는 말을 한 뒤 곤욕을 치른 적이 있었다. 악의 없이 혼혈이 유전적으로 좋다는 말을 하려 했을 것이다. 그러나 그는 '튀기'라는 말을 쓸 수 없어 '잡종'이라 했다고 해명했다. 이 해명이 오히려 역효과를 낳았다.

현대정보사회에서는 서로 다른 국적, 종교, 문화 등을 가진 사람들이 다양한 매체를 통해 상호 교류할 기회가 많아졌다. 소통의 창구가 많아진 만큼, 갈등의 종류도 넓고 깊어져 가는 듯하다. 소통의 성격은 일방적인 것이 아닌, 상호 간 주고받는 대화를 통해 이루어지기 때문에 누구든지 경청하는 자세가 우선되어야 한다.

열매 맺다

　말을 분명하게 하여 옳고 그름을 가릴 수 있는 객관적인 태도를 기르는 것이 중요하다. 친목 도모, 토론 등 소통의 목적은 제각기 다를 수 있다. 다만 소통하는 대상과 주고받은 다양한 의견을 수렴해서 생산적이고 창의적인 방안을 도출해내려 노력해야 한다.

　화기애애한 분위기 속에서 서로를 경청하고 각자의 입장을 이해했지만, 도출해 낸 결론이 서로 다르면 진정한 소통을 했다고 보기는 어렵다. 맹자는 남이 하는 말을 통하여 그 사람의 마음속을 헤아리며 그릇된 것을 가려낼 수 있어야 한다고 했다. 한쪽으로 치우쳐 전체 문제를 보지 못하는 피사詖辭, 방탕하고 궤도를 벗어난 음사淫辭, 간교하게 속이는 사사邪辭, 그리고 스스로 이론이 궁색함을 알고 핵심을 피해 가는 둔사遁辭가 그것이다.

　소포클레스Aias는 말을 많이 한다는 것과 잘한다는 것은 별개라고 하였다. 말을 잘하는 것과 소통을 잘하는 것 또한 다르다. 소통은 전달된 말을 들을 수 있는 청각뿐만 아니라 시각, 촉각, 후각도 필요하다. 가장 중요한 것은 청각이라는 감각에 진정한 공감까지 포함된 경청의 영향을 크게 받는다.

　소통을 잘하기 위해서는 먼저 상대에 대한 배려의 마음을 가져야 한다. 그리고 눈빛, 시선 같은 비언어적인 시각적 표현도 긍정적으로 줘야 한다. 뿐만 아니라 청각적인 요소인 어투와 말의 어조도 신경 써야 하고, 촉각적 요소인 적절하고 부드러운 스킨십도 필요하다.

70억을 울린 사나이라는 영상이 화제가 된 적이 있다. 인종차별 반대 집회가 과격 시위로 번져가고 있었다. 시위에 참여한 16세 청년에게 40대의 한 남성이 던진 화두는 이 상황을 직시하고 더 나은 방법을 생각해 내!Come up with a better way였다. 그가 10대였을 때도 똑같이 시위에 참석했지만, 변화가 없었다는 것이다. 과격한 시위 방법은 오히려 집권층을 자극하여 과격한 대응을 초래한다는 것이다.

《한비자》〈세난〉편에는 용의 목 아래에 지름이 한 척 정도 되는 곳에 역린이 있는데, 이를 건드리는 사람을 용은 반드시 죽인다고 하였다. 모든 사람에게는 자신만의 역린이 있다. 효과적이고 진정성 있는 소통을 위해서는 타인의 역린과 동시에 상대방이 자랑스럽게 생각하는 것을 읽을 수 있는 타자에 대한 감수성이 필요하다.

자신의 진면목을 내보이는 동시에 상대의 내면도 파악하여 그것에 맞게 응대할 때 진정한 소통이 이뤄졌다고 할 수 있다. 말을 안다는 것은 그 사람의 마음을 아는 것이다. 상대의 마음을 알고 대화를 할 때 진정한 소통이 이루어졌다고 할 수 있다. 소통이 잘 이뤄진 사회에서는 영국의 '외로움부 장관'은 필요 없을 것이다.

미국의 신학자 쉐퍼F. A. Schaeffer는 사랑에는 긍정적인 면과 부정적인 면이 있으며, 탐심은 사랑의 부정적인 면Coveting is the negative side of the positive commands이라고 하였다. 사랑에 빠진 사람은 자신은 사랑하는 일에 최선을 다했지만, 상대가 이를 감사히 여기시 못하고 떠나갔다고 생각하면서 남겨진다는 것이다. 자신도 모르게 외로움에 빠져드는 것이다.

38
지나치게 드러내려 하지 말라

衣錦尙絅　惡其文著
의 금 상 경　오 기 문 저

> 비단옷을 입고 홑옷을 덧입는 것은 그 문체 드러남을 싫어해서다.
> —《중용》

The superior man puts a plain, single garment over his embroidered robe, intimating a dislike to the display of the elegance of the former.

비단옷을 입고 헌 옷을 덧입는다고 한 것은 그 문채가 너무 드러나지 않게 하려는 의도다. 속이 가득한 사람은 은은하나 날로 드러나고, 속이 헛헛한 사람은 선명하나 날로 흐려진다. 담백하지만 싫증나지 않고 간략하나 문채가 나며 온화하나 조리가 있다.

크리슈나무르티는 겉으로 드러낼수록 속은 빈약해진다 The greater the outward show, the greater the inward poverty고 하였다. 재주를 자랑하는 선비는 덕이 없고, 미색을 자랑하는 여인은 정분난다는 말과 통한다. 겸손은 속옷과 같아서 입기는 입되 남에게 보이지 않아야 한다.

싹이 나다

《조선왕조실록》〈연산군일기〉에는 다른 왕들에 비해 유독 듣지 않다不聽는 표현이 많이 나온다. 연산군은 신하의 간언을 듣기 싫어했다는 방증이다. 정치의 핵심은 소통이다. 소통과 함께 삶은 계속되기Show goes on에 그렇다.

지금은 시간과 거리에 장애가 없으면서 한 줄로 타인과 소통하는 세상이다. 듣지 않는다는 말이 통할 수 없는 빛나는 21세기가 마주한 SNS의 세상이다. 글을 남기면 순식간에 수많은 하트와 공감을 받기도 하지만, 다수의 정서에 맞지 않은 글을 쓰면 수많은 비난에 삶의 나락으로 떨어지기도 한다.

작가 로리 하일의 《소셜 네트워크 어떻게 바라볼까》에는 대통령과의 대화 장면이 나온다. '장차 대통령이 되려면 어떻게 해야 하느냐'라는 질문에, 오바마 대통령은 여러분들이 인터넷에 올린 것 때문에 나중에 불이익을 당할 수도 있으니 SNS에 글과 사진을 올릴 때 조심하라고 하였다. 상대와의 모든 대화에 반응할 필요는 없다. Not everything needs a reaction. 뒷전에 앉아 지켜보며 배울 수도 있기 때문이다.

소통 방식의 변화는 소통의 대상에도 변화를 가져온다. 과거에는 소통이 친구, 가족, 이웃과 같이 밀접한 대상들이 주를 이뤘다면, 현재는 소통의 대상에 제한이 없다고 할 수 있다. 모든 변화는 긍정적 요소와 부정적 요소를 모두 안고 오기 마련이다. 다만 변화가 긍정적인 요소를 안고 일어날 때, 소통은 원활해진다.

꽃이 피다

　러시아 극작가 안톤 체호프Anton Chekhov는 연극의 3막에서 총을 사용하지 않을 거라면 2막에서도 총을 벽에 걸어두지 않았어야 한다고 하였다. 왜냐하면, 총을 본 관객들이 총격이 있을 것이라고 예상하기 때문이다. 사용된다는 것은 소통됨을 의미한다.

　법정 스님은 《무소유》에서 미스코리아나 미스유니버스 등을 아름다움으로 신용할 수 없다고 하였다. 그들에게는 잡지의 표지나 사진관 앞에 걸린 그림처럼 혼이 없기 때문이다. 아름다움을 정치처럼 다수결로 결정한다는 것은 정말 우스운 일이다. 어떤 의미에서 그들은 아름다움을 드러내기보다는 모독하는 것이 된다. 왜냐하면, 아름다움이란 겉치레나 상품 가치에 있지 않기 때문이다.

　질 리포베츠키Gilles Lipovetsky는 《행복의 역설》에서 안락함이 보편화하고 쾌락과 여가 생활의 가치가 사회적으로 인정받게 되면서 체념과 절약의 윤리도 약화되었다고 주장하였다. 즉, 고급 제품이나 브랜드를 보며 자신에게 가장 좋고 아름다운 것을 요구하는 경향이 있다는 것이다. 이런 풍조가 사회의 긍정적인 트렌드로 자리 잡고 있지만, 자신의 경제적인 상황을 고려하지 않고 무조건적으로 자신의 가치에 따라 소비할 경우 많은 문제점을 일으킬 수 있다.

　침묵은 가장 효과적인 의사소통이 될 수 있다. Silence is the most effective communication. 몇 해 전에 호주의 SNS 스타인 에세나 오닐은 자신의 SNS에 업로드한 사진과 동영상을 삭제하면서 그가 누려온 가상의 인기가 얼마나 허황된 것인지를 눈물로 고백한 적이 있다. 그녀는 자신의 인생이 얼마나 완벽하고 행복한지를 과시해야 한다는 강박관념에 시달렸다고 밝혔다.

뉴욕 〈타임스〉지에 과학의 발달로 네모난 토마토를 만들어냈다. 둥근 토마토보다 네모난 토마토가 포장하기 쉬우며, 더 단단하여 수확하기 수월하다는 것이 꼽힌다. 네모 품종이 둥근 것보다 맛이 좋다는 말은 없다. 토마토의 맛이 그저 그렇다면 그건 기적이 아니라 실패작이다. 단단한 게 그 목적이라면, 감자가 차라리 낫다.

네모진 것이 목적이면, 판지 상자에 당할 수 없다. 그리고 우리가 토마토 맛이 나건 말건 상관하지 않는다 하더라도, 네모난 토마토를 만드느라 시간을 낭비할 하등의 이유가 없다. 기사는 빈속을 감추려고 지나치게 겉만을 포장하여 드러내려는 세태를 꼬집고 있다.

니체는 끊임없이 자기를 아끼는 사람은 몹시 아끼기 때문에 나중에는 병약해진다고 한다. 그러면서 많은 것을 보기 위해서는 자기를 무시하는 법을 배우라고 한다. 이러한 엄격함이 등반하는 모든 사람에게 필요하다. 볼품없는 자신의 재주를 지나치게 드러내는 것을 검려지기黔驢之技라 한다.

몇 해 전에 SNS에서 유명했던 주식 부자들이 화제가 된 적이 있었다. 이들은 페이스북에 자신의 부를 과시하면서 고급 주택과 고가의 외제차를 보여주기도 했다. 한편으로 기부도 하면서 인기를 누렸었지만 모든 것이 사기로 밝혀졌다. 과대포장된 상품이 겉으론 좋은 평을 받더라도 내용물이 노출되는 순간 실망감은 더 커진다.

열매 맺다

'머리 없는 놈 댕기 치레한다'는 속담이 있다. 본바탕에 어울리지 않게 지나치게 겉만 꾸미는 것을 비유한 말이다. 기시미 이치로는 《행복해질 용기》에서 남들의 평가에 연연하는 것은 남들의 편견에 자기 자신을 끼워 맞추려는 행위이므로 끊임없이 남들의 눈치를 보며 살아야 하는 삶은 불행의 연속이라고 하였다. 자신을 실제보다 더 좋게 꾸미는 것은 자신만을 위한 인생을 살아가는 것이 아니다. 다른 사람의 조연이 아닌 내 인생의 주인공으로 살아가야 한다.

묵자는 단물이 나는 샘은 가장 먼저 퍼내어 마르게 되고, 키가 큰 나무는 가장 먼저 잘리게 된다고 하였다. 모든 것이 쓸모가 있으면 자기의 장점으로 인해 몸을 망치게 된다는 것이다. 자신에게 장점은 타인에게 단점인 경우가 많으므로 장점도 시의時宜에 맞아야 장점이라 할 수 있다. 장점은 깊은 곳에 꼭꼭 숨겨두어도 때가 되면 그 광채를 발하게 된다.

셰익스피어는 《사랑의 헛수고》에서 새들은 아직 노래를 하려 하지도 않는데 여름이 으스댈 까닭이 없다고 말한다. 성급하게 자신을 드러내는 데만 혈안이 된 사람들을 비유하였다. 자신이 지닌 장점은 드러나게 마련이다. 다만 시간이 필요할 뿐이다. 학위증은 그저 종이 한 장에 불과하지만, 배움의 정도는 행동에 나타나기 때문이다. Your degree is just a piece of paper, but your education is seen in your behavior. 그림의 꽃에는 향기가 없듯이 학위증에는 향기가 없지만, 인간의 행실은 지식의 향기를 풍긴다.

마크 트웨인Mark Twain은 누군가에게 드러내려는 사람들의 습성을 소음으로 얻을 수 있는 것은 아무것도 없다. 암탉이 달걀 하나 낳고서 혹성이나 낳은 것처럼 소리쳐 댄다고 꼬집어 말한다. 사람들이 자신을 지켜볼 수 있도록 하기 위해 산에 오르려 하는 것은 짧은 생각이다. 넓은 세상을 보기 위해 산에 오르는 것이다.

소통은 정보를 보내는 사람, 받는 사람, 그리고 정보를 보내는 전달 매체, 전달받은 수신자가 나타내는 반응으로 이뤄진다. 서로가 서로의 정보를 전해 들었다고 해서 끝나는 게 아니라 서로 통하여 오해가 없는 데까지 도달해야 한다. 맹자는 현인이나 선현들과 만나 대화하는 것을 시간을 거슬러 올라가 벗이 된다尙友고 하였다.

여불위는《여씨춘추》에서 남을 이기고자 하는 사람은 반드시 먼저 자신을 이겨야 하고, 남을 논하고자 하는 사람은 반드시 먼저 자신을 논해야 하며, 남을 알고자 하는 사람은 반드시 먼저 자신을 알아야 한다고 하였다. 소통의 목적은 상대방과 통하는 것이지만 나로부터 시작된다. 매사에 나를 이겨내는 것이 먼저다.

진정 나를 이겨내고자 하는 자는 나를 인도해 줄 친구를 곁에 둔다. 그런 친구를 승우勝友라 한다. 사람을 이해하기 위해서는 나에게서 제일 가까운 자기 자신을 이해하고 이겨낼 수 있어야 한다.勝己 그리고 자신을 이해하고 이겨내줄 친구勝友를 둔 후에 타인을 이해하고 이겨낼 수 있다.

39
한쪽으로 치우쳐 편당 짓지 말라

矜而不爭 群而不黨
긍 이 부 쟁   군 이 불 당

> (군자는) 씩씩하되 다투지 않으며, 무리 짓되 편당하지 않는다.
> ―《논어》

The gentleman is conscious of his own superiority without being contentious, and comes together with other gentlemen without forming cliques.

진중하게 자신을 지키는 것을 긍矜이라 한다. 긍지를 가지되 자신을 드러내려 하지 않기에 어그러지는 乖戾 마음이 없어 다투지 않는 마음 상태이다. 조화和를 이뤄 여러 사람과 함께하는 것을 무리 짓는다群고 한다. 그러나 권력에 아첨하는 뜻이 없으므로 편당 짓지는 않는다.

《어린 왕자》에서 어린 왕자는 권위와 체면에 휘둘리지 않는다. 여러 별을 떠돌며 그는 스스로 생각하고 판단하되, 무조건적인 복종이나 추종을 거부한다. 왕의 명령이 정당하지 않으면 옳지 않다고 말한다. 그는 누구의 편도 들지 않고 오로지 진실만을 따른다.

싹이 나다

　우리가 누군가를 미워할 때, 그의 인상에서 우리가 증오하는 것이 우리 안에 있기 때문이다. 우리 안에 있지 않은 것이 우리를 자극시킬 순 없다. When we hate a person, what we hate in his image is something inside ourselves. Whatever isn't inside us can't excite us. 선입관이나 편견은 대상에 대해 정확하지 않은 데에서 생기는 오해이거나, 자신이 이해할 수 없는 범주의 영역일 경우 열린 마음으로 받아들이지 않고 부정적으로 바라보는 데에서 기인한다.

　사람은 '나'라는 틀 속에서 나의 입장, 나의 시각으로 볼 수밖에 없다. 혐오와 차별이 점차 지양될 수 있는 경우는 상대방을 이해할 수 있는 도구가 주어졌을 때이다. 그것이 바로 소통이다. 사람은 다른 사람과의 상호작용을 통해서 상대방의 삶을 이해하게 된다. 다른 사람들의 경험과 생각을 듣고 그들의 입장을 간접 체험할 수 있게 된다. 이는 다른 사람들에 대한 이해로 이어진다.

　상대방을 이해하고 포용하면서 소통을 강조했던 지도자로는 에이브러햄 링컨 대통령을 들 수 있다. 그는 갈려서 싸우는 집안은 바로설 수가 없다고 하였다. 당시 미국처럼 정부가 반은 노예, 반은 자유의 상태에서 영구히 계속될 수는 없다고 하였다.

　그는 남북전쟁을 겪었음에도 노예 해방에 앞장섰다. 역사는 용기 있는 지도자들을 펼쳐 보인다. 그들은 한쪽으로 치우치지 않고 모두의 목소리를 들으려는 공평무사함으로 무장된 선지자들이었다.

꽃이 피다

사랑하는 사람들은 천지가 사랑으로 덥힌 세상에 살고 있다. 반면에 증오하는 사람들은 온통 증오로 점철된 세상에 살고 있다. 같은 세상인데, 어찌 이렇게 다를까? Loving people live in a loving world, Hostile people live in a hostile world, Same world, How come? 문제는 상대를 있는 그대로 존중하고 받아들이려는 소통의 부재에 있다.

한때 여성을 비하하고 헐뜯는 '일베'와 이에 맞서 남성을 혐오하는 '메갈리안'이라는 커뮤니티가 서로 싸운 적이 있었다. 마치 가장무도회에서 가면을 쓴 채 알지도 못하는 사람들과 무리 지어 서로를 헐뜯는 모습과 다름없다. 이를 소통이라고 할 수는 없다. 서로 악감정과 불신의 장벽을 높일 뿐 대화의 장을 마련하기조차 힘들게 할 것이다.

일베는 데이트 비용을 남성이 더 많이 부담하는 문화, 남성에게 집중된 병역의 의무, 여성의 경제활동 참여로 더욱 각박해진 취업 시장과 같은 것만을 강조하며 남성의 피해에만 초점을 맞추어 이야기한다. 메갈리안은 노동시장에서 여성에게 존재하는 유리천장, 가부장제에서의 여성의 고통과 같은 것 위주로 여성의 입장만을 대변한다.

칼릴 지브란Khalil Gibran은 다른 사람의 견해를 듣고 누군가를 판단해서는 안 된다Never judge someone by the opinion of others고 하였다. 자신이 햇볕과 따뜻함을 받고자 한다면, 또한 천둥과 번개도 받아들일 용의가 있어야 한다는 것이다.

기존의 제도와 관습에 얽매이면 다양한 생각들을 능동적으로 펼치기 어렵다. 전통과 관습이라는 철조망이 자유로운 소통과 만남을 가로막게 된다. 서로 다름을 인식하고 차이를 존중하면 외모, 학력, 지위, 빈부, 나이, 젠더, 종교, 가치관 등으로 닫혔던 생각들이 서서히 열리게 될 것이다.

고대 그리스어인 아레테ἀρετή, arete는 어떤 종류의 우수성을 뜻하는 말로, 특히 도덕적 미덕을 의미한다. 자신의 우수한 잠재력을 발휘하여 공동체의 궁극적인 목적이나 기능을 성취한다는 숭고한 뜻을 지니고 있다. 아레테는 당시 지도자의 필수 덕목이었다.

우리 사회에서 가장 큰 불행이자 불통은 정치색이 다른 두 집단이 싸우는 데서 흔하게 볼 수 있다. 서로 이해하려는 노력은 안 보이고, 깎아내리고 비판하기 바쁘다. 이런 상황에서 나온 신조어인 '노오력(노력보다 더 큰 노력을 하라는 말로, 사회가 혼란하니 노력 가지고는 되지도 않는다는 것을 풍자한 말)'이나 '헬조선(지옥을 뜻하는 'hell'과 '조선'의 합성어로, 대한민국이 살기 힘들고 희망이 없음을 풍자하는 말)' 등의 우리나라를 비난하는 말이 나오게 된 것이다.

서로 캥거루가 되어서는 곤란하다. 캥거루의 진짜 의미는 "당신이 무슨 말을 하는지 모르겠다."는 뜻이다. 니체는 "나는 그대에게 어제와 내일과 같이 오늘이라는 것을 가르쳤다. 그리고 여기와 거기, 그리고 그곳을 넘어서 그대에게 윤무輪舞를 가르쳤다."고 하였다. 내 말을 앞세우기 전에 상대의 마음을 열어 받아들이라는 뜻이다.

열매 맺다

《이솝 우화》에는 비겁한 박쥐 이야기가 나온다. 옛날에 날짐승과 길짐승이 살고 있었는데, 크게 싸움이 벌어졌다. 그때 박쥐가 이 싸움을 지켜보다가 길짐승이 이기자, 날개를 접어 자신이 길짐승이라고 주장하며 그들 편에 섰다. 그런데 날짐승이 이기자, 박쥐는 날개를 펴 자신이 날짐승이라 주장하며 이번엔 날짐승 편에 섰다. 얼마 후, 싸움은 끝이 나고 길짐승과 날짐승은 박쥐의 기회주의적 행세를 보고 박쥐를 내쫓았다. 우리가 살아가는 이 사회에도 상황에 따라 자신의 정체성을 바꾸거나 아예 잃어버리는 사람들이 많다.

바다는 마르면 바닥을 볼 수 있지만, 사람은 죽어도 그 마음을 알지 못한다고 한다. 우리가 독심술사가 아닌 이상, 다른 사람의 생각과 마음을 속속들이 알 수는 없다. 소통함으로써 여러 사람의 생각을 추론할 뿐이다. 셰익스피어는 《한여름 밤의 꿈》에서 사람이란 제아무리 재능이 있고 가진 게 많다고 해도 다른 사람들과 주고받지 않으면 어느 것도 자기 것이 아니라고 하였다.

노인 세대는 젊은이들은 어른을 존경할 줄 모르는 이기적인 사람들이라고 말한다. 나이 듦Getting old은 자연적인 현상이다. 문제는 생각이 늙어 자신의 과거 경험 세계에 머문 채, 자신의 경험을 일반화해서 남에게 일방적으로 강요하는 행동Being old이 문제가 된다.

반면에 젊은 세대는 요즘 세태를 모르고 시대의 흐름에 둔감한 꼰대라고 말한다. '내가 알고 있는 걸 다른 사람도 잘 알고 이해할 수 있을 것이라는 착각'을 엘리자베스 뉴튼E. Newton은 '지식의 저주'라고 하였다.

첨예한 논쟁 중 하나가 소통의 필요성을 주제로 하는 페미니즘 운동은 남성과 여성의 성적 고정관념이나 성을 이유로 하는 차별과 억압에 맞선다. 소통을 통해 '다름'에 대한 존중과 이해가 중요하다. 자신과 다른 성을 지닌 자들의 속성도 알아야 하며, 성적 고정관념 속에서 고통받는 자들의 심정도 포용할 수 있어야 한다.

자동차의 대가 헨리 포드는 성공적인 인간관계에 대하여 "성공의 비결이 있다면, 그것은 상대방의 입장을 이해하고 자신의 입장과 상대방의 입장을 동시에 비교하며 사물을 대하는 능력이라."고 하였다. 구성원들 간의 다양한 갈등을 원만하게 하기 위해서는 서로를 이해하려는 노력이 먼저다. 소통은 상대방의 상황과 생각을 알려주는 통로가 될 수 있다.

《탈무드》에 살인은 한 사람만 죽이지만, 헐뜯는 것은 반드시 세 사람을 죽인다고 하였다. 즉, 세 사람은 헐뜯는 사람 자신과 그것을 듣고 있는 사람, 그리고 헐뜯는 대상이다. 재치의 샘물처럼 상식적인 판단과 이성적인 소통이 어느 때보다 필요한 시점이다.

에머슨은 한쪽 끝에는 상식이 있고, 다른 쪽 끝에는 이성이 있다고 하였다. 누군가의 주장이 양 끝 중 어느 쪽이라도 결함이 있다면, 그의 소통하려는 수준이 낮아서 현실적인 이득만을 중시하거나 아니면 너무 모호하고 막연해서 현실에 적용할 수 없다는 것이다.

40
처음 흘러나오는 샘물처럼 소통하라

火之始燃 天之始達
화지시연 천지시달

(사랑과 의로움이) 처음 불이 타오르고, 샘물이 나오는 것처럼 하라.

―《맹자》

If one can develop the four beginnings that one possesses, Humaneness and Righteousness will be like a fire starting up or a spring coming through.

사람은 사단四端을 가지고 있다. 인·의·예·지의 단서가 되는 이 네 가지 마음을 사단이라 한다. 이 사단이 나에게 있는 것을 넓혀 모든 것을 채울 수 있게 되면, 마치 불이 처음 타오르며 샘물이 처음 나오는 것과 같게 된다.

부드러운 바람과 잔잔한 비가 소리 없이 만물을 적시듯이 자신의 모든 것을 드러내어 배려하는 마음과 존중하는 자세로 상대와 대화하는 것은 내면에서 흘러나오는 샘물처럼 소통하는 것이다.

싹이 나다

헤르만 헤세는 《데미안》에서 "내 속에서 솟아 나오려는 것, 바로 그것을 나는 살아보려고 했다. 왜 그것이 그토록 어려웠을까"라고 말한다. 나를 잘 알아야 남을 알 수 있다. 외적인 소통이 제대로 이뤄지려면 우선 내적인 소통을 통해 자신을 잘 알아야 한다.

나와 내 자신, 그리고 나와 상대방 사이에 항상 서두르지 않고, 맑고 진심 어린 말로 마음을 나누려는 자세는 샘물 같은 소통의 전형이다. 진심이 통하면 만남의 시간과 인연이 길지 않아도 뇌리에 오래 새겨지는 법이다. 여기에 가식 없는 행동과 맑은 언어는 자신과 상대의 마음을 굳건하게 연결하는 소통의 가교가 된다.

자신이 타인과 의사소통이 원활해지면 소통의 범위를 넓힐 수 있다. 방법은 자신의 관심사를 앞세우기보다 서로의 관심사나 공통된 주제로 이어지는 물줄기를 열어 나가는 것이다. 꾸밈없이 자연스레 흘러나오는 말과 행실은 상대의 가슴에 울림으로 남는다. 맑은 샘물은 망으로 거르지 않아도 가식의 찌꺼기가 없기 때문이다.

신영복 교수는 《나무야 나무야》에서 흐르는 강물은 수많은 소리와 풍경을 그 속에 담고 있는 추억의 물이며 어딘가를 희망하는 잠들지 않는 물이라고 하였다. 물의 흐름은 자연이다. 인간의 삶도 자연을 닮았다. 인간은 물처럼 자신과 자연이 결국 하나의 뿌리에서 나온 잎과 꽃으로서 나무의 맥을 타고 곳곳으로 관계와 공감의 물줄기가 휘놀고 있음을 스스로 깨닫게 된다.

꽃이 피다

　니체F. W. Nietzsche는 사람의 가치는 타인과의 관계로서만 측정될 수 있다고 하였다. 인간관계에서 서로에게 증오심과 불신, 혐오감과 이기심이 생기는 것은 작은 오해에서 시작되는 경우가 많다. 서운함과 작은 오해들이 쌓이고 뭉쳐 큰 오해를 낳게 된다. 인간관계에서 소통이 제대로 이루어지지 않고 관계가 지속될 때 생겨나는 대부분의 문제는 작은 틈에서 시작된다.
　제롬 데이비드 샐린저J. D. Salinger의 《호밀밭의 파수꾼》에는 속물적인 세태에 질색하여 스스로 소통을 거부하고 은둔하며 살아가는 주인공 홀든 콜필드의 생각이 잘 드러나 있다.

　　나는 늘 넓은 호밀밭에서 꼬마들이 재미있게 놀고 있는 모습을 상상하곤 했다. 어린애들만 수천 명이 있을 뿐 주위에 어른이라고는 나밖에 없는 거야. 그리고 난 아득한 절벽 옆에 서 있어. 내가 할 일은 아이들이 절벽으로 떨어질 것 같으면, 재빨리 붙잡아주는 거야. I keep picturing all these little kids playing some game in the big field of rye and all. Thousands of little kids, and nobody's around except me. I'm standing on the edge of some crazy cliff. What I have to do, I have to catch everybody if they start to go over the cliff.

　누군가를 위한다는 것은 위험한 상황을 예방하려는 마음에서 비롯된다. 넓은 의미의 소통은 서로의 다른 생각을 존중하고, 더 나은 생활을 위해 더불어 노력하는 것이다. 불이소풍不二疏風은 너와 내가 둘이 아니고, 공간이 확 트이어 바람이 잘 통하듯 서로 뜻이 막힘이 없다는 뜻이다. 바람은 아무리 좁고 어두운 틈이라도 반드시 들어가기 때문에 하늘의 전령이라고 한다.

나무도 소통의 수단이 된다. 나무를 베어 배를 만들고 나무를 깎아 노를 만들어 배와 노의 도움으로 이르지 못했던 곳, 서로 왕래할 수 없었던 물길을 건너서 먼 데 오지까지 갈 수 있다. 묵묵히 말 없는 가운데 천하를 소통시켜 사람들을 이롭게 한다.

한편 나무가 새잎을 틔우고 꽃피우는 행위를 멈춘다면 마른 장작이거나 고목에 불과하다. 마른 장작에는 잎이 나지 않는다. 고목에는 꽃이 피지 않는다. 소통이 되지 않는 장작과 고목은 주검의 상징이다. 소통은 삶을 꽃피우고, 모두의 삶에 행복을 선사한다.

가장 훌륭한 예술은 사람들을 행복하게 하는 것이다. The noblest art is that of making others happy. 몇 해 전에 브라질 산타카사 병원에서는 헌혈 재고량이 바닥나자, 헌혈을 독려하는 아이디어를 냈다. 산타카사 병원은 헌혈 후에 QR 코드가 새겨진 반창고를 사용하여 사람들이 헌혈을 하고 피가 멈추길 기다리며 핸드폰으로 QR 코드를 찍도록 했다.

그러자 수혈로 도움 받은 사람들의 감사 영상이 재생되었고, 이 아이디어는 캠페인 시작 3개월 만에 헌혈자 수가 23%, 재헌혈자 수가 71% 증가하는 결과를 가져왔다. 이러한 결과에 가장 크게 작용한 원리가 바로 소통이었다. 이처럼 말없이 이어지는 소통은 천 리 길도 만 리 길도 단숨에 내달릴 수 있는 덕성을 지녔다.

열매 맺다

최고의 불통은 상대의 말을 제대로 이해하려고 귀 기울이는 것이 아니라, 상대방의 말이 끝나기도 전에 반응하기 위해서 귀 기울이는 것The biggest communication problem is not that we don't listen to understand, but that we listen to reply이다. 비난은 누구나 할 수 있다. 하지만 상대를 이해하려는 노력은 아무나 할 수 있는 것이 아니다. 현명한 사람은 상대를 북돋우며 진심으로 이해하려 노력한다.

소통의 근본적인 목적은 정보를 주고받는 행위 일체에 있다. 자신의 정보를 충분히 주었거나 아니면 상대의 정보를 듣는 것이 더 중요하다고 생각되면, 다른 사람의 말을 경청하는 것도 소통의 한 방법이다. 흔히들 소통은 소리가 나는 대화라고 한다. 경청이 없으면 소통도 없다. 소통하는데 특별한 관점이 중요한 의미를 지닌 듯 경청도 매우 효율적인 소통 방식이 될 수 있다.

작가 그랜저 웨스트버그G. E. Westberg는 《굿바이 슬픔》에서 시냇물이 소리를 내는 것은 물속에 돌멩이가 있기 때문이라고 하였다. 들쑥날쑥한 돌멩이가 있기 때문에 시냇물이 아름다운 소리를 내듯이 들쑥날쑥한 일상의 일들이 있을 때, 우리 인생도 아름다운 소리를 낸다는 것이다.

인간관계도 들쑥날쑥한 돌밭임이 틀림없다. 매사가 고르기만 하다면 소통이 설 자리가 없을 것이다. 다른 사람을 설득하기 위해 애써 노력할 필요도 없을 것이다. 소통에도 많은 경우 침묵이 필요하다. 침묵은 말하는 사람을 존중하는 행위로 비칠 수도 있다. 생각도 침묵이 필요하다. 소통에서 침묵의 시간이 없다면 생각의 시간도 없게 된다. 자연히 상대방의 말을 제대로 이해할 수 없다. 침묵은 상대방의 말을 깊게 생각하기 위한 한 방법이다.

링컨은 자기가 살아가는 목적은 자신의 이름을 우리 시대의 사건과 연결 지우는 것이라고 하였다. 연결에는 필연적으로 '다름'과 '차이'가 있을 수밖에 없다. 다름을 인정하고 차이를 인식하면서 소통하기 위해서는 '여백'도 필요하다. 감미로운 음악이 오래 기억에 남을 수 있는 것은 악보에 쉼표가 있기 때문이다. 유명한 화가의 그림이 마음을 정화해주는 것은 화폭에 작은 여백이 있기 때문이다.

여백이 곧 들쑥날쑥한 다름과 차이를 고르게 해주는 해법이다. 여백의 공간이 넓어지면 자연히 무수히 많은 다름과 차이를 끌어안을 수 있는 이해의 폭이 넓어지게 된다. 마주하는 사람들과 관계를 유지하기 위해서는 그들을 부분으로, 혹은 전체로 이해하고 물 흐르듯이 자연스럽게 받아들이는 것이 소통의 중요한 요소가 된다.

자연에서 잉태된 인간은 본래 하나였다가 여러 개체로 나뉘었지만, 하나 됨을 지향하며 살아간다. 옳음을 실천하고, 이기주의를 넘어 더불어 사는 삶이란 소통하는 자세에서 나온다. 노자老子는 사람은 땅을 본받고, 땅은 하늘을 본받고, 하늘은 도를 본받고, 도는 자연을 본받는다고 하였다. 人法地 地法天 天法道 道法自然. 본받는다는 건 일체가 되는 것이다. 처음부터 일체였고, 지금도 일체라는 사실을 깨닫고 그 깨달음에 삶의 바탕을 두고 살아간다는 의미이다.

41
하늘과 땅처럼 만물이 통하게 하라

天地交而 萬物通也
천지교이 만물통야

> 천지가 서로 사귀듯, 만물이 통하게 하라.
> —《주역》

Heaven and Earth unite, and all brings come into union.

《주역》에 천지가 어긋났어도 일은 함께하고, 남녀가 어긋났어도 뜻은 통하듯 만물이 통하게 하라고 했다. 마치 새벽이 언제 올지 알 수 없기에 항상 문을 열어 논다는 Not knowing when the dawn will come, I open every door 에밀리 디킨슨 Emile Dickens의 말처럼 새벽을 맞이하듯 상대를 맞이하기 위해 마음의 문을 열어놓을 필요가 있다.

영국 BBC 방송국 앞 조지 오웰의 동상에는 자유란 사람들이 듣기 싫어하더라도 그들에게 표현할 수 있는 권리를 포함한 모든 것을 의미한다고 If liberty means anything at all, it means the right to tell people what they don't want to hear 쓰여있다. 막힘없는 소통을 말하고 있다.

싹이 나다

마틴 루터 킹 주니어M. L. King Jr는 모든 사람은 운명이라는 하나의 끈으로 연결되어 서로 피할 수 없는 관계망을 형성하고 있다고 하였다. 그래서 한 사람에게 영향을 끼친다는 것은, 다른 사람들에게도 영향을 끼치는 것이 된다. 타인이 온전한 모습을 갖추기 전까진 자신도 온전할 수 없다는 뜻이다.

예전엔 옆집의 신발 개수가 몇 켤레인지 다 알 정도로 이웃 주민과 친밀하게 지내던 과거와는 달리, 매정하고 답답한 시멘트벽만이 우리와 이웃을 가로막고 있다. 현 사회에서 사람들이 모두 행복해하고 사랑받으며 살고, 모두가 관심 속에서 살아가기에는 극복해야 할 큰 어려움이 많다.

아파트에 거주하면서 문과 문 사이 거리는 분명 두어 걸음 떨어져 있는데, 마음은 천 길이나 떨어져 있는 것 같다. 《명심보감》에서는 이러한 상황을 예견이라도 한 듯 얼굴을 맞대고 서로 이야기하고 있지만, 마음엔 천 개의 산이 가로막혀 있는 것과 같다고 對面共話 心隔千山 한다. 차갑기만 하고 불신과 이기심이 가득한 사회가 아니라 따뜻하고 사랑이 넘치는 사회로 만들어 나가야 할 의무가 있다.

소통을 통하여 우리는 오해 없는 인간관계, 관심을 통한 따뜻한 사회, 경청을 통한 인간적인 관계를 이뤄나갈 수 있다. 자기 자신만을 위한 이기심이 아니라 남들에게도 귀를 기울이며 따뜻한 한마디와 손을 내밀 줄 아는 사회를 만들어 나갈 수 있다.

꽃이 피다

변화의 속도가 빨라지면서 기존에 존재하던 것들의 경계가 뒤섞이는 현상을 빅블러Big Blur라고 한다. 블러Blur는 흐릿해진다는 의미로, 빠른 변화로 인해 기존에 존재하던 것들의 경계가 모호하게 되는 현상을 말한다.

《성경》〈전도서〉에 나오는 말이다.

한 세대는 가고 한 세대는 오되 땅은 영원히 있도다. 해는 떴다가 지며 그 떴던 곳으로 빨리 돌아가고, 바람은 남으로 불다가 북으로 돌이키며 이리 돌며 저리 돌아 불던 곳으로 돌아가고, 모든 강물은 다 바다로 흐르되 바다를 채우지 못하며 어느 곳으로 흐르든지 그리로 연하여 흐른다. One generation passes away, and another generation comes: but the earth abides forever. The sun also arises, and the sun sets, and hastes to where it arose. The wind blows to the south, and turns to the north; round and round it goes, ever returning on its course. All the rivers run into the sea; yet the sea is not full; to the place the rivers come from, there they return again.

지금의 20대들은 자신 또는 자기 주변의 사람들을 먼저 챙기는 성향을 보인다. 이러한 성향의 차이점은 여러 갈등을 초래하게 된다. 지하철에서 노인에게 자리를 양보할 것인가의 문제부터 윗세대가 아랫세대를 대하는 자세에서도 세대 간 갈등을 겪게 된다.

소통이 줄어들어서 서로 말을 꺼내지 않으니 세대끼리 이해하지 못하는 상황이 벌어진다. 구동존이求同存異는 차이점을 인정하면서 같은 점을 추구하자는 뜻이다. 서로 살아온 환경과 시대가 다르기 때문에 세대 간의 차이점을 인정하되, 다 같이 잘 살고 나라를 잘 이끌어가기 위한 공통점을 찾기 위해 이해해야 한다.

영화 〈김씨 표류기〉는 외부와의 연결이 끊긴 채 홀로 남겨진 두 남녀의 이야기를 다뤘다. 두 남녀가 자신들에게 닥친 힘겨운 상황들을 극복하고, 세상을 향한 발을 내딛는 과정이 세세히 그려진다. 이때 이들의 변화를 이끌어낸 것은 여자가 호기심 반, 흥미 반으로 유리병에 넣어 보낸 한 통의 편지에서부터 시작된다.

이를 계기로 두 사람은 서로 소통하게 된다. 비록 얼굴을 마주보고 많은 대화를 나눈 것은 아니지만, 몇 번의 교류를 통해 여자는 남자에게서 희망을 전해 받는다. 이제껏 은둔형 외톨이로 방 안에만 틀어박혀 있던 여자는 남자와의 소통을 계기로 다시 한번 바깥세상으로 나갈 용기를 얻게 된다.

이렇게 영화를 통해서도 알 수 있듯이, 소통은 강력한 힘을 가진다. 진정한 소통이 가진 힘은 영화 속 여자에게 터닝포인트의 계기를 마련해주었던 것처럼 현실 속에서도 누군가의 삶을 통째로 뒤바꿀 수 있는 위력을 지닌다. 옳음을 실천하고 이기주의를 넘어서 더불어 사는 삶이란 소통하는 자세에서 나온다.

열매 맺다

사랑하는 것은 상대 안에 있는 내 자신을 인식하는 것이다. To love is to recognize yourself in another. 우리는 서로를 더 잘 알아야 한다. 서로의 입장을 이해하고 상대방을 더 잘 알았을 때, 비로소 우리의 어려움을 이해하고 함께 풀어나가야 할 공동과제로 볼 수 있을 것이기 때문이다. 소통은 다름을 인식하고 이해하며 그것을 받아들이려고 하는 노력의 과정을 전부 아우르는 것을 지칭한다.

인터넷과 SNS를 통한 대상 간의 상호작용은 이러한 점이 부족하다는 점에서 소통이라 보기에는 어려움이 따른다. 우리 사회가 좀 더 바른 사회로 향하기 위해서는 허심탄회한 올바른 소통이 필요하다.

SNS는 다양한 의견 교환의 장, 즉 아고라를 형성한다. 아고라는 의견을 교환할 수 있는 광장이다. 여기서 우리는 SNS를 통해 과거 정보소통의 수직적 계급 구조가 현재 수평적이고 평등하게 바뀌고 있다는 변화에 주목해야 한다. SNS 등장 이후 우리는 자신의 의견을 자유롭게, 적극적으로 펼칠 수 있게 되었다. 그리고 이러한 의견이 모여 집단지성을 형성하게 되었다. 작은 이야기들이 모여서 상호 간의 소통을 통해 하나의 큰 지성으로 만들어진 것이다.

프랑스 미디어 철학자인 피에르 레비Pierre Lévy는 사이버 공간의 집단지성에 대해 누구나 자신의 공간, 즉 개인의 사이트를 가지는 시대가 오면, 어디에나 분포하고 지속적으로 가치가 부여되며 실시간으로 조정되는 집단지성이 발현될 것이라고 했다. 이러한 집단지성은 개방적이다. 누구나 지식을 생산할 수 있다. SNS는 사회적으로 바람직한 문화를 선도하는 데 큰 기여를 한다. 이는 계층 간의 경계를 넘어서 다양한 사람과 소통할 수 있는 SNS의 특성 때문인데, 대표적으로 기부문화를 들 수 있다.

2014년도 미국루게릭병협회(ALS)에서는 SNS를 통해 퍼진 캠페인을 통해 한 달 동안 1억 90만 달러의 기부금을 모았고, 한국의 승일희망재단의 기부금 역시 7억 원을 돌파했다고 한다. 이처럼 유명인들뿐만 아니라 지인들의 SNS 내의 캠페인은 사회적으로 파급력을 가진다.

나카지마 다카시의 《업무의 도구상자》에는 조하리의 창이론 Johari's Window이 나온다. 이 이론은 나와 타인의 관계 속에 내가 어떤 상태에 처해있는지, 또 어떤 면을 개선하면 좋을지를 보여주는 데 유용한 분석 틀로 창window을 이용했다. 나도 알고 너도 아는 창을 '열린 창open area', 나는 알고 너는 모르는 창은 '숨겨진 창hidden area', 나는 모르고 너는 아는 창은 '보이지 않는 창blind area', 그리고 나도 모르고 너도 모르는 창은 '미지의 창unknown area'이라 명명했다.

사람마다 각각 다른 크기의 창을 가지고 있다. 다만 창의 크기는 고정되어 있지 않아서 서로의 관계가 개선될 수도 악화할 수도 있다. 자신이 먼저 마음을 열고 상대에게 다가간다면 숨겨진 창의 크기가 줄어들 것이고, 상대도 나에게 다가올 것이기 때문에 보이지 않는 창의 크기도 줄어들 것이다. 서로 공감하고 공유하는 부분이 늘려서 서로 간의 열린 창을 키워야 한다.

42
소통은 사랑하는 마음의 작용이다

恕仁之施 愛仁之用
서 인 지 시   애 인 지 용

서恕는 인仁을 베푸는 것이고, 사랑은 인仁의 작용이 된다.

―《근사록》

Altruism is the application of humanity, while love is its function.

공정하게 하면 남과 나를 겸하여 비추게 된다.物我兼照. 그러므로 인仁은 서恕를 할 수 있고 사랑할 수 있는 것이므로 서恕는 인의 베풂이요, 사랑은 인의 쓰임이 된다. 서恕는 이쪽에서 미루는 것이요, 사랑은 저기에 미치는 것이다.

인仁을 비유하면 샘의 근원과 같다. 서恕는 샘이 흘러나오는 것이다. 샘물이 초목을 적셔 윤택하게 되는 것은 사랑의 힘이요, 공정하게 한다는 것은 소통하여 막힘이 없음을 말한다. 오직 소통하여 막힘이 없기 때문에 흘러가서 물건을 윤택하게 하려는 것이다.

싹이 나다

에리히 프롬은 《사랑의 기술》 서문에서 "자신의 전체적인 인격을 발달시키고자 적극적으로 노력하여 생산적인 방향으로 나아가지 않는다면, 사랑을 위한 모든 시도가 결국 수포로 돌아가게 된다는 점을 독자들에게 확신시키기 위해 책을 집필했다."고 밝혔다. 저마다의 개인적인 사랑을 통해 만족을 얻는 것도 이웃을 사랑하는 능력이 없이는 성취할 수 없다는 것을 강조한 것이다. 이웃을 사랑하는 능력도 소통의 한 방법이다.

소통은 경청하는 데서 시작된다. 경청한다는 것은 단순히 듣는 것이 아니라 감성이입을 토대로 공감을 하면서 들어야 한다는 것을 의미한다. 공감Empathy의 어원은 em(in) + path(feeling) + y로, 상대방의 마음속으로 들어가는 것을 의미한다. 공감은 공생과 협력의 길로 나아가는 발판이다. 마음을 담은 진정성 없이 대화하는 척하며 겉으로 공감을 연기하는 소통은 단지 호흡할 때 필요한 공기뿐이다.

공감과 설득을 불러일으키는 소통일수록 그 속에 자신의 마음이 들어있어야 한다. 자신의 위치에서 자신을 잘 알고 이를 바탕으로 자신다움을 보이는, 즉 자신의 마음을 담아 말을 건네는 것이 가장 필요한 일이다. 도종환 시인은 내가 울면서 쓰지 않은 시는 남들도 울어주지 않는다고 했다. 《동의보감》에 통하면 안 아프고, 통하지 않으면 아프나通卽不痛 不通卽痛는 말이 있다. 상대의 존재를 인정, 공감과 포용으로 소통함으로써 불필요한 정신적, 물질적 소모를 줄여야겠다.

꽃이 피다

　작가 게랄트 휘터는 《우리는 무엇이 될 수 있는가》에서 우리 스스로 자신이 누구인가 생각했을 때 떠올리는 모습은 결국 타인을 통해 경험하고 알게 된 나라고 한다. 사람들은 대개 소통을 통해서 자신을 정의하는 경향이 있다. 이때 타인과의 소통이 없다면 자기 자신의 존재에 대해 인식이 흐릿해질 수 있다. 급속한 사회 변화에 적응하지 못하거나 소통에 서툰 성격 탓 등으로 인해 세상과 단절한 채 오랜 기간 방 안에 갇혀 지내는 일명 히키코모리족이 급증하고 있다.

　소통은 온정에 대한 현대사회의 메마른 갈증을 해소시킨다. 우리는 소통이 아쉬운 시대에 살고 있다. 지하철, 강의실, 길거리, 심지어 거실에 모여도 사람들은 얼굴이 아닌 스마트폰의 액정만 바라보고 있다. 점점 사람과 대화하는 것이 낯설게 느껴진다. 길을 뚫는 자는 흥하고, 성을 쌓는 자는 망한다는 말이 있다. 뚫린 길이 열린 소통을 의미한다면, 쌓은 성은 닫힌 소통을 뜻한다.

　　삶을 아름답게 영위하면서도 이룰 수 있는 한 가지 소망은 상대의 빈 가슴에 허허로운 기억으로 남고, 뇌리엔 지울 수 없는 존재로 자리매김되는 것이다. One great thing we can achieve in our beautiful life is, a little remembrance in someone's Mind and small place in someone's Heart.

　이런 자세라면 사회에서 일어나는 많은 문제들이 소통이라는 열쇠로 풀릴 수 있다. 독거노인들이 찾아오는 사람 없어 홀로 쓸쓸히 죽어가는 일, 직장에서 상사와 부하직원 간의 불편한 관계, 모임에서 회원들 간에 소원해지는 일 등은 모두 소통을 통해 해결될 수 있다. 소통에 참여한 사람들 사이에 존중하는 마음과 진심 어린 태도로 서로 대등한 관계임을 인정하는 자세가 전제되어야 한다.

누군가의 게시물에 댓글을 남길 때는, 늘 자신의 글이 상대에게 어떻게 기억될지 고려해야 한다. 익명성에 기대어 얼굴을 마주하고서는 도저히 할 수 없는 말도 쉽게 하는 경향이 있다.《기탄잘리》에 다음과 같은 시구가 나온다. "내 이름 안에 가둔 그가 이 지하 감옥에서 눈물 흘리고 있습니다. 나는 그의 주위에 벽을 쌓아 올리느라 언제나 분주합니다. 벽이 하늘을 향해 나날이 높아질수록, 나는 그 어두운 그늘에 가린 나의 참된 존재를 보지 못합니다. He whom I enclose with my name is weeping in this dungeon. I am ever busy building this wall all around; and as this wall goes up into the sky day by day I lose sight of my true being in its dark shadow." 자신을 감추는 일에만 온통 주의를 기울이느라 참된 자아를 보지 못하게 될 수 있다.

누구나 열람할 수 있는 인터넷 공간에서 상대를 비방하는 글이나 유언비어를 남길 경우 '현대판 마녀사냥'이 되어 상대에게 돌이킬 수 없는 상처가 될 수 있다. 최근 몇 년간, 악성 댓글에 시달리다 극단적 선택을 한 연예인들이 부쩍 많아진 것 같다. 어차피 악성 댓글을 달아도 자신이 누군지 모를 것이라 생각하고 차마 입에 담을 수 없는 말을 쏟아낸다. 한번 입힌 상처는 지우면 그만이라는 지우개로는 지울 수 없다. 그 상처는 상대의 영혼에 새겨지기 때문이다.

열매 맺다

독일의 물리학자 라우어Laue는 생각하는 방법이란, 바로 배운 지식을 모조리 잊어버리고 나서 우리에게 남는 것이라고 하였다. 이를 프랑스 외무장관 에두아는 문화란 바로 배운 지식을 모조리 잊어버리고 나서 우리에게 남는 것La culture est ce qui nous reste après avoir oublié toutes les connaissances acquises이라고 하였다.

한 사람이 다른 사람을 완전히 이해할 수는 없다. 남을 이해하기 위해서는 나 자신을 아는 노력보다 더한 고충이 따르기 때문이다. 우리는 남과 오해를 없애고 통하기 위해 소통을 하는 과정에서 남을 다 이해한 것처럼 착각을 불러일으킬 수 있다. 사람은 모두 살아온 삶, 가치관, 태도, 개성, 능력 등 많은 면에서 다를 수밖에 없다.

한비자는 〈세난說難〉편에서 소통에 관해 언급하였다.

> 소통이 어려운 것은 상대방의 마음을 헤아려 자신의 의견을 피력해야 한다. 凡說之難 在知所說之心 可以吾說當之.

아무리 깊게, 오래 봤더라도 서로 이해하지 못하는 면이 많다. 완전한 이해를 바라는 빽빽한 마음에서 욕심을 버려 작은 공간을 남겨두면, 나와 정반대의 생각을 갖고 있는 상대방을 이해할 수 있는 유연함이 자라게 된다.

눈빛만 봐도 알 수 있다는 말은 친한 사람들끼리는 서로 대화나 소통을 하지 않아도 상대의 기분, 상황을 짐작할 수 있다는 것이다. 하지만 대다수의 경우에는 말을 통한 소통을 하지 않으면 서로 간의 오해가 생기고, 그것은 갈등을 불러일으킨다.

반면에 소통의 단절은 견디기 힘든 외로움, 우울증으로 이어지고, 나라는 존재에 대한 모호함으로 자괴감에 빠져 자살 시도를 하는 경우도 있다. 과도한 개인주의로 인해 세상과 단절된 사람들에게 관심을 가지지 않고 상처받은 사람들과 소통하지 않는다면 우리 사회는 매우 삭막해질 것이 분명하다. 우리는 기본적으로 남을 사랑하고 관심을 가지는 인仁의 사상을 수양할 필요가 있다.

공자는 더불어 말할 수 있는 사람과 말하지 않게 되면 사람을 잃게 된다고 하였다. 소통에는 세대 차이, 문화 차이, 종교 차이, 성격 차이 등 많은 소통의 장벽들이 있지만, 인仁의 자세로 자신의 주변 사람들과 공감대를 형성하려 노력한다면 더욱 행복해질 수 있을 것이다.

가족관계의 기본인 소통이 원활하지 못한 것을 방송사에서 '동상이몽', '아빠를 부탁해'와 같은 가정 내 소통 해결과 관련된 프로그램들을 제작하였다. 가정 내 갈등이 해결되는 것을 보고 부모님이나 형한테 관심을 가지고 소통한다면 더 행복한 삶을 영위할 수 있을 것이란 생각이 들었다.

법정 스님은 《버리고 떠나기》에서 우리는 필요에 의해 물건을 갖지만, 때로는 그 물건 때문에 마음을 쓰게 된다고 하였다. 무엇인가를 갖는다는 것은 다른 한편 무엇인가에 얽매이는 것이다. 그러므로 많이 갖고 있다는 것은 그만큼 많이 얽혀있다는 뜻이다.

제8장

협동 協同 (Cooperation)

독일의 시인 프리드리히 실러F. V. Schiller의 〈환희의 송가〉에 나오는 시구이다. "그대의 부드러운 날개가 드리운 곳에서 우리는 모두 형제가 된다.Alle menschen werden Brüder, wo dein sanfter Flügel weilt." 이 가사는 베토벤이 9번 교향곡 합창에 넣어, 이 시는 더욱 유명해졌다.

《논어》에서 자하子夏는 세상 사람들이 모두 형제四海之內 皆兄弟也이므로 누구든지 형제가 없다고 걱정할 필요가 없다君子何患乎無兄弟也고 하였다. 피를 나눈 형제만이 아니라 모두 형제로 받아들이려는 마음이 중요하다. 만물은 내 안에 구비되어 있기 때문이다.

영화 〈클라우드 아틀라스〉에서 배우 배두나가 우리는 모두 연결되어 있으며, 우리가 행하는 잔인과 친절은 모두 우리 후대에 물결 효과를 가져온다고 했던 말도 같은 맥락이다. 모두가 연결되기 위해서는 사람들 간의 협동은 필수요건이다.

협동은 원하는 목적을 이루기 위해 서로의 마음과 힘을 합치는 것이다. 협동이 곧 생명이다. 노자老子는 진리는 하나를 낳고, 하나는 둘을 낳고, 둘은 셋을 낳고, 셋은 만물을 낳는다고 했다. 협동도 하나가 둘을, 둘이 다시 셋을, 결국 셋의 협동이 전체의 협동을 낳을 수 있다.

여럿이 있으면 안전하다There's safety in numbers는 속담처럼, 미국의 건국이념은 '여럿이 모여 하나E Pluribus Unum'라는 말에 담겨있다. 이는 헤라클레이토스의 하나는 모든 것으로 이뤄져 있고, 모든 것은 하나로부터 나온다는 말에서 영감을 얻어 고안한 것이다.

미국은 평등한 13개 주가 모여 하나의 국가를 이뤘다는 건국 정신을 기리기 위해 1776년 건국 때부터 이 문구를 국가 인장印章에 넣었다. 현재는 다양한 민족·인종·종교가 모여 미합중국美合衆國, United States of America이 성립되었다는 의미로 쓰인다.

43
윗사람이 인자하면 아랫사람은 의로워진다

有上好仁 而下好義
유 상 호 인   이 하 호 의

> 윗사람이 인仁을 좋아하면, 아랫사람은 의義를 좋아한다.
>
> —《대학》

Never has there been a case of the sovereign loving benevolence, and the people not loving righteousness.

파스칼은 세상에는 자신을 의롭다 여기는 죄인들과, 자신을 죄인이라 여기는 의로운 자들 두 부류의 사람이 있다고 하였다. 윗사람이 인자하면 아랫사람이 의義를 좋아하기 마련이다. 또한, 아랫사람들이 의를 좋아하는데 그 윗사람의 일이 끝마쳐지지 못하는 경우가 없다.

나라의 지도자가 자애롭고 어질어서 그 아랫사람들을 사랑으로 대하면, 아랫사람들은 순응하며 의로워져 윗사람에게 충성하게 된다. 그렇기 때문에 나라에 일이 있으면 반드시 마침이 있고, 세금으로 거둬들인 곳간의 재물이 어긋나게 낭비되는 폐단이 없게 된다.

싹이 나다

《주역》〈지산겸괘〉에 나오는 부다익과裒多益寡는, 많은 곳에서 덜어내어 적은 곳에 더한다는 뜻이다. 부자에게는 세수를 늘려 빈곤층에게 감세하는 정책도 여기에 해당된다고 할 수 있다.

이어지는 칭물평시稱物平施는 사물을 저울질하여 공평하게 베푼다는 뜻으로, 지도자는 이를 인자하고 겸손하게 행해야 한다. 칭稱은 평平과 같이 측정하고 잰다는 의미로, 어떤 사물을 저울질해서 많고 적음을 가늠한 뒤 공평하게 베푼다는 뜻이다.

사회의 공정성을 증대하기 위해 협동을 강조해야 한다. 행동심리학자 스테이시 애덤스J.S. Adams는 1969년 공정성 이론equity theory을 발표하였다. 그는 노력에 대한 동기 부여와 직무에 대한 만족도는 공정성에 크게 영향을 받는다고 보았다.

공정성은 기업문화나 조직 형태부터 사회제도와 분배정의까지 넓은 영역에서 다양한 방식으로 활용된다. 개인은 자신이 공헌한 일에 대해 보상받는 비율을 다른 사람의 것과 비교함으로써 공정한 대우를 받았는지 판단하게 된다.

과거 전통사회는 이웃 간 협동 관계가 잘 유지되었고, 사람들은 연대의식을 가지고 생사고락을 함께했다. 자기 자신을 위주로 생각하는 자세와 타인을 위주로 생각하는 자세가 자연스럽게 접점을 이룰 때 인간적인 연대의식이 생겨난다.

꽃이 피다

공자는 이익을 추구하기에 앞서 그것이 의로운지 의롭지 않은지를 판단해야 한다고 했다. 의로운 이익은 얻음에 앞서 타자와의 관계를 고려하여 서로 공생할 수 있는 올바른 기준인 '의'를 고려한다. 따라서 개인적으로 손해를 보더라도 큰 이익을 생각하고 사회 전반이 올바르게 이익을 추구하도록 해야 한다. 각자가 '의로운 이익'을 추구할 때 정의로운 사회가 구현될 수 있는 밑거름이 될 것이다.

대기업과 중소기업 간의 관계를 들 수 있다. 상생하고 협동하여 나라의 경제를 이끌어가야 할 기업군들이 서로 반목하며 그 힘을 잃어가고 있다. 특히 독점적인 경제력을 지닌 대기업들이 그들의 권력을 남용하고 있다. 이들은 수평적인 협동의 태도를 견지하지 않고 납품 단가를 지나치게 깎고, 프랜차이즈를 이용해 골목상권에 침입하는 등 이 사회의 갑으로 군림하고 있다.

저성장이 고착화되고 있는 뉴 노멀New Normal 시대를 타개하기 위해 대기업과 중소기업의 협력이 무엇보다도 필요한 시기이다. 두 기업집단 간에 상생의 공간이 필요하다. 약자와 강자가 서로 협력을 통한 상생의 길을 가기 위해서는 강자의 배려가 우선되어야 한다.

정부와 시민 간의 관계를 들 수 있다. 복지병을 운운하며 경제적으로 열악한 처지에 있는 시민들의 재기를 돕지 못하고 있다. 좋은 대학에 나오는 것이 좋은 직업을 가질 수 있는 전제조건이 되는 상황에서 입시지옥은 가속화된다. 함께하는 것의 즐거움과 그 중요성을 체화해야 할 학생들은 도리어 승자독식의 논리를 주입받으며 서로를 끊임없이 견제하기에 이르는 것이다.

자신의 아이들이 성공하는 데 방해가 된다며 임대 아파트 학생들의 전학을 가로막는 일부 부모들의 만행은 씁쓸한 현실의 단면을 보여준다. 어떻게 해서든 성공하는 것에 혈안이 된 사회에서 올바른 협동 정신이 싹틀 가능성은 희박하다. 좋은 직장에 취직하지 못하면 낙오자가 되는 현실에서 혼밥하는 취업 준비생들, 성과에 쫓기다가 해고의 위협까지 느끼는 직장인들 모두 각자도생의 길을 걸을 따름이다.

《성경》에서 누구나 타고난 능력이 있음을 주지시키고 있다.

> 내게 능력 주시는 자 안에서 내가 모든 것을 할 수 있느니라. I can do everything through him who gives me strength.

협동의 문화를 정착시키고 그 효과를 극대화하기 위한 선결 조건은 협동의 문화가 바로 세워질 필요가 있다. 우리는 인간 진화를 통해서 천성적으로 협동적인 태도의 중요성을 깨닫고 살아남았다.

지도자는 관리들이 올바른 기준을 잡고 정치하도록 모범을 보여야 한다. 그러기 위해서는 지도자의 솔선수범한 모습이 필요하다. 《관자管子》에 군자가 군주답지 못하면 신하도 신하답지 못한다君不君 則臣不臣는 말이 있다. 군주가 모범을 보여 바른 모습을 보여준다면 신하들 또한 변화하게 된다. 군주와 신하, 백성이 모두 의로움을 기준으로 삼아 자신이 맡은 일을 다할 때 나라가 나라답다고 할 수 있다.

열매 맺다

어른이 "여행과 목적지 중 어느 것이 더 중요할까?Which is more important, the journey or the destination"라고 질문하자, 아이가 "일행들과 함께 가는 것the company"이라고 답했다. 추진하려는 일의 목적도 중요하지만, 그 목적을 달성하기까지 사람들과의 협동이 중요함을 암시하고 있다. 관중이 협동의 중요성을 말한 대목이다.

하나를 심어 하나를 거두는 것은 곡식이고, 하나를 심어 열을 거두는 것은 나무이며, 하나를 심어 백을 거두는 것은 사람이다. 一樹一穫子穀也. 一樹十穫子木也. 一樹百穫子人也.

미국의 팬톤컬러연구소에서는 '2024년 올해의 컬러'로 피치 퍼즈Peach Fuzz를 선정했다. 이는 복숭아 솜털이라는 뜻으로, 분홍색과 오렌지 사이의 따뜻한 분위기를 풍기며 포용성과 친절을 바탕으로 협동에 대한 갈망을 담고 있다고 한다.

협동은 때로는 부정적인 결과를 낳기도 한다. 증삼살인曾參殺人이라는 말은, 어떤 사람이 증삼의 어머니에게 아들이 사람을 죽였다고 하자, 처음에는 믿지 않다가 세 사람이 연거푸 같은 이야기를 하니 어머니가 그 말을 믿고 베틀을 던지고 도망갔다는 이야기다.

이를 보면, 혼자의 힘으로는 불가능한 이야기지만 세 사람의 힘이라면 얼마든지 거짓말도 진실로 만들 수 있다는 이야기다. 이와 비슷한 말로는 삼인성호三人成虎라는 말도 있다. 세 명이면 호랑이를 만들 수 있다는 뜻으로, 이 역시 거짓말이라도 여럿이 말하면 참말이 되어버린다는 뜻이다.

또 입이 여럿이면 쇠도 녹인다는 속담은, 간신들의 혀가 나라를 녹인다는 말의 출처가 된 듯하다. 중국 진나라의 충신감무는 전쟁에 나가 있는 동안 간신배들의 혀 놀림에 갈 곳을 잃고 떠돌다 죽었다는 일화가 있다. 이는 협동의 힘을 악용한 것이다. 협동의 힘은 분명 크다. 그렇기에 부도덕한 방법으로 쓰면 그 힘도 한없이 커지게 된다.

대한민국헌법이 천명하고 있는 자유시장경쟁 체제하에서 사회의 약자들을 고려해야 할 정당성의 근거는 없다며 복지 확대에 대해 반대하기도 한다. 그러나 이에 대해 많은 학자들이 복지는 경제적으로 선택적인 것이 아니라 필수적인 것임을 나타내며 복지의 정당성을 주장한다.

경제학자 맬더스에 따르면, 경제발전을 위해서는 공급이 늘어나는 데에 따라 수요가 늘어나야 하는데, 만약 경제성장의 결과가 사회의 구성원들에게 골고루 분배되지 않으면, 생산의 증가를 따라갈 수 있는 소비의 증가가 수반되지 않고 공황이 일어나는 것이다.

복지문제는 약자만의 문제가 아니라 우리 모두의 문제이고, 그렇기에 복지에 대한 논의는 적선이나 선택의 문제가 아닌 협동의 문제가 된다. 따라서 복지제도 자체도 상위 계층과 하위 계층이 상생하기 위한 협동의 일환이며, 이에 대한 구체적 논의는 둘의 협력을 통해 이루어져야 할 것이다.

44
덕德을 베풀어서 화합을 돈독하게 한다

小德川流　大德敦化
소덕천류　대덕돈화

작은 德은 냇물의 흐름이고, 큰 德은 조화를 돈독하게 한다.
―《중용》

The smaller energies are like river currents; the greater energies are seen in mighty transformations.

하늘이 덮어주고 땅이 실어줌에 만물이 그 사이에서 함께 길러져 서로 해치지 않으며, 사시와 일월이 교대로 운행하고 교대로 밝아서 서로 위배되지 않는다. 해치지 않고 위배되지 않는 것은 작은 덕의 흐름이고, 함께 길러지고 함께 행해지는 것은 큰 덕의의 화합이다.

물은 온갖 오물을 깨끗하게 해준다. 비록 오물이 스스로 지저분하게 여겨 물에 다가가기가 부끄럽다I am so ashamed고 할지라도 물은 의심 없이 오물을 받아들인다. "어떻게 내 도움 없이 너 스스로 깨끗해질 수 있겠니?How will you be clean without me"라고 말할 뿐 그저 가리지 않고 받아들인다.

싹이 나다

존 듀이는 인간이 향유할 수 있는 자유는 사회로부터가 아니라 사회를 통한 자유여야 한다고 하였다. 또한 사회구성원으로서 한 사람이 자신만의 개성을 얻고 발휘하는 것 모두 사회구성원들과의 관계 속에서 가능하다고 하였다. 여기에 교육 심리학자 알 피콘 Alfie Kohn은 《경쟁에 반대한다》에서 사람들이 서로 경쟁하느라 인생을 낭비해서는 안 된다고 강조하였다.

반면에 경제학자 토드 부크홀츠Todd G. Buchholz는 《러쉬!》에서 생물학적·심리학적 증거를 들어 경쟁이 행복감을 준다고 하였다. 사람들은 경쟁에서 살아남으려면 다른 사람을 이겨야 한다고 강하게 인식하고 있다는 것이다. 하지만 성공도 다른 사람들과 협동하여 이뤘을 때 진정한 성공이라 할 수 있다.

인간의 뇌는 도전하고, 경쟁하고, 성취하고 통제력을 행사할 때 행복감을 느낀다. 경쟁은 행복감을 조성하기도 하지만 동시에 필연적으로 물질적·정신적 피로를 야기한다. 누군가의 촛불을 끈다고 해서 자신의 빛이 더 밝아지는 것은 아니기 때문이다. Blowing out someone else's candle won't make yours shine brighter.

사회적 소외 계층을 돕고 싶다는 마음과 관심, 그리고 사랑으로 화합을 이뤄야 한다. 여럿이 협력하면 어떤 어려움도 극복할 수 있다는 절전지훈折箭之訓이란 말처럼, 경제발달과정에서 소외되고 상처받은 이웃들도 사회구성원들의 협력과 협동을 통해 치유될 수 있을 것이다.

꽃이 피다

키스 소여는 《그룹 지니어스》에서 라이트 형제가 인류 역사상 최초로 비행기 개발에 성공했던 일화를 소개하였다. 그는 한 사람이 탁월한 통찰력을 발휘하는 것보다 두 사람이 협력했을 때 시너지 효과를 내게 되었고, 이를 토대로 비행기를 개발하는 데 성공했다고 하였다.

애덤 스미스는 《도덕감정론》에서 사람들의 마음속에 서로에 대한 존중과 배려가 있기 때문에 이기적인 행동도 공공의 이익으로 전환될 수 있다고 하였다. 공공의 이익을 창출하기 위해서는 공동체의 화합이 먼저 이뤄져야 한다. 《성경》에서도 화합의 중요성을 제시하고 있다.

> 너와 나 사이에, 또는 너의 목자들과 나의 목자들 사이에, 어떠한 다툼도 있어서는 안 된다. 우리는 한 핏줄이 아니냐.
> Let's not have any quarreling between you and me, or between your herdsmen and mine, for we are brothers.

사회구성원들이 더불어 사는 협동의 가치가 제도로서 정착화되든지, 아니면 개인 내면으로부터 발현되든지 이 사회에 만연해질 때, 사회 전반적인 가치도 상승된다.

사람에 따라서는 태어나면서 아는 사람, 배워서 아는 사람, 그리고 애써 힘들게 고생한 후 알게 되는 사람도 있다. 그중에 협동을 통해 배워서 아는 경지는 누구나 어렵지 않게 추구해 나갈 수 있다. 사람은 옳은 것이 무엇이냐에 대해 함께 탐문하는 것으로 시작해서 앎이 행동으로 이어질 수 있도록 노력하기 때문이다.

앎이란, 유한한 물질과 달리 무한히 공유될 수 있다. 따라서 추구하는데 갈등을 일으키지 않는다. 인간은 옳은 것에 대한 앎을 추구하는 것을 서로 지지해주며 협동하고 사랑할 수 있다. 스피노자는 앎을 근거로 한 관계만이 능동적인 기쁨을 부여한다고 하였다. 그러면서 그는 사람 사이의 협동과 사랑의 가능성을 앎을 추구하는 것에서 찾았다.

협동은 사회의 발전이나 복지, 영속을 위한 기본적 조건이므로 중요시되고 있다. 학교에서는 친구들끼리 협동하여 과제를 해결할 수 있으며, 직장의 작업 현장에서도 동료들과 능력을 합하여 주어진 일을 해결하는 등 사회생활을 하는 데 있어서 매우 중요한 활동이다.

사나운 짐승은 무리를 짓지 않고, 수리는 둘이서 나란히 날지 않지만猛獸不群 鷲鳥不雙, 사람들은 무리 지으면서도 협동한다. 하지만 사람은 한 그룹의 구성원이 다른 그룹의 성원과 경쟁하기 위해 협동하기도 한다. 투쟁을 위한 경쟁이 아니라 진정한 경쟁을 위한 협동은 사회적으로 바람직한 결과를 낳기도 한다. 백지장도 맞들면 낫다는 말은 협력하면 훨씬 쉽게 이룰 수 있다는 뜻이다.

마크 트웨인의 《톰 소여의 모험》에서 톰과 허클베리 핀은 처음에는 서로 다른 세계에 살던 소년들이었다. 하지만 톰은 허클베리 핀을 친구로 받아들이고, 위험 속에서도 끝까지 함께한다. 두 소년의 협력은 이웃을 구하고, 서로 다른 삶의 벽을 허문다.

열매 맺다

김소월의 〈산유화〉는 산에서 피고 지는 모든 꽃을 의미한다. 이 시에서 꽃은 홀로 외롭게 피었다 사라지는 비극적 존재로 형상화된다. 이런 희극과 비극의 터전인 산은 삼라만상이 피고 지는 허허로운 공간을 의미한다. 우리가 자연을 바라보듯 다른 사람들을 저만치 있는 산유화로 관조하며 마음으로 다가갈 수 있어야 한다.

우리가 먼저 마음을 열고 그대 또한 마음을 연다면, 우리와 상대방은 우리와 자연처럼 상보적인 관계가 된다. If we open our hearts, we will also find open hearts. It is always mutual.

조동화 시인은 "나 하나 꽃 피어 풀밭이 달라지겠느냐고 말하지 말아라. 네가 꽃 피고 나도 꽃 피면 결국 풀밭이 온통 꽃밭이 되는 것 아니겠느냐. 나 하나 물들어 산이 달라지겠느냐고도 말하지 말아라. 내가 물들고 너도 물들면, 결국 온 산이 활활 타오르는 것 아니겠느냐."라는 시에서 작은 시작이 큰 변화를 낳는다는 것을 꽃으로 형상화했다.

넓게 봤을 때 하나하나 개인의 변화는 사소해 보일지도 모른다. 하지만 결국 이러한 변화 하나하나가 모든 사람의 변화를 일으키는 것이다. 인간의 자리를 지키기 위해 해야 하는 마음가짐을 나로부터 시작하면 되는 것이다.

이문열의 소설 《아가》는 혈연 지연으로 얽힌 전통적인 공동체

부락을 묘사하고 있다. 주인공 당편이는 정신연령이 7세가량에 거동마저 부자연스러운 장애인이다. 부락 공동체 구성원이 양파껍질처럼 여러 겹의 동심원 형태로 배치되어 있다.

동심원의 맨 바깥 원에는 문둥이의 오두막과 거지의 움막집, 백정의 도살장 같은 것들이 있다. 그리고 그 안쪽에는 생산에 전혀 참여할 수 없는 중증의 장애인들로 이루어져 있다. 그다음 원은 흔히 반편이라 불리는 심신미약자 또는 정신이 온전한 신체장애인이 있다. 마지막 원에는 바보로 대표되는 둥이, 쟁이라는 편집 증후군들이 배치되어 있다. 그중 당편이는 세 번째 동심원에 해당한다.

이 소설은 산업화의 역사가 바로 양파껍질이 벗겨지듯 외곽으로부터 구성원들을 걷어내는 과정임을 전한다. 산업화가 이뤄지며 공동체가 해체되고 공동체의 구성원으로서 함께 살아갈 수 있었던 장애우들, 소외되기 쉬운 사람들은 수용시설로 가게 된다. 당편이는 마지막에 스스로 마을을 떠난다.

몇 해 전, 미국의 억만장자들이 자진해서 부자 증세 도입을 청원했다. 이들은 미국의 대표적 부유층 가문인 록펠러 가문의 후손들과 월트 디즈니의 손녀 등 뉴욕주에 거주하는 갑부 40여 명이었다. 그들은 주 의회에 "소득 상위 1%를 대상으로 증세를 해야 한다."고 주장하였다. 뿐만 아니라, "부유층은 뉴욕주 주민으로서 경제적인 혜택을 많이 입은 만큼 공정한 몫을 사회에 다시 환원할 의무와 능력이 있다."며 세금을 더 많이 낼 수 있다고 말하였다.

45
윗사람이 먼저 도리에 맞게 처신해야 한다

上失其道　民散久矣
상 실 기 도　민 산 구 의

> 윗사람이 도리를 잃어 사람들이 흩어진 지 오래되었다.
>
> —《논어》

Those in authority have lost the way and the common people have been rootless for long.

흐르는 물의 맑고 흐림은 윗물에 달려 있다. 流水淸濁在基源. 윗물이 맑아야 아랫물도 맑은 법이다. 물은 또한 반드시 지형이 낮은 곳으로 모인다. 사람도 마찬가지다. 사람의 처신이 더럽고 행실이 천박하면 온갖 악한 것들이 모여들게 된다.

사람들이 흩어지는 것은 원칙 없이 부리거나 가르치지 않았기 때문이다. 누구나 항상 스스로 경계하고 살펴서 한 번이라도 그 몸을 불선한 곳에 두지 않게 하려고 힘써야 한다. 상류에서 여취 잎이 썩어 문드러지고 있으면, 물고기는 더러운 물을 마시면서 악취를 맡는다.

싹이 나다

사람 인人자는 인간을 나타내는 한자이다. 왼쪽 변의 한 획이 한사람, 그리고 그 밑의 다른 한 변이 또 한 사람, 두 사람이 서로에게 기대어 함께 서로를 돕고 협동하여 살아가는 존재, 혼자서는 살아갈 수 없는 존재가 사람이라는 뜻이다. 사람들에겐 태어나서부터 경쟁과 함께 항상 협동이 존재한다.

영화에서도 주인공은 으레 악당과 당당하게 맞선다. 그러다 강력한 악당에게 무너져가는 순간, 그의 동료들이 주인공과 협동심을 발휘해 악당을 물리친다. 우리 사회가 힘이 더 센 자가 약한 자를 시켜 자기 뜻에 복종하게 만드는 사회라면 그건 그저 동물의 세계와 다름 아니다. 그러한 사회에 협동이란 있을 수 없다. 오로지 우두머리가 되기 위해 힘겨루기만 있을 뿐이다.

협동심을 발휘하는 인간은 경쟁하는 방법도 남다르다. 《논어》에서 활쏘기는 과녁에 적중하려고 하는 것이지, 과녁을 뚫는 것을 목적으로 하는 것이 아니라고 말한다. 과녁을 뚫는 힘겨루기는 도가 아니다. 과녁 뚫는 것이 목적이 아닌 것은 사람의 힘이 같지 않기 때문이다.

사마천은 《사기》〈자객열전〉에서 남자는 자신을 알아봐 주는 사람을 위해 목숨을 바치고, 여자는 자신을 알아주는 사람을 위해 용모를 가꾼다고 하였다. 모범이 되는 지도자 밑에는 바른 행동을 하는 사람이 있기 마련이다. 지도자들이 도리에 맞는 언행을 보인다면 바람직한 사회가 되지 못할 이유가 없다.

꽃이 피다

협력으로 성공적인 결과를 만들어내고 싶다면 우선 자기 자신의 역할을 인지하고 그에 충실할 수 있어야 한다. 대부분 자신이 역할을 제대로 수행하지 못하고 있다는 것을 인지하지 못한다. 단순히 역량이나 지식이 부족한 게 아니다. 자신의 역할이 무엇인지 알기가 힘들다는 뜻이다. 역할은 고정되어 있지 않다.

우리 사회에서 대기업이 사적 이익을 위해 중소기업에 대해 고려를 배제할지, 아니면 공공의 이익을 위해 나서야 하는지 등 총체적으로 협력이라는 관점에서 바라볼 필요가 있다. 애덤 스미스Adam Smith는 모든 사람이 자기의 처지를 개선하려는 자연적인 노력인 이기심에 따라 행동하면 보이지 않는 손Invisible Hand에 의해 모든 경제활동이 조정된다고 하였다.

개인의 이익 추구가 사회적 이익을 증대한다는 것이다. 정당한 경쟁을 통해 이익을 극대화하려는 생각에는 패러다임의 전환이 불가피하다. 그 전환의 열쇠를 협동에서 찾을 수 있다. 협동은 윗사람이 먼저 손을 내밀 때 수월하게 이뤄진다. 우호적인 손에는 칼이 쥐어져 있지 않다. 따스한 온기만이 감돌아 그 손을 잡는 순간 마음으로부터 적대감은 사라지게 된다.

불통은, 만나는 상대방을 적대적인 감정과 비뚤어진 선입견 때문에 막힌 상태를 말한다. 축구나 오케스트라 연주 같은 경우 그중 한 명이 아무리 잘해도 팀원과 손발이 맞지 않는다면 이길 수 없거나 멋진 연주를 할 수 없다.

《열자列子》에 훌륭한 음악은 하늘과 인간이 공감한다天人共鳴고 하였다. 거문고 뜯는 손놀림이 음악과 조화되어 정기와 정신을 감동시키고 성정을 편안하게 하기 때문이다.

멋진 연주는 합력하려는 마음과 노력을 통해 가능하다. 오늘날의 도, 레, 미, 파, 솔, 라, 시, 도와 같이 과거에도 궁宮, 상商, 각角, 치徵, 우羽의 음률이 있었다. 이러한 음률로 조화를 이루어냈는데, 여기에는 쇠, 돌, 실, 대나무, 바가지, 가죽, 나무 등으로 만든 악기가 동원되어 최고의 화음을 냈던 것이다.

《예기》에서는 이 오음의 역할을 이렇게 설명하고 있다. 궁은 임금을, 상은 신하를, 각은 백성을, 치는 일을, 우는 만물을 상징한다. 다섯 가지가 어지럽지 않으면 조화롭지 않은 음조가 없을 것이다. 그러나 만약 궁음이 어지러우면 음조가 산만해지는데, 이는 임금이 교만하고 횡포를 부려 현명한 신하를 멀리하는 경우와 같다. 또 상음이 어지러우면 음조가 기울어지는데, 이는 마치 관리가 부패하여 나라가 위험에 빠지는 경우와 같고, 각음이 어지러우면 음조가 근심스러워지는데, 이는 백성이 원망하기 때문이다.

그리고 치음이 어지러우면 음조가 슬퍼지는데, 이는 백성들이 힘들어서 서러운 마음이 생기기 때문이며, 우음이 어지러우면 음조가 위태로워지는데, 이는 새물이 부족하기 때문이다. 오음이 모두 어지러워 서로 침범하면 매우 어그러진 만음이 되는데, 이러한 상태에 이르는 나라는 머지않아 멸망하게 될 것이다.

열매 맺다

적군의 침입에 맞서다 죽는 것이 아니라 사랑하는 이들과 피할 곳이 없기 때문에 죽는다고 말했던 생텍쥐페리는 1941년 뉴욕에서 《전시조종사》를 발간했다. 그는 이 책에서 세상은 서로 잘 맞지 않는 톱니바퀴들로 이루어져 있다. 그것은 결코 자재 탓이 아니라 시계장이의 탓이라고 하였다. 사회는 시계의 부속품이라고 할 수 있는 수많은 사람으로 이뤄져 있다. 부족한 것은 사람이 아니라 사회가 요구하는 진정한 리더인 시계장이가 부족하다는 것이다.

《명심보감》〈성심편〉에 나온 말이다.

> 남의 재앙을 민망하게 여기고, 이웃의 잘됨을 즐겁게 여기며, 남의 급함을 도와주고, 이웃의 위태로움을 구해주라. 悶人之凶 樂人之善, 濟人之急 救人之危.

인간 사회는 그리 단편적이지 않다. 남을 도운 경험이 없거나 남에게 도움을 받은 경험이 없는 사람은 거의 없다. 주고받는 말들이 따뜻한 가슴에서 나오면, 그 말들은 상대의 가슴에 남아 If words come from the heart, they will enter the heart 따스함의 수를 놓게 된다. 서로에게 알게 모르게 도움이 되고, 도움을 받는 사회가 인간 사회이다. 우리가 받은 도움을 바탕으로 사회에서 소외된 사람들에게 도움의 손길을 건네야 할 때이다.

20세기의 철학자 버트런드 러셀B. A. W. Russel은 《왜 사람들은 싸우는가?》에서 본인에게 맞는 좋은 직장을 찾을 때, 어떤 물음을 던져야 하는가에 대해 논하였다. 그 물음 중에서 "그 직장이 자유, 활력, 진보에 대한 자극을 보장하는가?", "우리는 살아있는 동안 세계를 위해 무엇을 해야 하는가?"라는 등의 두 핵심적인 물음은 참고할 만하다.

협동을 위해선 사회에 만연한 양극화를 해소해야 한다. 특히 상생과 협동의 정신은 결여된 채, 무한 성장만을 지향하는 대기업의 경영방침도 되돌아볼 필요가 있다. 월등한 힘의 우위를 점한 대기업이 중소기업들과 원전하게 협동하기란 기대하기란 힘들다. 다만 원·하청 간의 불공정거래를 근절하기 위한 징벌적 손해배상제, 대기업 초과이익을 협력업체로 배분하는 이익 공유제와 같은 정책들을 통해 상생을 모색할 수 있다.

사람들은 항상 상호작용하기 때문에 내 쪽에서 마음을 열면, 저 쪽의 열린 마음도 알 수 있다. If we will open our hearts, We will also find open hearts. It is always mutual. 사회에서 온전히 제 목소리를 낼 수 없는 사람들은 상실감과 피해의식에 젖어 마음을 닫게 된다. 이는 서로 간의 반목과 불협화음으로 이어지게 된다.

두 음이 정확히 같은 것을 동음이라 하지만 비록 두 음이 같지 않더라도 듣기에 좋으면 협화음이라 한다. 협화음이야말로 사람과의 관계에서 우리가 바랄 수 있는 초상의 결과이다. 신이 인간에게 두 손을 준 것은 한 손은 받기 위한 것이고, 또 다른 한 손은 주기 위함이라고 한다.

46
천시와 지리는 사람들의 화합만 못하다

天時地利 不如人和
천시지리 불여인화

하늘의 때와 땅의 이로움도 사람의 화합만 못하다.

—《맹자》

Heaven's favourable weather is less important than Earth's advantageous terrain is less important than human unity.

하늘의 때가 땅의 이로움만 못하고, 땅의 이로움도 사람들의 화합만 못하다. 성곽을 포위하여 공격해도 이기지 못하는 경우가 있다. 포위하여 공격하면 반드시 하늘의 때를 얻을 때가 있을 것이다. 그런데도 이기지 못하는 것은 하늘의 때가 땅의 이로움만 못하기 때문이다.

성도 높고 못(해자)이 깊으며, 병기와 갑옷이 견고하고 예리하고, 쌀과 곡식이 많은데도 이것을 버리고 도망가는 것은 땅의 이로움도 사람들의 화합만 못하다. 훌륭한 지도자는 백성을 한계 짓되 국경의 경계로 하지 않으며, 국가를 견고히 하되 산과 강의 험하고 견고함으로 하지 않으며, 천하를 두렵게 하되 병력과 장비의 예리함으로 하지 않는다. 어떠한 것도 사람들의 화합만 못하기 때문이다.

싹이 나다

　세상이 멸망하여 혼자만 살아남으면 어떻게 될까? 세상에 혼자 살아남게 된다면 얼마나 버틸 수 있을까? 다른 사람의 도움 없이 혼자 사는 것은 가능한 일인가?

　《순자》에 하늘의 때와 땅의 위치가 알맞으면 백성이 화합해 하나가 되고, 직분은 다르되 공을 함께하면 재물이 넘쳐난다.天時地理民和壹 異職同功財滿溢.고 하였다. 또한 피터 크롭킨Peter Kropotkin은, 경쟁은 정글의 법칙이지만 협력은 문명의 법칙Competition is the law of jungle, but cooperation is the law of civilization이라 하였다.

　협동에 관해 허버트E. Herbert는 벌들은 협동하지 않고는 아무것도 얻지 못한다고 하였다. 사람도 마찬가지다. 세상을 혼자 산다는 것은 어려운 것이 아니라 불가능에 가깝다. 인간은 홀로 살아갈 수 없기 때문에 협력하는 단체를 결성하고 내부 규칙을 만들었다.

　세인트루이스의 풋볼 감독 딕 베메일은, 팀을 승리로 이끄는 힘의 25%는 실력이고, 나머지 75%는 팀워크라고 하였다. 만년 꼴지 팀을 우승으로 이끌어낸 감독의 명언이다. 개인의 능력보다 협동을 중시한 감독과 팀이 공존한 예다.

　개인의 능력을 최대한 발휘할 수 있도록 이끌어줄 감독과 감독의 지시대로 자신의 능력을 최대로 키우려는 선수들이 우승이라는 드라마를 연출하는 힘은 협동이었다. 경쟁의 결과는 공멸을 초래할 수 있지만, 협력의 결과는 공존을 강화할 수 있다.

꽃이 피다

인생은 동반자가 있으면 더 좋다는 말이 있다. 동반자를 뜻하는 companion은 함께를 뜻하는 com과 빵을 뜻하는 pan이 합쳐진 말이다. 함께 콩 한 쪽도 나눠 먹는 사이, 즉 사회화를 말한다. 유발 하라리Yuval Harari는 《사피엔스》에서 인간의 사회화를 강조하였다.

> 인간은 발달하지 않은 상태로 태어나지만, 그들은 다른 어떤 동물보다 훨씬 더 많이 교육받고 사회화될 수 있다. Human are born underdeveloped. Thus, they can be educated and socialized to a far greater extent than any other animal.

사회적이라는 말을 통해 인간이 생존하기 위해 함께 생활하는 것이 얼마나 중요한 것인지 유추해 볼 수 있다. 마음이 맞으면 태산도 옮길 수 있다는 말처럼, 상상할 수 없을 정도로 어려운 일이 쉽게 해결될 수 있다. 라로슈푸코는 《인간의 본성에 대한 풍자》에서 사람의 모든 기쁨이나 즐거움은 다른 사람과의 협동에서 생기므로 개인의 능력이 아무리 뛰어나도 여럿을 이기지 못한다고 하였다.

베르나르 베르베르의 소설 《파피용》에는 전쟁과 환경오염으로 썩어가는 지구를 벗어나 14만 4천 명의 인류가 새로운 지구를 발견하기 위해 우주로 떠나는 장면이 나온다. 동물과 식물이 살 수 있는 숲이 있는 거대한 우주선에 탄 사람들은 스스로 나비인이라 칭하고 가정을 꾸려 살게 된다. 이내 낙원이었던 우주선에는 법, 경찰, 감옥, 법정, 정부, 의회 등이 만들어진다. 사람들은 권력욕에 왕국을 세우고 온갖 사욕에 눈멀어 전쟁까지 일으킨다.

평화를 유지하여 질서를 세우고 조화를 추구한다는 본래의 목적은 사라지고, 자기 조직의 이익만을 위해 행동한 나비인들은 조화를 지키지 못하고 질서를 잃는다. 결국, 이들은 지구인들과 다를 바가 없었고, 결국에는 6명만 생존하게 된다. 정부, 의회 등을 만들 때 나비인들은 다수의 의견에 따라 피해를 줄이고자 생각했지만, 이러한 조화는 결국 오래가지 못했다.

다수의 개체들이 서로 협력하거나 경쟁을 통하여 얻게 된 지적 능력의 결과를 우리는 집단지성이라고 한다. 다수의 개체들이 서로 협력하거나 경쟁하는 과정에 얻게 된 집단의 지적 능력으로 개체의 지적 능력을 뛰어넘는 힘을 발휘한다.

곤충학자 윌리엄 모턴 휠러는 《개미》에서 집단지성이란 말을 처음 사용하였다. 개체로는 미미한 개미가 공동체로서 협업하여 거대한 개미집을 만들어내는 것을 관찰하고, 이를 근거로 그는 개미가 개체로서는 미미하지만, 군집을 이뤄 높은 지능 체계를 형성한다고 말한다.

이러한 개미의 집단지성을 모티브로 한 히어로가 존재하는데, 그것은 앤트맨이다. 마블의 앤트맨이라는 히어로는 영화화할 만큼 유명하고 인기가 좋다. 이 영화에 등장하는 히어로는 무척 강하지만 혼자 행동하며 싸우지 않는다. 그는 다수의 개미와 곤충들로 군대를 만들어 침입자와 싸운다. 협동의 중요함을 알기 때문이다.

열매 맺다

1854년에 시애틀의 한 추장이 행한 연설문의 일부다.

인류는 인생의 그물망을 짠 적이 없다. 우리는 그 망을 구성하는 한 개의 실에 지나지 않는다. 인류가 그물망에 행한 것은 무슨 일이든 자기 스스로에게 행한 일이 된다. 모든 것이 얽히고 얽혀 떼려야 뗄 수 없기 때문이다. Humankind has not woven the web of life. We are but one thread within it. Whatever we do to the web, we do to ourselves. All things are bound together. All things connect.

이는 한 사람의 지혜는 두 사람의 지혜를 넘을 수 없다는 말과도 통한다. 함께 일을 할 때 자신의 능력뿐만 아니라 주변 사람들과 조화를 이루는 것이 중요하다. 더불어 사는 사회에서 개인의 재능도 중요하지만, 아무리 개인의 재능이 뛰어나다 해도 협동하는 사람들을 이길 수는 없다. 중국 속담에 구두 장수 셋이면 제갈량의 지혜와 맞먹을 수 있다는 말이 있다.

기부금함에 얼마의 돈을 넣으면서 큰 통의에 한 방울일 정도로 미약한 돈 It is a drop in a bucket일지 모르지만, 이 돈이 모이면 십시일반이 된다. 열 사람이 한 술씩 보태면 한 사람 먹을 분량이 된다는 뜻으로, 미약하나마 둘일지라도 혼자가 아닌 모여서 협동한다면 뛰어난 사람보다 더 좋은 성과를 낼 수 있다는 말이다.

새뮤얼 보울스는 《협력하는 종》에서 실패에도 불구하고 협동을 계속하려는 인간의 감정은 진화의 산물이라고 하였다. 인간은 다른 이와 함께 이익을 추구해야 생존에 더 유리하다는 걸 체득해 왔다는 것이다. 어떤 사회든 이타적인 협동을 선호하는 이유이다.

캐나다 작가 리 매러클Lee Maracle은 《레이븐 송》에서 모든 개체가 공동체에 소중하다. 한 사람을 잃는 것은 무리의 한 조각을 잃는 것이고, 그것은 다른 어떤 것으로도 대체 불가능하다고 하였다. 공동체 안에서 구성원들은 저마다 존재의 의의를 지니고 있다. 어느 누구 하나 없어도 되는 존재는 없다.

신정한 협동이란 분신分心에서 나온다. 분심에서의 분은 바로 각자가 자신의 맡은 바를 충실히 한다는 것과 서로 다른 의견으로 상호 보완한다는 두 가지 의미를 지닌다. 화살도 여러 개가 모이면 꺾기가 힘들 듯, 협력하면 어떤 어려움도 극복할 수 있다. 이는 국가 간 소통이 활발해지고 상호 협력하려는 이유이기도 하다.

《춘추좌전》에 나오는 얘기다. 화해는 국을 끓이는 일과 같다. 국을 끓이기 위해선 물과 불을 준비하여 육장을 마련하고, 음식의 간을 맞추고 생선과 고기를 삶고 장작으로 불을 때야 하는데, 요리사가 그 간을 고르게 하여 부족한 것은 더 첨가하고 많으면 덜어내어 맛을 낸다.

협동은 시대를 초월해 중요하게 평가되는 핵심가치다. 원시시대부터 사람들은 식량을 해결하기 위해 부족이 모두 사냥에 나섰다. 사냥에 나서지 않은 사람들은 집안에서 할 수 있는 일들을 했다. 이런 협동의 체계가 있었기에 인간은 생명을 유지할 수 있었다.

47
오고 가는 사람들이 우물물을 나눠 마신다

无喪无得 往來井井
무상무득 왕래정정

> 잃고 얻음이 없이 오고 가는 사람들이 우물물을 나눠 마신다.
>
> ─《주역》

The Well neither decreases nor increases and people come and go and draw from it.

사람은 자신이 사는 고을을 옮길 수 있어도 우물을 옮길 수는 없다. 우물물은 퍼도 줄어들지 않고 퍼내지 않더라도 넘치지 않는다. 진리는 나누면 나눌수록 커지듯이, 우물물도 퍼 올릴수록 새로운 물이 나오기 때문에 줄어들지 않는다. 진리가 샘솟는 곳이 우물이다.

간혹 두레박줄이 미치지 못한다고 해서 성급하게 두레박줄을 심하게 흔들면 두레박이 양옆의 돌에 부딪혀 깨지게 된다. 그러면 누구도 물을 마실 수 없다. 차분히 흔들리는 두레박을 고정시키고 천천히 물을 퍼올리면 깨끗한 물을 끊임없이 마실 수 있다.

싹이 나다

　인간은 사람 人과 사이 間자가 합쳐져 만들어진 말로, 인간과 인간의 사이라는 의미를 지닌다. 인간은 홀로 살아갈 수 없는 존재란 것을 내포하고 있다. 홀로 살아갈 수 없는 우리는 살아가면서 수많은 사람과 스쳐가고 만나고 또 관계를 맺는다. 인간은 타인과의 관계를 형성 없이 살아갈 수 없다. 류노스케 사토로는 협동의 중요성에 대해 서로 떨어져 있으면 한 방울에 불과하지만, 함께 모이면 우리는 바다가 된다고 말한다.

　과거부터 우리 선조들은 협동을 중시해왔다. 마을 주민들 모두가 두레나 품앗이 등을 통해 어려운 일이 있을 때마다 서로 협동하였다. 협동을 통해 쌓인 신뢰는 마을의 축적된 힘이 되었고 더 많은 편익을 창출할 수 있는 원동력이 되었다.

　협력해야 할 상대를 경쟁의 상대로 볼수록, 사회적·경제적 약자를 배려해야 한다는 사회적 책임감은 약화될 수밖에 없다. 자본주의가 발전됨에 따라 이러한 태도는 더욱 심화될 수 있다. 그럴수록 사회는 양극화, 불평등, 빈부격차 등으로 혼란에 빠지게 된다.

　삶은 문제 해결의 연속이다. 그 해결책은 바로 협동에 있다. 우물물의 덮개를 덮지 않은 것은, 마을 주민은 물론 오가는 사람 누구든지 언제라도 마실 수 있도록 배려한 것이다. 흐르는 물은 썩지 않듯이 流水不腐 사회도 정체되어 있으면 고여 있는 물처럼 썩기 마련이다. 오가는 사람들이 서로 마시고 서로 나눠도 우물물은 변화가 없다.

꽃이 피다

무한경쟁에서 승리하기 위해 사람들은 무엇이든 하려 한다. 때로는 혼자 하는 것이 이익이 된다고 생각할 수도 있지만, 궁극적으로는 협동하는 것이 유리하다. 급격한 산업화로 우리는 높은 경제성장과 함께 풍요 속에 살지만, 구성원들 간의 신뢰 성숙도는 이에 미치지 못한다. 연약한 신뢰는 공동체적인 감각, 즉 공감 부족에서 기인한다.

강을 사이에 두고 있는 두 마을 사람들이 편리하게 왕래하기 위해서는 다리가 필요하다. 이 다리 하나를 놓기 위해서는 먼저 양쪽의 협력이 필요하다. It takes both sides to build a bridge. 강의 어디에 다리를 설치할 것인가를 놓고 서로 다른 주장을 한다면, 다리를 놓겠다는 원래 취지는 온데간데없고 다리 대신 앙금만 쌓이게 된다.

협동의 힘은 무궁무진하다. 때로는 혼자서는 극복하기 힘든 상황을 극복할 수 있게 해주는 열쇠가 되어주기 때문에 절대 없어서는 안 될 덕목이다. 하지만 협동을 부도덕하게 악용하게 되면 끝도 없는 악행을 저지를 수도 있다. 다시 말해, 협동은 칼날이 바짝 선 양날의 검인 셈이다. 도덕적인 측면의 날과 부도덕한 측면의 날. 어느 날로 휘두를지는 전적으로 본인에게 달려 있다.

협동은 각 구성원의 장점을 극대화하여 최상의 성과를 낸다는 점, 불가피한 고난 상황을 극복할 수 있게 한다는 점, 연대감을 통해 개개인의 행복감을 증진시킨다는 점에서 매우 중요한 가치라고 할 수 있다. 그러나 최근 현대사회에서는 협동의 가치를 간과하고

'나 혼자 잘살아야지', '나만 아니면 돼'라는 이기적이고 개인적인 생각들이 널리 퍼지고 있다.

백운자재白雲自在라는 말은, 구름은 바람과 함께 이동하며 모양을 바꾸지만 구름 자체의 실재는 사라지지 않는다는 뜻이다. 인간의 마음도 구름처럼 자유스러워 거침이 없는 自由無碍의 상태를 유지하는 곳이 중요하다. 하지만 다른 사람들로부터 독립하여 나만의 능력으로 세상을 살아갈 수 있을까? 이 세상 사람들이 모두 불행한데, 자신만 잘 살고 있다면 진정으로 행복할까? 그럴 수는 없을 것이다.

영국 작가 갈스워디 John Galsworthy는 함께 사는 세상을 말하고 있다.

> 우리는 나 혼자만의 세상에 사는 것이 아니다. 우리가 말하고 행하고 생각하는 모든 일은 우리 주변에서 일어나는 일들에 영향을 미친다. We are not living in a private world of our own. Everything we say and do and think has its effect on everything around us.

우리는 태어난 순간부터 지금 이 순간까지도 수많은 사람으로부터 도움을 받고 또 도움을 주면서 살고 있다.

모든 사람은 다른 사람들과의 연대와 협동 없이 혼자 세상을 살아갈 수 없다. 수많은 사례가 여럿이 함께 협동하는 것의 중요성을 뒷받침해준다. 다 함께 연대하고 협동하며 돕고 살아나갈 때 가장 최선의 결과로 진정한 행복이 찾아오는 것이다.

열매 맺다

협동은 위기 상황에 그 능력을 유감없이 발휘하는 무한한 가능성을 지니고 있다. 예고 없이 찾아오는 천재지변, 혹은 인간의 부주의로 인한 재해가 발생할 경우, 사후 처리에서 많은 사람의 협동을 통해 어려움을 극복해온 사례들을 우리는 많이 목격해 왔다.

틱낫한 스님이 말한 협동에 대한 마음에 와닿는 표현이다.

우리는 모두 한 나무의 잎들이며, 큰 바다의 작은 파도들이다. We are all leaves of one tree. We are all waves of one sea.

협동을 통해 우리는 수많은 성공을 이룰 수 있다. 또한 더 자주, 더 많이 겪고 있는 실패, 혹은 재난을 보다 쉽게 극복할 수도 있다. 같은 운명에 처하면 서로 모르던 사람이라도 서로 돕는다는 말처럼, 인간은 위기 상황에서 각자의 생존 방법을 찾기보다 함께 살아갈 방법을 찾기 위해 노력하려는 본성이 있음을 알 수 있다.

팀 하포드Tim Harford 교수는 《경제학 팟캐스트》에서 지난 40년 동안 가장 성공한 산업은 거듭된 실패 끝에 얻은 성과였다The Most successful industry of the last forty years has been built on failure after failure after failure고 했다. 거듭된 실패를 딛고 일어설 수 있게 한 원동력은 바로 협동이었다. 협동은 위기를 수월하게 극복할 수 있게 해주는 힘이 있다.

IMF를 극복한 것은 국민이 외국에 진 빚을 갚기 위한 적극적으로 금 모으기 운동에 참여한 아나바다 운동과 같은 절약 운동과 씀씀이를 줄이는 등 아껴 쓰는 생활을 실천하였다. 우리 기업을 살리기 위하여 외국 상품 대신 국산품을 애용하였다. 기업은 기술 개발을 위해 노력하였고, 정부는 기업들의 경쟁력을 높이기 위해 여러 제도를 정비하여 약 3년 만에 IMF의 위기에서 벗어날 수 있었던 것은 기업, 정부, 국민이 힘을 합쳐 이겨낸 위대한 협동이었다.

남을 사랑하는 것은 내 자신을 사랑하는 것에서 시작한다. 상기한 인간 존재의 한계와 용서는 타인에게뿐만 아니라 나 자신에게도 적용된다. 저 자신의 한계 또한 받아들이고 옳은 그것에 대해 앎과, 그에 알맞은 행동을 추구한다면 당당한 제 자신을 사랑할 수 있을 것이다. 그리고 그때에야 자기 삶의 방식과 사랑을 남에게도 전할 수 있다.

내 삶의 방식에 당당하지 못하다면 남을 인정하고 용서하고 받아들일 마음의 공간도 협소할 수밖에 없다. 낯선 산길에 가지 끝에 걸린 길 안내용 끈이 곧 떨어질 것처럼 걸려있다면, 잠시 가던 길을 멈춰 서서 그 끈을 단단히 묶어야 한다. 그 끈은 타인을 안내하는 이정표이지만, 내가 언젠가 다시 돌아올 때 나를 이끌어줄 이정표이기 때문이다.

《국어》에는 화락하고 평화스러운 소리가 있는 곳에 무한한 재화와 번창이 있다고 有和平之聲 則有蕃殖之財 하였다. 사람들 간의 화합이 공동체의 기본이다. 사람들의 다양성을 포용하면서도 소수의 의견에도 귀 기울일 때 공동체를 하나가 되게 하는 비법이다.

48
온화한 바람과 상서로운 구름처럼 협동한다

和風慶雲 協氣祥光
화 풍 경 운 협 기 상 광

> 온화한 바람과 상서로운 구름은, 화한 기운과 상서로운 빛이다.
>
> —《근사록》

The gentle wind and the auspicious clouds are the bright energy and the favorable light.

부드러운 바람과 잔잔한 비가 소리 없이 만물을 적신다. 삼라만상에 생명력을 불어넣으면서도 목소리 높여 생색 한번 내지 않는다. 바람과 비가 협력하여 만물을 길러 서로 상생케 하려는 덕성은 그 숭고한 생명의 빛이 된다.

괴테는 "이 대지에서 나의 기쁨이 샘솟고 있다. 태양은 나의 고통을 비춰준다. 나에게는 이 두 가지로서 충분하다."고 말한다. 천지는 고명하고 넓고 넉넉하다. 그 속에서 온화한 바람과 상서로운 구름은 화합의 기운과 생명의 빛이 된다. 태산이 우뚝하고 지극히 높아도 바람과 구름만은 협동하여 이를 넘을 수 있다.

싹이 나다

월트디즈니 작 《포카혼타스Pocahontas》의 주제곡인 〈바람의 빛깔〉은 생명의 평등함을 일깨우고 있다.

> 얼마나 크게 될지 나무를 베면 알 수 없죠. 서로 다른 피부를 지녔다 해도 그건 중요하지 않죠. 바람이 보여주는 빛을 볼 수 있는 바로 그런 눈이 필요한 거죠. 아름다운 빛의 세상을 함께 본다면 우리는 하나가 될 수 있어요.

에크하르트 툴레는 꽃 한 송이가 발하는 고요함과 평화로움은 자연이 인간에게 주는 선물로, 이로 인해 생겨나 두루 퍼지는 맑은 마음은 인간이 자연에게 감사를 표하는 선물이라고 말한다. 자연은 인간을 닮고, 인간은 자연을 닮았다. 남은 것은 인간과 인간의 협력뿐이다.

개인의 성공이 타인보다 중요시되는 현대사회도 협동이 없었다면 존재할 수 없었을 것이다. 재력과 권력을 쥔 사람들이 나라를 움직일 수 있을지 모르지만, 다수의 평범한 사람들과 협동하여 힘을 합치지 않는다면 세상을 바꾸기는 어렵다.

마틴 루터 킹 2세의 우리는 형제로서 함께 살아가는 것을 배워야지, 그렇지 않으면 바보로서 다 같이 멸망할 것이라 경고한 말을 의미심장하게 받아들여야 한다. 자신의 성공만 중요시하고 협동을 도외시하는 조직은 잠시 번쩍이는 반딧불이 일지는 모르나 오래 상서로운 빛으로 남기는 어렵다.

꽃이 피다

협동이란, 서로의 마음과 힘을 하나로 합하는 것이다. 협력에 대한 헬렌 켈러의 정의는 명쾌하다.

> 세상은 영웅들의 거대한 추진력에 의해서만이 아니라, 성실한 일꾼들의 작은 노력에 의해서도 움직인다. The world is moved not only by the mighty shoves of the heroes, but also by the aggregate of the tiny pushes of each honest worker.

협력이 이루어지기 위해서는 자신에게만 빠지면 안 된다. 기본적으로 협력이라는 것은 다른 사람과 함께 일을 하는 것이다. 또한, 협력의 목표는 한 사람이 해낼 수 없는 일일 경우가 많다. 집단지성의 사례를 통해 이러한 가치의 중요성을 알 수 있다. 뛰어난 개인들이 모여 협조함으로써 보다 나은 결과를 도출할 수 있다.

영어의 조화를 의미하는 Harmony는 그리스 로마신화의 조화와 일치의 여신 하르모니아Harmonia에서 유래되었다. 그녀와 테베의 시조 카드모스의 결혼식엔 많은 신들도 참여하였다. 즉, 신과 인간의 결혼으로 말 그대로 천지의 조화를 상징한다. 세상이 바르게 다스려지는 정치의 기원을 연 셈이다. 조화는 음악에서 자주 쓰인다.

《국어》에서는 정치와 음악을 연관 지어 설명하고 있다. 정치는 음악과 비슷하니 좋은 음악은 화해로움에서 나오고, 화해로움은 각 악기가 침범하지 않는 안정됨주에서 나온다. 오성으로써 음악을 화해롭게 하고, 음률로써 오성을 안정되게 한다. 타악기로 시작하고 관악기로 연주하며, 각 악기가 그 상도를 얻은 것을 악극이라 한다. 잘 맞는 것이 모인 것을 소리라 하고, 소리가 조응하고 서로 돕는 것을 화해롭다和고 하며, 높고 낮은 소리가 제 소리의 범위를 벗어나지 않는 것을 안정됨平이라 한다. 바른 정치와 좋은 음악의 조건을 협동과 조화에서 찾고 있다.

애덤 스미스는《국부론》에서 분업을 통한 협력을 핀 공장에서 찾았다. 핀의 생산량이 10명이 각자 처음부터 끝까지 생산하는 것과, 같은 인원, 같은 노동시간에 10개의 공정으로 나눠 분업했을 때 생산량이 매우 크게 증가한 것을 깨달았다. 분업은 크게 두 가지 뜻을 지닌다. 일을 나눠서 한다는 것과 서로 관련된 일을 부문별로 맡아서 한다는 것이다. 분업에서 협동의 효과와 그 중요성을 찾을 수 있다.

2007년 발생한 태안 앞바다 기름 유출 사고가 있었다. 당시 유출된 기름은 온 바다를 덮을 정도로 심각한 상황이었고, 유출된 기름을 해결하기 위해서는 최소한 10년 이상이 걸릴 것이라는 예측도 있었다. 하지만 한국뿐만 아니라 다른 여러 나라에서도 자원봉사자들이 매일 수천 명씩 다녀갔다. 그 결과 약 3년 만에 태안 앞바다는 본래의 모습을 찾을 수 있었다. 이는 협동의 좋은 사례라고 할 수 있다.

인간의 진화 과정에 협력하는 문화는 가장 큰 영향을 끼친 가치라 할 수 있다. 과거와 달리 인간세계가 점점 더 연결되고 서로 다른 배경을 가진 사람들이 만나서 협업하는 경우가 과거에 비해 훨씬 더 잦아지는 상황에서 협업적 태도는 더욱더 빛을 발할 수 있다.

열매 맺다

몇 해 전 한 방송국에서 방영되었던 〈응답하라 1988〉은 대동 사회를 연상케 한 드라마였다. 이 드라마가 흥행할 수 있었던 요인은 지금처럼 각박하고 흉흉해지기 전 사회의 모습을 보여주었기 때문이다. 배경이 되었던 서울의 한 동네는 전체가 한 가정처럼 비춰졌고, 구성원들이 한 가족처럼 생활하는 모습은 시청자들에게 고향에 대한 향수를 불러일으킬 정도였다.

협동은 연대감을 통해 사람들의 행복감을 증진시킨다. 《왜 우리는 더불어 사는 능력이 세계 꼴찌일까?》라는 책에서 저자는 소통의 주체로서 마땅히 존재해야 할 인간을 거꾸로 소통을 통해 태도 변화를 일으켜야 할 대상으로, 혹은 잘 꼬드겨서 특정한 목적을 이뤄내기 위한 수단으로, 아니면 내가 싸워서 이겨야 할 경쟁자로만 여기고 있었던 것은 아닐까? 라는 자기 반성적 화두를 던진다.

남의 불행은 나의 불행이 아니고, 남의 기쁨도 나의 기쁨이 아니라는 생각은 공감 능력이 결여된 세상이다. 그러나 자신만의 생각에 빠지기보다 상대방과 같이하려는 마음을 지닐 때 공감의 효과는 커진다. 예를 들면, 우리 옛 조상들은 온 마을 사람들이 모여 농사를 지으며 노동요를 부르곤 했다. 고된 노동을 하면서도 여럿이 함께 협력하며 즐거움으로 승화시켰다.

그들은 행복하다고 생각했기 때문에 비록 땡볕에서 일하면서도 얼굴엔 늘 미소를 띠었다. 이는 다른 사람들과의 연대감이 우리의 행복감에 얼마나 중요한 역할을 하는지 실증적으로 보여준 예이다. 우리가 진정 행복해지기 위해선 다른 사람들을 대상화해서 경쟁 상대나 싸워야 할 대상으로만 보지 않고, 그들을 우리의 동료이자 협력할 상대로 인식해야 한다.

협동하는 삶을 위해 필요한 것은 우리 스스로가 완전하지 않은 존재임을 인정하는 것이다. 바른 삶을 살 수 있음에도 욕망이나 약한 의지에 흔들리기도 한다. 매 순간 정도를 따르려 최선을 다하더라도 실패를 거듭하는 허술하기 이를 데 없는 존재이다. 자신의 틀에 타인을 정형화하려는 행위는 협동을 저해한다.

시인 R.M. 릴케가 "길을 걸어가는 아이가 바람결에 날아오는 꽃잎들을 선물로 받아들이듯, 당신의 하루가 그렇게 되도록 하라"고 했던 것처럼, 타인을 있는 그대로 받아들일 수 있어야 한다. 인간관계는 상호작용의 산물이다. 서로가 서로를 도덕적으로 신뢰할 수 있어야 안정감을 느끼고 협동할 수 있다. 《장자》〈천지편〉에 나오는 말이다.

> 어둠 속에서 보고, 고요한 정적 속에서 귀 기울이니, 컴컴한 가운데서 홀로 새벽빛을 보고, 소리 없는 가운데서 홀로 조화로운 소리를 듣는다. 그러므로 깊고도 또 깊어 만물을 만물로써 존재하게 한다.

하늘과 땅의 조화 속에 인간은 자연이 된다. 고요한 정적은 마음을 일깨우는 목탁이 되고, 새벽빛은 어둠을 밝혀주는 등불이 된다. 천지인이 하나가 되어 흐르고 우주에 가득한 사랑의 하모니를 위해 이룬 최고의 협동이 아닐 수 없다.

삶의 정도, 인성의 길

초판 인쇄 2025년 6월 23일
초판 발행 2025년 6월 30일

지은이 박종용
발행자 박종용
디자인 이명숙·양철민
발행처 제이더블북스
주 소   서울시 서초구 서운로 9길 34 현진Bd 4F
전 화   010-2383-2657
E-mail hjwpark@naver.com

ISBN 979-11-993165-0-8 (03190)

20,000원

* 낙장 및 파본은 교환해 드립니다.
* 불허복제